Kohlhammer
Kunst- und
Reiseführer

George E. Bean

Kleinasien

3 Jenseits des Mäander
Karien mit dem Vilayet Mugla

*Ein Kunst- und Reiseführer
zu den klassischen Stätten*

*Übersetzt und bearbeitet
von Professor Dr. Joseph Wiesner*

*Mit 46 Fotos auf 24 Kunstdrucktafeln
und 50 Abbildungen und Plänen im Text*

2. Auflage

*Verlag W. Kohlhammer
Stuttgart Berlin Köln Mainz*

CIP-Kurztitelaufnahme der Deutschen Bibliothek

Bean, George E.:
Kleinasien : Studienreiseführer zu d. klass. Stätten / George E. Bean. Übers. u. bearb. von Joseph Wiesner. Stuttgart ; Berlin ; Köln ; Mainz : Kohlhammer
(Kohlhammer-Kunst- und -Reiseführer)
Bd. 4 übers. u. bearb. von Ursula Pause-Dreyer

NE: Wiesner, Joseph [Bearb.]; Pause-Dreyer, Ursula [Bearb.]

3. Jenseits des Mäander Karien mit dem Vilayet Mugla. - 2. Aufl. - 1985.
1. Aufl. im Verl. Günther, Stuttgart. – Orig.-Ausg.
u.d.T.: Bean, George E.: Turkey beyond the maeander

ISBN 3-17-0090973-9

Titel der Originalausgabe: Turkey. Beyond the Maeander
1. Auflage 1971 by Ernest Benn. Now published by John Murray (Publishers) Ltd., London

Zweite Auflage 1985

Verlagsort: Stuttgart
Einband: hace
Gesamtherstellung: W. Kohlhammer Druckerei GmbH + Co. Stuttgart
Printed in Germany

INHALTSÜBERSICHT

Seite

KAPITEL 1

Geschichtliches 9

Wer waren die Karer? S. 9 – Leleger S. 11 – Lykier S. 14 – Sprache/Schrift S. 14 f – Dorer S. 15 – Der Jonische Aufstand S. 17 – Maussollos S. 19 – Alexander der Große S. 20 – Ptolemäer, Seleukiden, Makedonen S. 21 – »Chrysaorische Liga« S. 22 – Römische Herrschaft S. 24 – Marcus Antonius und Kleopatra S. 25 – Octavian (Augustus) S. 26 – Goteneinfälle S. 27 – Paulus S. 28

KAPITEL 2

Mylasa 29

Geschichte der Stadt S. 29 – Hauptgottheit S. 36 – Bauten (Tempel) S. 39 – Tempel des Zeus Osogos S. 41 – Theater S. 42 – Berber Ini (Grab) S. 43

KAPITEL 3

Umgebung von Mylasa 45

Euromos: Geschichte S. 46 – Tempel S. 47 – Theater, Agora, Grabkammern S. 48 / *Olymos:* Tempel S. 48 / *Chalketor:* Akropolis S. 49 – Apollotempel, Gräber S. 50 / *Hydai:* Akropolis S. 50 / *Peçin Kale:* Antike Reste S. 51 / *Keramos*: Lage S. 53 – Geschichte S. 54 – Gräber S. 56 – Byzantinische Kirche S. 58

KAPITEL 4

Labraynda (Labranda) 59

Geschichte S. 59 – Akropolis S. 63 – Zeustempel S. 64 – Brunnen haus, Toranlagen S. 66 – Badeanlage S. 67 – Gräber S. 68 – Heilige Straße S. 69

KAPITEL 5

Iasos 71
Geschichte S. 72 – Bauten S. 79 – Theater S. 81 – Zeustempel S. 82 – Mausoleum S. 83

KAPITEL 6

Kindya und Bargylia 85
Geschichte S. 85 – Münzbilder S. 87 – Theater S. 89 – Gräber S. 90

KAPITEL 7

Stratonikeia 91
Geschichte S. 91 – Akropolis S. 93 – Tempel des Serapis S. 94 – Theater, Museum S. 96

KAPITEL 8

Lagina und Panamara 97
Lagina: Hekate-Kult S. 97 – Tempelbezirk S. 100 – Tempel der Hekate S. 101 / *Panamara:* Tempel des Zeus Panamaros S. 103

KAPITEL 9

Halikarnassos 105
Geschichte S. 105 – Maussolleion (Mausoleum) S. 110 f – Theater, Gräber, Kreuzritterkastell S. 118

KAPITEL 10

Die Halbinsel Myndos 121
Myndos: Geschichte S. 122 – Bauten S. 124 / *Die sechs lelegischen Städte:* Pedasa S. 126 – Telmissos (Telmessos) S. 129 – Termera S. 130 – Madnasa S. 131 – Side S. 131 – Uranion S. 133/*Karyanda* S. 134

KAPITEL 11

Syangela – Theangela 135
Geschichte S. 135 – Befestigungsanlage S. 137 – Bauten S. 138 ff

KAPITEL 12

Knidos 142
Geschichte S. 142 – Aphrodite des Praxiteles S. 148 – Triopion S. 150 ff – Tempel der Aphrodite S. 154/*Alt-Knidos:* Akropolis S. 155

– Hafen S. 156 – Nekropole S. 157/*Neu-Knidos:* Akropolis, Theater, Demetertempel S. 158 – Tempel der Aphrodite S. 159 – Theater, Nekropole S. 160

KAPITEL 13

Die rhodische Peraia 162
Geschichte S. 162 – Mobolla, Pisye, Thera, Idyma S. 163 – Kallipolis S. 164 – Kedreae S. 165 – Euthena, Amnistos, Marmaris, Physkos S. 167 – Amos S. 168 – Syrna, Loryma S. 169 – Thyssanos, Bozburun, Tymnos S. 171 – Hyda (Hyla), Bybassos S. 172 – Kastabos S. 173

KAPITEL 14

Kaunos 175
Geschichte S. 175 – Ruinen von Dalyan S. 183 – Akropolis S. 185 – Theater S. 186 – Pasanda S. 188

KAPITEL 15

Alabanda 189
Geschichte S. 189 – Theater S. 195 – Rathaus S. 196 – Tempel (der Artemis) S. 197 – Tempel des Apollon Isotimos S. 198 – Nekropole S. 199

KAPITEL 16

Alynda und Amyzon 200
Alynda: Geschichte S. 200 – Bauten S. 202 – Agora, Theater S. 205 – Die zweite Akropolis S. 206 – Gräber S. 207 / *Amyzon* S. 208 – Heiligtum des Apollo und der Artemis S. 209

KAPITEL 17

Gerga 211
Tempel S. 213 – Statue S. 214 f – Gräber S. 216

KAPITEL 18

Tralleis und Nysa 218
Tralleis: Geschichte S. 218 – Theater S. 221 / *Nysa:* Geschichte S. 221 – Heiligtum des Pluto, Theater S. 223 – Bauten S. 224 – Rathaus S. 226 – Bibliothek, Antikensammlung S. 227 / *Acharaka* S. 227 f

Kapitel 19

Aphrodisias 231
Geschichte S. 231 – Heiligtum der Ischtar-Aphrodite S. 232 – Tempel der Aphrodite S. 234 – Stadion S. 237 – Odeion S. 238 – Akropolis, Theater S. 239 – Bauten, Hadrians-Thermen S. 240 – Gräber, Museum S. 242

Kapitel 20

Hierapolis 243
Geschichte S. 245 – Apollotempel S. 250 – Plutonium S. 252 – Nymphaeum, Theater S. 253 – Martyrium des heiligen Philipp S. 255 – Nekropole S. 256

Kapitel 21

Laodikeia und Kolossae 258
Laodikeia: Geschichte S. 258 – Akropolis S. 262 – Stadion S. 264 – Rathaus, Theater, Nymphaeum S. 265 – Wasserversorgung S. 267 / *Kolossae:* Geschichte S. 268 – Akropolis, Theater, Nekropole S. 270

Anhang

Erklärung der Fachausdrücke 271
Literaturhinweise und Quellennachweis 273
Verzeichnis der Textabbildungen und Pläne . . . 278
Tafelübersicht und Quellenangabe 280
Stichwortverzeichnis 282
Orts-, Personen- und Stammesnamen S. 282 – Sachregister S. 286

Große Übersichtskarte von Karien 12/13

1. Geschichtliches

Wer waren die Karer?
Die alten Griechen glaubten, daß die Karer ursprünglich auf den Inseln der Ägäis lebten und dann auf das westkleinasiatische Festland hinüberwechselten. Nach kretischer Erzählung, die *Herodot* wiedergibt, waren sie Untertanen des Königs Minos von Kreta, jedoch nicht tributpflichtig; doch bemannten sie in seinem Auftrag seine Flotte und wurden zu dieser Zeit Leleger genannt. Als sich später Jonier und Dorer im Inselbereich der Ägäis ausbreiteten, vertrieben sie die Karer auf das Festland. *Strabos* Bericht lautet ähnlich. *Thukydides* bezeugt, daß sie Inselbewohner waren und auf Seeräuberei ausgingen, weicht aber mit der Auffassung ab, daß die Karer von Minos selbst nach der kleinasiatischen Küste vertrieben wurden, der ihrer Seeräuberei damit in seinem Machtbereich das Handwerk legte. Für die einstige karische Besiedlung der Inseln führt er erstmalig einen archäologischen Beweis an. Im Jahre 426/425 v. Chr. wurde auf Grund eines Orakelspruches die dem Apollon heilige kleine Felseninsel Delos von Gräbern »gereinigt«. Die Leichen wurden exhumiert und samt ihren Beigaben auf der Nachbarinsel Rheneia erneut beigesetzt. Thukydides beobachtete dabei, daß die Beisetzungsformen der meisten dieser Gräber dieselben waren wie die noch zu seiner Zeit im kleinasiatischen Südwesten bei den Karern üblichen und daß in diesen Fällen auch die den Toten ins Grab mitgegebenen Waffen mit den karischen übereinstimmten. Vor allem aus diesem Befund schloß er, daß in der Vorzeit auf den meisten der Ägäischen Inseln Karer gesessen hätten. »Weil die Karer durch ihre Sprache sich von den Griechen

unterscheiden, während ihre Verwandtschaft mit anderen kleinasiatischen Stämmen offenkundig ist, stellt Thukydides mit dieser Beobachtung also fest, daß zum mindesten die Inseln vor den Griechen von einer Bevölkerung anderen Stammes besiedelt waren, die in engen verwandtschaftlichen Beziehungen zu Kleinasien stand« (F. Matz). Unbestritten bleibt dabei, daß die Kykladenkultur, zu der Delos gehört, enge Beziehungen zu Kreta und auch zu Mykene hatte.

Die Karer selbst hielten nichts von diesen Auffassungen. Sie behaupteten, daß sie schon immer auf dem kleinasiatischen Festland gelebt hätten und stets Karer genannt worden wären. Zum Beweis verwiesen sie auf ein altes Heiligtum des karischen Zeus, zu dem außer Karern nur Myser und Lyder Zutritt hatten. Sie machten geltend, daß diese Stämme mit ihnen verwandt und stets nur Festlandsbewohner gewesen seien. Diese These mag nach dem Stand der Forschung teilweise für die Lyder zutreffen, keinesfalls für die Myser, die wie die Phryger thrakischen Ursprungs waren und erst im Zuge der G r o ß e n W a n d e r u n g des 13./12. Jh.s v. Chr. ihre Landnahme in Kleinasien vollzogen. Eine Klärung dürfte die weitere Erforschung der kleinasiatischen Sprachen bringen, die jetzt das Eindringen östlicher indogermanischer Elemente in eine nichtindogermanische Urbevölkerung nahelegt.

In der Vorzeit scheinen die Karer tatsächlich ein seefahrendes Volk gewesen zu sein. *Eusebius* (um 300 n. Chr.) spricht von einer »karischen Thalassokratie« im späteren 8. Jh. v. Chr. Doch erfahren wir nichts von den Führern dieser nebulosen Macht oder ihren Leistungen. Es könnte durchaus eine Verwechslung mit der von Thukydides erwähnten »Thalassokratie« des Minos vorliegen, der seine Schiffe mit seekundigen Karern bemannte; doch diese Seeherrschaft gehört in das 2. Jtsd. v. Chr.

In *Homers Ilias* erscheinen die Karer als Verbündete der Troer. Der Dichter erwähnt sie als Volk mit »barbarischer Sprache« im Bereich von Milet, Mykale und anderen Orten dieses Gebietes. Homer spricht von ihnen, wie Thukydides vermerkt, niemals im Sinne von Nichtgriechen. Vermutlich unterscheidet er die Karer nicht von den anderen Bundesgenossen der Troer, sondern meint nur den rauhen Ton ihrer Aussprache. Strabo weist diese Erklärung zurück, allerdings mit der unzulänglichen Be-

gründung, daß die Karer viele griechische Worte aufgenommen haben.
Homers Ansatz der Karer im Bereich von Milet und Mykale wird von Herodot bestätigt, der Milet, Myus und Priene nach Karien verlegt und von einer gemeinsamen Sprache weiß, die vermutlich das Karische ist. Nun waren zur Zeit Herodots und zweifellos bereits zu Homers Zeiten diese Städte griechisch und gehörten zum jonischen Bund. Offensichtlich lebte noch eine beträchtliche Schicht der Vorbevölkerung in den Griechenstädten, die ihre Mundart bewahrt hatte. Nach *Pausanias* glaubten die Milesier selbst, daß ihr Land ursprünglich den Karern gehörte, bis kretische Einwanderer, die vor Minos flüchteten, unter der Führung eines gewissen Miletos ankamen und sich mit den Karern vermischten. (Die Dynastie »Minos« wird heute in das 2. Jtsd. v. Chr. gesetzt.) Jedenfalls wurden diese Städte zu Jonien gerechnet, und die Grenzen zu Karien waren sehr klar bestimmt, im Norden durch den Mäander und im Süden durch den heutigen See von Köyceğiz.
Eng verbunden mit den Karern waren zu allen Zeiten die Leleger. In der antiken Überlieferung erscheint dieses Volk in vielen Gebieten der griechischen Welt, östlich und westlich der Ägäis. Oft werden sie wie die Pelasger als Lückenbüßer gebraucht und eingeordnet, wo man nichts über Bevölkerung zu sagen wußte. Herodot und Strabo stimmen in der Auffassung überein, daß Leleger ein früherer Name für die Karer ist. Andererseits werden sie unterschieden, und es kann kaum ein Zweifel daran sein, daß sie verschieden waren. Denn Homer setzt sie im südlichen Teil der Troas an, wo ihr König Altes die Stadt Pedasos am Satnioeis beherrscht. Nach der Zerstörung Trojas wandten sie sich südwärts und hinterließen Spuren auf ihrer Wanderung – Milet beispielsweise wurde Lelegeïs genannt –, bis sie schließlich im karischen Gebiet um Halikarnassos ihre Landnahme beendeten. Hier gründeten sie acht Städte, deren Ruinen ein bestimmtes Mauerwerk aufweisen. Darüber wird im 10. Kapitel berichtet. Eine der Siedlungen trägt den Namen Pedasa, eine offenkundige Entsprechung zu der bei Homer genannten Stadt des Königs Altes, Pedasos.
In ihren Beziehungen zu den Karern stimmen alle Berichte darin überein, daß die Leleger eine untergeordnete Rolle spielten. Pausanias nennt sie »einen Teil der karischen Rasse«. Strabo schreibt,

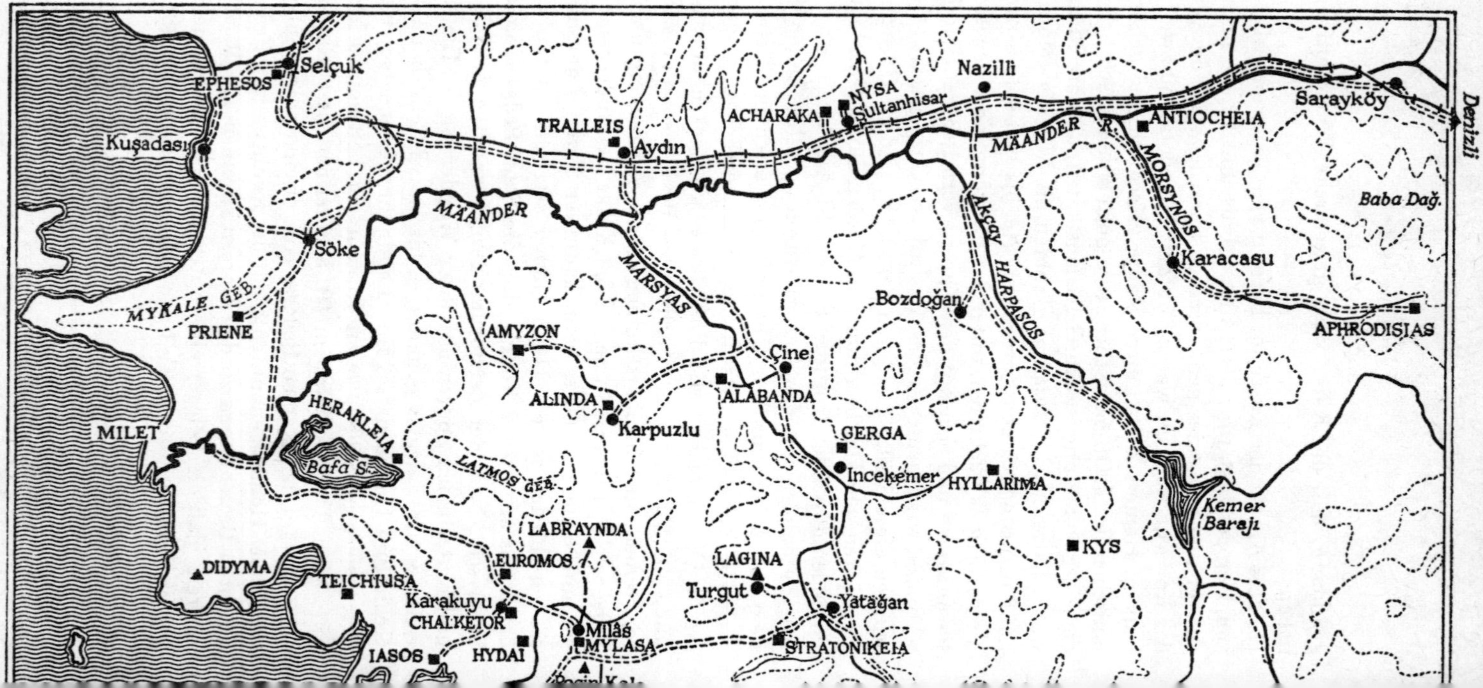

Denizli
Sarayköy
Baba Dağ.
APHRODISIAS
ANTIOCHEIA
MORSYNOS
Karacasu
MÄANDER
R.
Nazilli
Akçay
HARPASOS
Bozdoğan
NYSA
Sultanhisar
ACHARAKA
TRALLEIS
Aydın
MÄANDER
MARSYAS
Çine
ALABANDA
GERGA
Incekemer
HYLLARIMA
KYS
Kemer
Barajı
Yatağan
STRATONIKEIA
LAGINA
Turgut
AMYZON
ALINDA
Karpuzlu
LATMOS GEB.
LABRAYNDA
EUROMOS
Milâs
MYLASA
Karakuyu
CHALKETOR
HYDAI
IASOS
TEICHIUSA
DIDYMA
HERAKLEIA
Bafa S.
MILET
PRIENE
MYKALE GEB.
Söke
Kuşadası
EPHESOS
Selçuk

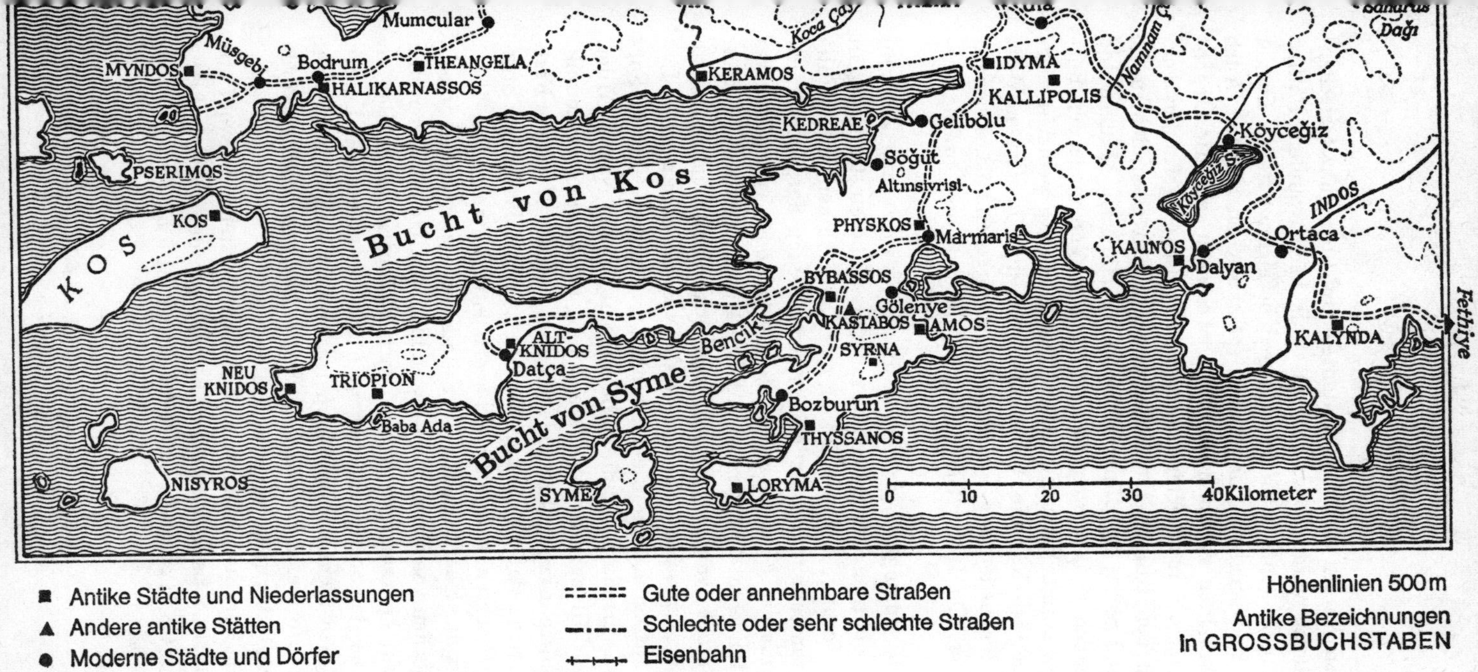

Große Übersichtskarte von Karien

daß sie den Karern als Söldner dienten und über ganz Griechenland verstreut waren, so daß sie als Volk verschwanden. *Philipp* von Theangela, einer Stadt der Leleger, bezeichnet sie als Diener der Karer und vergleicht sie mit den spartanischen Heloten. Auch kulturell scheinen sie untergeordnet gewesen zu sein. Im Gegensatz zu karischen Inschriften sind keine lelegischen gefunden worden. Nach den Ruinen ihrer Siedlungen zu urteilen, lebten sie schlecht und recht; man fand nichts außer Häusern, Mauern und Gräbern; auch Heiligtümer sind sehr selten. Von modernen Forschern sind einige Versuche zur Namenserklärung gemacht worden, wobei vielleicht die Verbindung mit dem luwischen Wort *lulahi* in der Bedeutung »barbarisch« ansprechend ist. Doch ist nichts sicher. Da Inschriften fehlen, bleibt uns die Sprache verschlossen.

Es ist nicht unmöglich, daß auch die Lykier eine Zeitlang in Karien wohnten. Im Altertum herrschte Übereinstimmung in der Überlieferung, daß die Lykier aus Kreta kamen unter Führung des von seinem Bruder Minos vertriebenen Sarpedon. Nach dem Zeugnis des *Ephoros* waren sie die Gründer von Milet, wo sie zuerst landeten. Wir kennen auf Kreta eine alte Stadt Milạtos. Von Milet aus wandten sie sich vielleicht einige Jahrhunderte später in ihren geschichtlichen Bereich. Nun nannten sich die Lykier nach antiker Kunde in der Frühzeit »Termilen«. Einige Forscher haben vermutet, daß die Silbe mil-, die in den Namen Milet, Mylasa und Milyas (der alten Bezeichnung für Lykien) vorkommt, einen Anhaltspunkt für ihre Südwanderung bietet. Wenn die Feststellung zutrifft, daß sie die karische Stadt Idrias, das spätere Stratonikeia, gründeten, würde diese Theorie eine Stütze finden.

Einiges aus der Überlieferung über die Karer sei erwähnt. So sollen die Griechen von ihnen die Verwendung von Helmbüschen und Schildbügeln übernommen haben; vorher wurden die Schilde an Riemen über der Schulter getragen. Auch war es bei den Karern üblich, Frauen nicht an der Männermahlzeit teilhaben zu lassen. (Diese Sitte, so fremd sie den Griechen erscheinen mochte, würde in der Türkei überhaupt nicht auffallen.)

Die karische **Sprache** können wir noch nicht verstehen, obwohl uns aus Karien 16 Steininschriften, einige Tontafelfragmente *(Labranda, Labraynda)* und Münzlegenden bekannt sind. Aus Athen stammt eine kurze karisch-griechische Bilingue. Aus Ägypten kennen wir 15 karische Inschriften auf Stelen und Bronzen und zahlreiche Sgraffiti karischer Söldner. Ein Verständnis der karischen Sprache ist erst nach Entzifferung der karischen **Schrift,** zu erwarten, vermutlich einer reinen Buchstabenschrift. Vielleicht gehört die karische Sprache zur hethitisch-luwischen Sprachengruppe. Erfolgversprechende Ansätze zur Lesung und Deutung verdanken wir seit 1962/63 dem russischen Forscher *W. W. Scheworoschkin.*

Unter den verschiedenen griechischen Einwanderungswellen der Äoler, Jonier und Dorer von Griechenland nach Kleinasien nach dem Trojanischen Krieg, vertreten die D o r e r die letzte und südlichste Welle. Sie besetzten Rhodos und Kos und einige Bereiche an der kleinasiatischen Südwestküste, wo sie einen Bund von sechs Städten gründeten, die dorische Hexapolis. Sie umfaßte Kos, drei Städte auf Rhodos, wo die Dorer wie an der kleinasiatischen Küste auf achäische Griechen der mykenischen Zeit stießen, sowie Knidos und Halikarnassos auf dem Festland. Man traf sich regelmäßig zum Fest des Triopischen Apollon im Bereich von Knidos. Andere dorische Siedlungen wie Iasos waren nicht eingeschlossen. Die Verschmelzung der dorischen Einwanderer mit der einheimischen Bevölkerung scheint sich verschieden vollzogen zu haben. In Halikarnassos beträgt die Zahl der inschriftlich bekannten karischen Namen immerhin die Hälfte, während sie in Knidos fehlen.

Doch die griechische Landnahme beschränkte sich lediglich auf die Küste. Das Binnenland blieb karisch und besaß nur Dörfer. Als Karien in das Blickfeld der Geschichte trat, erschienen nur wenige Orte, die die Bezeichnung »Stadt« verdienen wie Mylasa, Alabanda, Alinda, Keramos, wozu zweifellos noch andere kommen. Der Rest der Siedlungen setzt sich aus einer großen Zahl von Dörfern zusammen, die föderativ verbunden waren, wobei ein großes Dorf mit mehreren kleinen in der Nachbarschaft zusammengeschlossen war. Seit dem 6. Jh. v. Chr. entwickelte sich eine Art nationaler Föderation, vor allem, wie Herodot uns mitteilt, als die persische Gefahr drohte. Die Karer trafen sich zur politischen Entscheidung bei den sog. »Weißen Pfeilern«, einer Stätte, die ihr regelmäßiger Versammlungsort gewesen sein muß. Das gemeinsame Heiligtum der Föderation war der Tempel des karischen Zeus in Mylasa. In

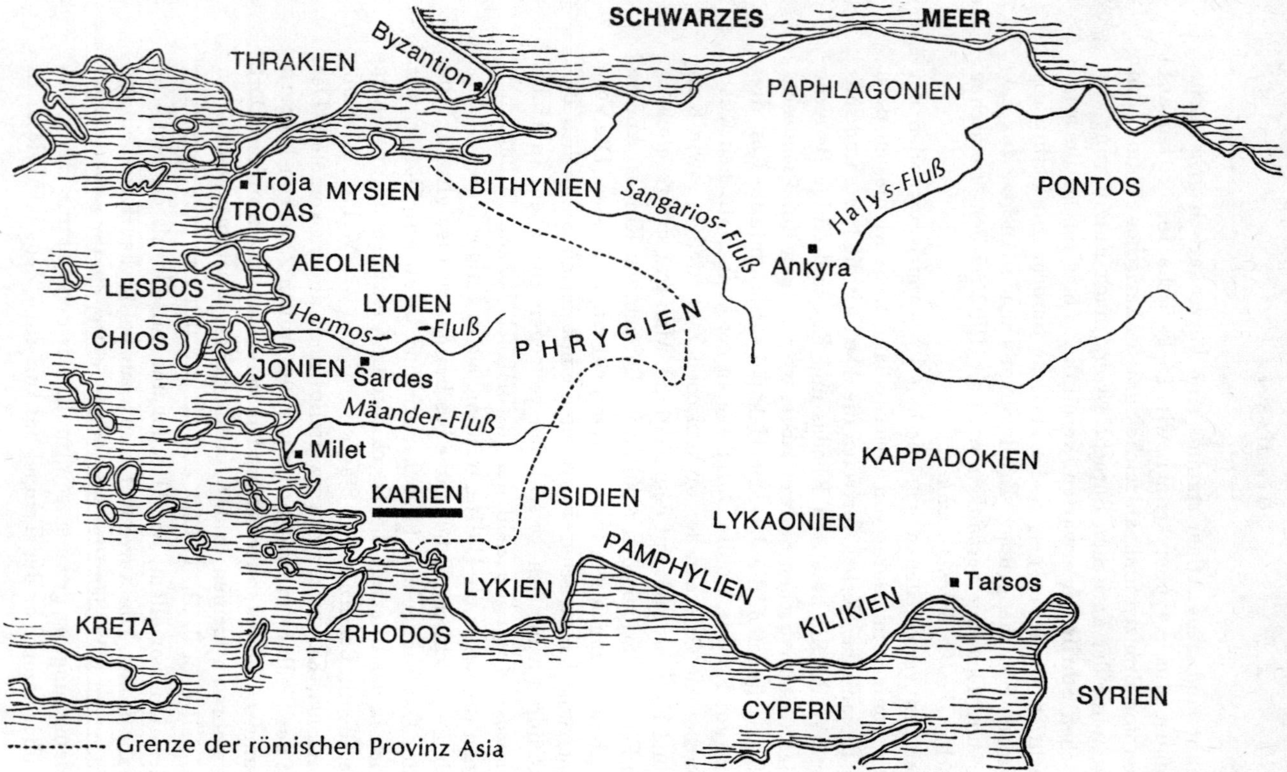

Abb. 1 Das Gebiet von Asia Minor / Die Landschaften Kleinasiens

den älteren Berichten hören wir einfach von »den Karern«. Das Wort »Bund« erscheint nur später.
Im Verlauf des 7. und 6. Jh.s v. Chr. hatten die lydischen Könige alle griechischen Städte an der Westküste, einschließlich der dorischen in Karien, unterworfen. 546 v. Chr. wurde der letzte Lyderkönig Kroisos von den Persern besiegt, womit das Lyderreich sein Ende fand. An seine Stelle trat die Perserherrschaft. Ein Heer unter der Führung des Harpagos wurde an die Westküste entsandt. Es gewann Jonien und wandte sich dann gegen Karien, wo ihm lediglich die kleine lelegische Stadt Pedasa Widerstand leistete. Die griechischen Städte ergaben sich kampflos.
Eine Generation später (500/499 v. Chr.) brach der jonische Aufstand gegen die Perserherrschaft los, dem sich die Karer nach einigem Zögern anschlossen. Die Erhebung war schlecht organisiert und brach völlig zusammen; nur Milet konnte sich bis 494 v. Chr. behaupten, bis es der persischen Eroberung zum Opfer fiel. Dann sandten die Perser ein Heer unter Daurises nach Süden, um die karischen Rebellen zu unterwerfen. Bei ihrem Treffen an den »Weißen Pfeilern« hatten sich die Karer für Widerstand entschieden, doch wurde ihr Aufgebot am Flusse Marsyas besiegt. Aber sie sammelten sich wieder bei Labraynda, wo sich milesische Kräfte mit ihnen verbanden, und beschlossen weiterzukämpfen. Eine zweite Niederlage kostete sie den Verlust von Mylasa, aber ihr Kampfgeist blieb ungebrochen. Als sich Daurises südwärts wandte, um die karischen Städte um Halikarnassos, vor allen Pedasa, das schon vorher Schwierigkeiten machte, anzugreifen, wurde er von der Nacht eingeholt, und sein Aufgebot fiel einem karischen Hinterhalt zum Opfer.
490 v. Chr. erfolgte der Angriff des Perserkönigs Dareios I. auf Griechenland, der in der Schlacht bei Marathon besiegt wurde. Zehn Jahre später (480 v. Chr.) startete Xerxes seinen Großangriff gegen Griechenland, bei Salamis und Platää mußte er schwere Niederlagen einstecken. Die Athener gründeten daraufhin das unter dem Namen der Delischen Liga bekannte Seebündnis, das zur attischen Seemacht führte. Dabei wurden wirksam alle großen und kleinen Städte der ägäischen Küste, Karien eingeschlossen, mit einbezogen. Jede Stadt war zu einer festen finanziellen Abgabe oder in wenigen Fällen zur Unterstützung mit Schiffen verpflich-

tet, mit dem Ziel, einem Wiedererstarken der persischen Macht an der Küste zuvorzukommen. Die Summen der verschiedenen Veranlagungen geben uns ein gutes Zeugnis für den verhältnismäßigen Wohlstand und die entsprechende Bedeutung, die die Städte in dieser Zeit hatten.

Spartas Sieg über Athen im Peloponnesischen Krieg beendete 405 v. Chr. den Delischen Seebund, als Athen in der Seeschlacht von Aigospotamoi die letzte Flotte verloren hatte. Ende April 404 v. Chr. hielt der spartanische Sieger Lysander mit seiner Flotte seinen Einzug in den Piräus. Eine Zeitlang versuchten die Spartaner die kleinasiatische Küste unter ihrer Kontrolle zu halten, wiewohl sie sie bereits 412 für Gold an den Perserkönig preisgegeben hatten, dem jedoch zunächst die Kräfte fehlten, eine militärische Oberhoheit über Jonien durchzusetzen. Schon im Jahre 400 v. Chr. wurde die Frage nach der Stellung der kleinasiatischen Griechenstädte akut, als der persische Satrap Tissaphernes auf die spartanisch-persische Vereinbarung von 412 v. Chr. entschieden zurückgriff. Der Hilferuf der Jonier stellte Sparta vor die Alternative, die Freiheit der Griechen in Westkleinasien wiederherzustellen oder das spartanisch-persische Bündnis zu brechen. Das spartanische Aufgebot unter Thibrons Führung war für große Unternehmungen zu schwach und konnte nur die Griechenstädte der Äolis vor den Persern sichern. Der energischere Vorstoß des Spartanerkönigs Agesilaos bis Sardes blieb ohne wirksamen Erfolg, vor allem da die spartafeindlichen Entwicklungen in Griechenland den Rückzug der spartanischen Streitmacht nach Griechenland forderten.

Die militärische Entscheidung fiel vor der kleinasiatischen Küste. Der nach Cypern geflohene athenische Feldherr Konon und der persische Satrap Pharnabazos besiegten mit cyprischen, rhodischen und phönizischen Schiffen Anfang August 394 in einer vernichtenden Seeschlacht den spartanischen Flottenführer Peisandros bei Knidos. »In den Gewässern von Knidos ist das spartanische ›Seereich‹ nach einer kurzen Herrlichkeit von gerade zehn Jahren im Meere versunken. Die Folgen der spartanischen Niederlage waren in Kleinasien und in der Ägäis ganz unabsehbar. Überall vertrieb man die spartanischen Besatzungen mitsamt den verhaßten *Harmosten* (Statthaltern), eine Reihe von Griechenstädten öffneten ihre Tore den Persern, nur am Hellespont vermochte Derkylidas die spartanische Herrschaft aufrechtzuerhalten« (H. Bengtson). Politisch wurde das Schicksal der Griechenstädte Kleinasiens 387 in Sardes besiegelt, nachdem Antalkidas von den Spartanern nach Sardes zu dem persischen Satrapen Tiribazos geschickt worden war und als Preis für den persischen Frieden den Verzicht auf ganz Kleinasien angeboten hatte, was einer völligen Kapitulation vor dem Großkönig gleichkam. Tiribazos als Vertreter des persischen Königs Artaxerxes II. verkündete den griechischen Gesandten: Artaxerxes, der Großkönig, hält es für gerecht, daß die Städte Asiens ihm gehören und von den Inseln Klazomenai und Cypern, daß die anderen Griechenstädte aber, kleine wie große, autonom sein sollten außer Lemnos, Imbros und Skyros, die wie in alten Zeiten den Athenern gehören sollen« (*Xenophon*, Hellenika V 1,31). Verstöße dagegen wurden mit Krieg bedroht: es war kein Friede, sondern ein Diktat, das in der Geschichte der Griechen »einen der tiefsten Punkte aller Zeiten bedeutete« (H. Bengtson).

Das gewaltige Perserreich war in Satrapien eingeteilt, und der erste Satrap von Karien war Hyssaldomos, ein Mann aus Mylasa. Ihm folgte sein Sohn Hekatomnos, dessen Sohn Maussollos 377 die Herrschaft übernahm. Maussollos (auch Mausollos und Mausolos) war fähig, energisch und ehrgeizig und betrieb gegenüber der persischen Hauptstadt eine äußerst geschickte Politik der Distanzierung, um sich weitgehend zum selbständigen Dynasten zu machen, ohne jedoch den Königstitel anzunehmen. Praktisch war er souverän, vor allem lavierte er sehr diplomatisch in den Satrapenaufständen, indem er, wenn auch lau, die Zentralgewalt unterstützte, 362 andererseits die Satrapen, so daß er sein Gebiet vergrößern konnte. 357 stand er Athens abgefallenen Bundesgenossen bei, worauf sich die vorgelagerten Inseln, vor allem Rhodos und Kos, unter seine Herrschaft begaben. Er war in Karien nicht ohne Widersacher, denn wir erfahren von Anschlägen gegen sein Leben. 367 entsandten »die Karier« – offensichtlich die Karische Konföderation – eine Gesandtschaft an den Großkönig, wahrscheinlich, um sich über seine Herrschaft zu beschweren. Artaxerxes II. nahm Partei für Maussollos. Die Attentäter wurden mit dem Tode bestraft oder mit Exil belegt.

Die Hauptstadt des Maussollos war Mylasa, die führende Stadt im karischen Binnenland, sein Heimatort. Als er später die viel schönere Lage von Halikarnassos erkannte, entschied er sich für einen Ausbau in großem Umfang und bezog dort sein Hauptquartier. Es war die erste Stufe in seinem großen Lebensplan, der auf die Hellenisierung von ganz Karien zielte. Die alten Lelegerstädte Myndos und Syangela errichtete er an anderer Stätte auf einem beträchtlich vergrößerten Bereich. Die anderen unterdrückte er und ließ ihre Einwohner nach Halikarnassos umsiedeln. An den Grenzen seiner Satrapie befestigte er Latmos und Kaunos mit großartigen Mauern, wobei er den karischen Namen Latmos durch den griechischen Herakleia ersetzte. Auch in den griechischen Küstenstädten war er aktiv. Dekrete zu seinen Ehren sind in Iasos sowie im jonischen Erythrae gesichert; doch sind keine Einzelheiten angegeben, sie beziehen sich auf ihn als Wohltäter. Das karische Binnenland wäre zweifellos in ähnlicher Weise ausgestattet worden, aber Maussollos starb verhältnismäßig jung im Jahre 353 v. Chr., so daß dieser Teil seiner Planung unvollendet blieb.

In dieser Richtung fand er unter den Nachfolgern aus seiner Familie keine Nachahmer. Er hatte zwei Schwestern und zwei Brüder. Nach seinem Tode herrschte seine Schwester Artemisia II., mit der er nach karischer Sitte vermählt war, aber keine Kinder hatte. Als sie nach wenigen Jahren vor Kummer starb, kam sein älterer Bruder Idrieus an die Macht. Er heiratete seine Schwester Ada. Aber auch Idrieus starb früh, worauf sein jüngerer Bruder Pixodaros die verwitwete Ada ins Exil nach Alinda schickte und selbst die Herrschaft übernahm. Allem Anschein nach führte Pixodaros nicht den Satrapentitel sondern herrschte inoffiziell. Offiziell bestellt war ein Perser namens Orontobates, mit dem Pixodaros die Herrschaft teilen mußte. Als Pixodaros lange vor Orontobates starb, blieb dieser an der Herrschaft. So war die Lage, als Alexander der Große 334 v. Chr. in Karien eintraf.

Alexanders Eroberung des Achämenidenreiches erfolgte erstaunlich schnell und erfolgreich. Nur wenige Städte leisteten heftigen Widerstand, darunter Halikarnassos. Nach der Eroberung[1] ließ er Ada, mit der er freundschaftlich verbunden war, zurückbringen und übergab ihr ganz Karien.

[1] Siehe S. 112/113

Wie lange Adas wiederhergestellte Herrschaft dauerte, ist nicht bekannt. Als Alexanders Nachfolger um das Land kämpften, trat sie nicht mehr in Erscheinung. Alexander starb 323 in Babylon und hinterließ das riesige eroberte Gebiet ohne einen alleinherrschenden Nachfolger. Seine Generale gingen daran, das Reich unter sich zu teilen, doch lange Zeit sollte vergehen, bis sie mit den zugeteilten Bereichen zufrieden waren, und eine ganze Generation lang stritten sie beständig um das Erbe. Besonders angesehen und ehrgeizig waren Antigonos und Lysimachos, aber ihre Erfolge waren nicht von Dauer. Schließlich blieben drei dauernde Königreiche: Makedonien mit Griechenland, Ägypten unter den Ptolemäern und Syrien unter den Seleukiden, deren Könige Seleukos oder Antiochos hießen. Kleinasien, das gegenüber den drei Mächten nicht klar abgegrenzt war, blieb ein Zankapfel.

Zu diesen drei Großmächten müssen wir noch zwei andere Machtbereiche rechnen, vorwiegend das Reich von Pergamon, das kurz nach 280 v. Chr. gegründet wurde, mit Königen, die die Namen Attalos und Eumenes führten, und später Rhodos, das eine beachtliche Seemacht aufgebaut hatte. Die Geschichte Kleinasiens ist während des 3. Jh.s v. Chr. außerordentlich verworren und vorwiegend von den Machtkämpfen zwischen den Ptolemäern und den Seleukiden bestimmt. Das Hauptinteresse richtete sich naturgemäß auf die Griechenstädte, deren Hilfe für beide Partner wichtig war, und viele Städte wechselten mehr als einmal den Besitzer. Nähere Berichte über das Schicksal einzelner Städte werden später bei der Behandlung der archäologischen Stätten gegeben.

Als die Macht Ägyptens und Syriens im Verlauf des Jahrhunderts ermattete, begannen die beiden anderen Machtbereiche aktiv zu werden. Rhodos hatte einen beachtlichen Bereich auf dem kleinasiatischen Festland erworben, der der seemächtigen Insel gegenüberlag, und Attalos I. von Pergamon konnte nach dem Erlöschen der Seleukidenansprüche in Kleinasien um 227 v. Chr. seine Herrschaft südwärts bis Karien ausdehnen, ohne sie jedoch offiziell zu festigen. In diesem Zusammenhang beauftragte Antigonos III. von Makedonien einen gewissen Doson mit einem Unternehmen gegen Karien, wahrscheinlich, um ein weiteres Vordringen des Attalos aufzuhalten. Bei dieser Aktion handelte es sich nicht um eine Eroberung. Doson traf auf keinerlei Widerstand

und wurde von den Städten freundlich aufgenommen, die unabhängig voneinander handelten. In Wirklichkeit fand er das Land ohne Herrscher, abgesehen von der etwas rätselhaften Persönlichkeit des Olympichos. Dieser war ein General Seleukos' II. Kallinikos (246–226/25 v. Chr.) und behauptete das Gebiet um Mylasa unter seinem Namen. Um 245 v. Chr. entschied sich Seleukos für die Freigabe von Mylasa und forderte Olympichos zum Verlassen des Gebietes auf. Dieser aber kam dem Befehl nicht nach, sondern scheint sich zu einem unabhängigen Dynasten gemacht zu haben. Antigonos ließ ihn ungeschoren. Als Philipp V. 220 v. Chr. König von Makedonien wurde, unterhielt Olympichos gute Beziehungen zu ihm. Jedenfalls war seine Macht sehr begrenzt, und die Städte erkannten ihn nicht als ihren Herrscher an. Wie lange er lebte, ist unbekannt, aber spätestens um 201 war er von der politischen Bühne verschwunden.
In diesem Jahr kam Philipp selbst nach Karien. Durch eine Reihe von Unternehmungen in der Ägäis und im Schwarzen Meer zog er sich die Feindschaft von Rhodos und Pergamon zu, die sich verbündeten und ihn in einem Seegefecht vor Chios schlugen. Daraufhin zog Philipp ein Heer in Karien zusammen, wo er sich angesichts der guten Verbindungen des Antigonos willkommen glaubte. Sein Unternehmen erwies sich aber als Fehlschlag. Den ganzen Winter hindurch wurde er von der Pergamener Flotte in Bargylia belagert und war froh, sich im folgenden Frühjahr zurückziehen zu können[2].
Während des 3. Jh.s hören wir erstmalig von einer zweiten karischen Föderation unter dem Namen »Chrysaorische Liga«. Diese war für alle Karer verbindlich und auf der alten dörflichen Ordnung aufgebaut, so daß die Abstimmungsstärke einer Stadt von der Zahl der Dörfer in ihrem Bereich abhing. Der Bund traf sich zur Behandlung seiner Angelegenheiten im Heiligtum des Zeus Chrysaoreus in der Nähe von Stratonikeia[3]. Die Beziehung zur alten karischen Liga ist nicht klar, doch da letztere bis in das 1. Jh. v. Chr. reichte, dürften beide Bünde nebeneinander bestanden haben. Unbekannt ist, wann die »Chrysaorische Liga« erstmalig gegrün-

[2] Siehe S. 86
[3] Siehe S. 92

det wurde. Sie kann älter sein als die Gründung von Stratonikeia. Der bisher älteste Nachweis ist eine neuentdeckte Inschrift aus dem Jahre 267 v. Chr.

Philipps V. rastlose Energie brachte ihn bald zum Zusammenstoß mit der zunehmend wachsenden Machtausweitung Roms, das sich gerade für die Entwicklung in Griechenland zu interessieren begann. Im Jahre 197 v. Chr. wurde der Makedonenkönig in offener Feldschlacht bei Kynoskephalai geschlagen, worauf der römische Feldherr prahlend erklärte, daß nun alle griechischen Städte in Europa und Asien frei sein sollten.

Von dieser Proklamation war Antiochos III. von Syrien nicht beeindruckt. Noch im gleichen Jahr (197 v. Chr.) überrollte er in blitzartigem Vorgehen den Süden und die Westküste Kleinasiens mit der klaren Absicht, die alte Seleukidenherrschaft wiederherzustellen. Diese Aktivität führte dazu, daß erstmalig römische Truppen nach Kleinasien kamen und Antiochos 190 in einer blutigen Schlacht bei Magnesia am Sipylos vernichtend geschlagen wurde. In dem darauffolgenden Vertrag von Apamea wurden Karien und Lykien an Rhodos übergeben; den Rest Westkleinasiens erhielt Eumenes II. von Pergamon, dessen Kavallerieattacke in der Entscheidungsschlacht den Ausschlag gegenüber dem zahlenmäßig mehr als doppelt überlegenen Heer des Antiochos gegeben hatte.

Die rhodische Kontrolle über die zugewiesenen westkleinasiatischen Teile dauerte zwei Jahrzehnte und wurde von Anfang an nur mit Bitterkeit geduldet. Vor allem die Lykier leisteten ständigen Widerstand, und 167 v. Chr. brach der karische Aufstand los[4]. Er schlug zwar fehl, aber im gleichen Jahr erließ der römische Senat ein Dekret, wonach Karien und Lykien für frei erklärt wurden.

Die Freiheit währte bis 133 v. Chr., als Attalos III. von Pergamon sein Königreich den Römern vermachte. Diese noch nie dagewesene Entscheidung, die mit einem sein eigenes Schiff anbohrenden Kapitän verglichen wurde, sollte nicht unangefochten bleiben. Ein gewisser Aristonikos, der sich als Verwandter des königlichen Hauses ausgab, versuchte plötzlich das Königtum für sich selbst zu sichern. Nach einigen Erfolgen wurde er aber von den

[4] Siehe S. 32/33

Römern unterworfen, die darauf im Jahre 129 v. Chr. das Reich von Pergamon als Provinz Asia einrichteten. In diese wurde auch Karien einbezogen, jedoch nicht Lykien.

Die römische Provinzialverwaltung war höchst unzulänglich, vor allem wegen der Gier der Statthalter, der römischen Kaufleute und der Bankiers, die reichlich Gelegenheiten fanden, sich selbst zu bereichern. Folglich war Mithridates VI., König von Pontos am Schwarzen Meer, in den meisten Städten als Befreier willkommen, als er 88 v. Chr. beschloß, die Provinz zu überrennen. Auf seinen Befehl wurden alle Römer mitsamt ihren Familien in der Provinz rücksichtslos abgeschlachtet; man schätzte die Zahl der Opfer auf 80 000 Personen. Die römische Abwehr war zunächst schwach, doch 85 v. Chr. wurde Mithridates VI. endgültig geschlagen und aus der Provinz vertrieben. Sein zweiter Versuch zwölf Jahre später, erreichte nicht einmal Karien.

Die Bürgerkriege in Rom während des 1. Jh.s v. Chr. können hier nicht in Einzelheiten wiedergegeben werden, wiewohl ihre Auswirkungen sich auch im Nahen Osten zeigten. Die Ermordung Caesars 44 v. Chr. brachte den Provinzbewohnern schlechte Zeiten. Die Caesarmörder Brutus und Cassius betrachteten auf der Höhe ihrer Macht die Provinzen in der üblichen Weise als bequeme Quelle für Reichtum und Arbeitskräfte, so daß sie sich nach Osten wandten, um Geld und Truppen zu gewinnen. In Rom hatte Marcus Antonius das Volk gegen die Caesarmörder aufgebracht und 43 v. Chr. zusammen mit Octavian, dem Großneffen Caesars, sowie Lepidus, einem anderen Parteigänger Caesars, das Triumvirat zur Ordnung des Staates abgeschlossen. Die erste Handlung des Triumvirats war die Ächtung der Feinde Caesars. Brutus und Cassius steigerten, den unvermeidlichen Krieg vor Augen, die Ausbeutung der Provinzen und forderten eine Ausgleichsabgabe, die einer zehnjährigen Normalsteuer entsprach. Der entscheidende militärische Zusammenstoß erfolgte 42 v. Chr. in der Schlacht von Philippi, wo Antonius und Octavian siegten, während Brutus und Cassius fielen.

Die Sieger teilten die Verwaltung, wobei Antonius die Aufgabe der Stabilisierung der Verhältnisse im Osten, besonders in Kleinasien und Syrien zufiel. In Tarsus traf er 41 zum erstenmal mit Kleopatra VII. zusammen, um sich den Beistand Ägyptens zu sichern. Der Wechsel brachte der Provinzbevölkerung keinen Segen. Antonius trat plötzlich anmaßend und königsähnlich auf, nahm den Titel des ›Neuen Dionysos‹ an und wiederholte andererseits die schon von Brutus erhobenen Forderungen nach Steuerzahlungen auf Grund zehnjähriger Schätzung. Dabei darf man nicht den Einfluß Kleopatras unterschätzen, bei der er Aufnahme in den Palast von Alexandria fand.

Asien war dadurch unbewacht, was der Anlaß für ein in der römischen Geschichte beispielloses Ereignis war. Brutus und Cassius waren, als die Kraftprobe mit den Triumvirn drohte und sie ihre Streitmacht verstärken wollten, so weit gegangen, die Parther, Roms lebensbedrohlichen Erzfeind, um Unterstützung anzugehen. Als Gesandten schickten sie einen jungen Mann namens Labienus. Er erwies sich als guter Unterhändler, doch bevor er Hilfe von den Parthern bringen konnte, waren Brutus und Cassius tot. Dennoch wurde der Partherkönig Orodes II., dessen Feldherr Surenas bereits 53 v. Chr. das römische Heer unter Crassus bei Carrhae vernichtend geschlagen und die römischen Feldzeichen erbeutet hatte, dazu überredet, ein Heer mit Labienus an der Spitze im Jahre 40 v. Chr. gegen die Römer zu entsenden. Die unverteidigte Provinz Asia fiel den Parthern rasch in die Hände, doch leisteten einige Städte wie Mylasa und Laodikeia ernsthaften Widerstand[5]. Ein Teil Kariens war schwer betroffen. Angesichts dieses Einfalls fühlte sich Antonius verpflichtet, Kleopatra zu verlassen. 39 v. Chr. schickte er ein starkes Aufgebot zum Entsatz von Karien. Labienus, der sich rasch nach Kilikien zurückgezogen hatte, wurde verfolgt, zur Schlacht gezwungen, besiegt und getötet.

Nun war Antonius wieder frei für die Rückkehr zu den Freuden von Alexandria, wo seine Ausschweifungen schließlich zu seinem Untergang führten. Angestiftet von der ehrgeizigen Kleopatra, die ihren von Caesar empfangenen Sohn bereits zum Mitregenten bestimmt hatte, erklärte er den Caesarsohn sowie die ihm von Kleopatra geborenen Kinder (Alexander Helios, Ptolemaios Philadelphos und Kleopatra Selene) zu Königen von Armenien, Medien, der alten Seleukidenlande und Kyrenes und proklamierte Kleopatra zur »Königin der Könige«, d. h. zur Herrscherin des

[5] Siehe S. 35 u. 259

Ostreichs, als dessen Herrn er sich selbst betrachtete. Dieses Vorgehen war zuviel für Octavian, der nun beschloß, seinen alten Verbündeten zu unterwerfen. Die Folge war der Entscheidungskrieg, und 31 v. Chr. kam es zur Seeschlacht bei Actium, an der Kleopatra teilnahm. Der Kampf endete mit einer vernichtenden Niederlage des Antonius und der Kleopatra. Beide begingen Selbstmord in Alexandria, da die Verteidigung Ägyptens durch den Abfall der Statthalter des Ostens in Frage gestellt war.

Das Bild des Antonius ist bereits im Altertum umstritten, bestimmt durch *Ciceros* »Philippicae« und Octavians Propaganda. Mit bester körperlicher Konstitution verband er eine einnehmende Erscheinung. Er besaß militärische Begabung, die jedoch mehr taktisch als strategisch war, und zeichnete sich durch Tapferkeit, Generosität und Loyalität aus. Im Orient zeigte er Blick für politische Notwendigkeiten, doch im Verhältnis zu Octavian fehlten ihm die entscheidende Erkenntnis der Lage und die Entschlußkraft. Es ist fraglich, ob er letztlich die Wiederherstellung der *Res Publica*, die Nachfolge Caesars oder eine Vereinbarung mit Octavian durch endgültige Teilung der Herrschaftsgebiete vor Augen hatte. Sein Handeln war wohl weniger durch politisches Kalkül als durch den Druck der Ereignisse bestimmt (U. Weidemann).

Am 1. August 30 v. Chr. zog Octavian feierlich in Alexandria ein und kehrte über Syrien und Kleinasien nach Rom zurück, wo er vom 13. bis 15. August 29 einen dreifachen Triumph erhielt. Am 16. Januar 27 beschließt der Senat eine Fülle von Ehren und die Verleihung des Ehrennamens Augustus »Der Erhabene«, nachdem ihm drei Tage vorher die Verfügungsgewalt über die Provinzen Syrien, Ägypten, Gallien und Spanien von den Senatoren zugebilligt worden war. Sein Prinzipat bedeutete das Ende der Republik und den Übergang zur Kaiserzeit.

Die Situation der östlichen Provinzen verbesserte sich schlagartig. Karien gegenüber, das am meisten gelitten hatte, erwies sich der neue Herrscher als guter Freund. Nun konnten die Städte in einer langen Friedenszeit ihre Hilfsquellen zur industriellen Entwicklung ausschöpfen und ihre eigenen Angelegenheiten bequem regeln. Sie standen zwar wie vorher unter der Aufsicht von Statthaltern mit Ausnahme der Städte, die sich als »frei« und »Freunde und Verbündete des römischen Volkes« bezeichnen konnten und als solche namentlich anerkannt waren. Aber wir hören viel weniger von Erpressungen und Ungerechtigkeiten, die die republikanische Verwaltung in Mißkredit gebracht hatten. Die meisten Städte wurden reich und blühten auf; sie konnten sich mit schönen Bauwerken ausstatten, deren Ruinen bis heute stehen.

In den kleineren Binnenstädten Kariens war es jetzt möglich, die Errungenschaften der Zivilisation einzuführen, die Maussollos wegen seines frühen Todes nicht hatte verwirklichen können. Ihre Bewohner gehörten größtenteils zur altkarischen Schicht. Die Amtssprache war seit der Eroberung durch Alexander griechisch. Mit der Zeit kamen auch in wachsender Zahl römische und andere Kaufleute in das Binnenland. Räubereien kamen noch vor und erforderten ständig in den abgelegeneren Gebieten das Eingreifen neu errichteter römischer Militärkolonien; doch sind in Karien selbst keine Stützpunkte bekannt. Aber das Gesamtbild der ersten zwei Jahrhunderte Kaiserzeit war durch Zufriedenheit und Wohlstand bestimmt. Über die Provinzgemeinden und ihre Beziehungen zum Kaisertum, über den Kaiserkult, über die Unzahl von Festlichkeiten, die alljährlich oder alle vier Jahre im ganzen Osten gefeiert wurden, ist bereits an anderer Stelle genug gesagt worden[6]. In einer so langen Friedenszeit hatten natürlich die Städte nur wenig individuelle Geschichte. Meist wird lediglich über ein gelegentliches Erdbeben oder einen Kaiserbesuch berichtet.

Im 3. Jh. setzt der Niedergang ein. Unter der raschen Folge von 19 Soldatenkaisern, teils nichtrömischer Herkunft, von denen viele unfähig und die meisten nur kurzfristig an der Herrschaft waren, ermüdete die Kraft des Römischen Reiches fortschreitend. Der Prozeß wurde um die Mitte des Jahrhunderts durch eine schreckliche, fünfzehn Jahre im ganzen Reich wütende Seuche beschleunigt sowie durch die beunruhigenden Goteneinfälle, die einmal südwärts bis Milet führten. Diese Entwicklung hatte bald nach der schweren Niederlage der Römer und dem Tod des Kaisers Decius in der Schlacht bei Abrittus in der Dobrudscha (251 n. Chr.) ihren Anfang genommen. 253 erschienen zum erstenmal die Schiffe der Goten, Burgunder und ihrer Verbündeten in den klein-

[6] Bean, Kleinasien I, S. 27 ff

asiatischen Gewässern, um dann Jahr für Jahr wiederaufzutauchen und blühende Städte heimzusuchen. 262 n. Chr. erfolgte der große Raubzug der Goten in die Troas, nach Lydien, Phrygien und Jonien.

Von der großen Reichsreform unter der Herrschaft des Diokletian (284–305), die eine Neuordnung der Provinzen brachte, wurde Karien zunächst nicht betroffen, insofern als es eigene Provinz blieb.

Die Ausbreitung des Christentums in Karien erfolgte im ganzen langsam. Das Gebiet wurde von Paulus auf seinen Missionsreisen nicht besucht, und die einzigen frühen Kirchen scheinen in Laodikeia und Kolossae an der äußersten Grenze des Landes erbaut worden zu sein. Es hat den Anschein, daß die entscheidende Verbreitung der neuen Religion erst nach der offiziellen Anerkennung des Christentums durch Konstantin den Großen in ganz Karien erfolgte. Das Schicksal des Landes in byzantinischer und türkischer Zeit ist nicht Thema des vorliegenden Buches.

2. Mylasa

Die in einer fruchtbaren Hochebene gelegene und wegen ihrer Marmorbrüche berühmte Stadt Mylasa wird als karische Binnenstadt von Strabo nur neben Alabanda und Stratonikeia genannt. Die Namen Mylasa und Alabanda mit ihren kleinasiatischen Endungen auf -asa und -nda sind Beweis genug für das hohe Alter dieser Siedlungen. Nach den Namensformen und urtümlichen Kulten, besonders des karischen Zeus mit der Doppelaxt sowie nach den in der Umgebung gemachten Funden des 2. Jtsd.s v. Chr. dürften sie in vorgriechische Zeit zurückreichen. Stratonikeia andererseits ist seinem Namen nach eine griechische Gründung, die zu Strabos (geboren um 64/63 v. Chr) Zeit noch keine dreihundert Jahre alt war.
Die von einigen Forschern vertretene und bereits erwähnte Theorie[1], die den Namen Mylasa mit der Wanderung der Lykier in ihre geschichtliche Heimat im Süden Westkleinasiens verbindet, ist keinesfalls bewiesen, und es gibt auch nicht den geringsten Anlaß für einen lykischen Ursprung von Mylasa, das allgemein als die karischste Stadt des Landes angesehen wurde. Stephanos von Byzanz erzählt in seinen Ethnika[2], daß die Stadt nach einem gewissen *Mylasos*, Sohn des Chrysaor und Abkömmling des Sisyphus und Aiolos, benannt wurde. Hier handelt es sich um eine eindrucksvolle, aber gegenstandslose Genealogie. Abgesehen von diesen offenkundigen Erfindungen wird nichts über den Ursprung

[1] Siehe S. 14

[2] Siehe S. 201

der Stadt berichtet. Die erste geschichtliche Überlieferung setzt im 7. Jh. v. Chr. ein, als von einem Mann aus Mylasa namens Arselis berichtet wird, der dem Lyder Gyges bei seinen Thronstreitigkeiten geholfen haben soll. Zu dieser Zeit sind bereits karische Söldner in fremden Diensten bezeugt.

Unter der Perserherrschaft seit der Mitte des 6. Jh.s v. Chr. wurden die karischen Städte von sog. Tyrannen regiert, die mit persischer Billigung bestimmt wurden. 500 v. Chr. war ein gewisser *Oliatos*, Sohn des Ibanollis, Herrscher von Mylasa. Oliatos diente als Schiffskapitän in der persischen Flotte, die von Aristagoras, dem Tyrannen von Milet, gegen die Insel Naxos[3] geführt wurde. Der Fehlschlag des Unternehmens gegen Naxos bestimmte Aristagoras zum Aufstand gegen den Großkönig, wofür er durch List eine Anzahl von Kapitänen gewann, die Herrscher über verschiedene Städte waren, darunter Oliatos. Was mit letzterem geschah, ist nicht klar, da er nicht wieder erwähnt wird. Aber Mylasa beteiligte sich wie die meisten karischen Städte am Aufstand. Wenige Jahre später, als das persische Heer zur Unterdrückung des Aufstandes gegen Karien entsandt wurde, überfiel es Mylasa und zerstörte die Stadt. Der karische Führer war Heraklides, ein Bruder des Oliatos. Ob dieser Mann seinem Bruder als Herrscher von Mylasa gefolgt war, ist zweifelhaft; wir hören nur noch einmal von ihm im Zusammenhang mit der Schlacht von Artemisium. Die Forscher sind uneins darüber, ob es sich um das von den Persern gelieferte Gefecht von 480 v. Chr. handelt oder Artemisium in Spanien gemeint ist. Letzteres ist jedoch höchst unwahrscheinlich. Jedenfalls scheint klar zu sein, daß es Heraklides für richtig hielt, sich der persischen Rache zu entziehen, indem er sich aus Kleinasien zurückzog.

Ob Mylasa Mitglied des 478 gegründeten Delischen Bundes war, ist unklar. Die Binnenlage und die Flucht des Heraklides legen nahe, daß die Stadt wieder in persische Hand gefallen ist. Später war Mylasa in den Delischen Bund einbezogen und zahlte von 450 bis 440 einen regelmäßigen Beitrag von einem Talent oder etwas weniger. Diese Veranlagung, wiewohl geringer als die mehrerer Leleger-Städte auf der Myndos-Halbinsel, deutet

[3] Bean, Kleinasien I, S. 223

darauf, daß Mylasa schon zu dieser Zeit die führende Stadt in ihrem eigenen Bereich war. Die Nachbarorte Euromos, Hydai und Chalketor waren alle geringer veranlagt. Nach 440 strichen die Athener alle diese Städte aus der Mitgliederliste, und gegen Ende des Jahrhunderts, wenn nicht schon eher, war das ganze karische Binnenland unter persischer Kontrolle.

Seine große Zeit erlebte Mylasa unter den persischen Satrapen *Hyssaldomos*, *Hekatomnos* und *Maussollos* im 4. Jh. v. Chr. Der beispiellose Aufstieg des Maussollos wurde schon oben erwähnt, aber seine Herrschaft blieb in seiner Heimat nicht ohne Widerspruch. Eine in Mylasa gefundene Inschrift verzeichnet für die Jahre 367, 361 und 355 v. Chr. drei von den Mylasern verfaßte Dekrete. Im ersten lesen wir, daß ein gewisser Arlissis, der von der karischen Liga in einer Gesandtschaft an den Großkönig geschickt worden war, unter Mißbrauch des Vertrauens gegen Maussollos intrigierte; er wurde dafür hingerichtet, und sein Vermögen zugunsten des Maussollos eingezogen. In der zweiten erfahren wir, daß die Söhne des Peldemos die Statue des Hekatomnos beleidigten und daß ihr Besitz öffentlich versteigert wurde. Das dritte Dekret berichtet, daß ein gewisser Manitas, Sohn des Paktyes, einen Anschlag auf das Leben des Maussollos während der jährlichen Festlichkeiten in Labraynda versucht hatte und auf der Stelle gelyncht wurde, ferner, daß eine weitere Untersuchung noch die Beteiligung eines gewissen Thyssos an dem Attentat ergab und daß das Eigentum der beiden Maussollosgegner zum Nutzen des Herrschers verkauft wurde.

Angesichts der von den Hekatomniden, besonders von Maussollos, eingeführten zahlreichen Veränderungen ist es nicht unwahrscheinlich, daß die Stadt in ihrer jetzigen Lage in Milâs neugegründet wurde. Es gibt gewichtige Gründe für die Annahme, daß bis in das 4. Jh. v. Chr. Mylasa auf dem großen Felsen von Peçin, etwas mehr als drei Meilen südlich von Milâs, stand. Diese Frage soll noch unten breiter erörtert werden, doch sei schon hier vermerkt, daß die Lage von Milâs höchst ungewöhnlich für eine frühe karische Stadt ist und überhaupt nicht den allgemein gewählten Hügelsiedlungen entspricht. Mylasas Lage auf der Hochebene am Fuß eines beachtlichen Gebirgszuges wirkte schon im Altertum überraschend, und ein gewisser römischer Statthalter soll ausgerufen haben: »Wenn der Mann, der die Stadt gründete, schon keine Furcht kannte, besaß er nicht wenigstens Scham?« Andererseits bot die Nähe des anliegenden Gebirgszuges den Vorteil, daß hochwertiger Marmor in Fülle gebrochen werden konnte und die Stadt ungewöhnlich gut ausgestattete, große öffentliche Gebäude besaß. Ein Harfner von Beruf, *Stratonikos*, dessen Bonmots berühmt waren, trug in Mylasa ein Preislied vor, wobei er die große Zahl von Tempeln hervorhob und sein Lied nicht mit den üblichen Worten einleitete: »Hört, ihr Leute« sondern mit »Hört, ihr Tempel«.

Im Zusammenhang mit dem Zug *Alexanders des Großen* erfahren wir nichts von Mylasa mit Ausnahme der Überlieferung, daß dem stets makedonenfreundlichen athenischen Staatsmann *Phokion* von Alexander die Einkünfte von vier kleinasiatischen Städten, darunter Mylasa, angeboten worden sein sollen. Phokion aber lehnte ab. Auch nachdem Maussollos die Hauptstadt nach Halikarnassos verlegt und diese Stadt außerordentlich vergrößert hatte, blieb Mylasa Hauptzentrum des eigenen Bereichs. Sie besaß seit alters das Heiligtum von Labraynda. Die neuen schwedischen Ausgrabungen an dieser Stätte haben die Lage im 3. Jh. v. Chr. erhellt. Unter *Ptolemaios II. Philadelphos* (285–246 v. Chr.) wurde dieser Bereich für den Ptolemäerstaat beansprucht und seine Angelegenheiten mit Hilfe des Ptolemäers von der Chrysaorischen Liga geregelt; die Liga hielt eine Zeitlang wahrscheinlich in Mylasa ihre Versammlungen ab, bevor sie sie nach Stratonikeia verlegte. Da die ptolemäische Kontrolle sehr schwach war, hatte der Seleukide *Antiochos II.* von Syrien (261–246 v. Chr.) leichtes Spiel bei der Eroberung des Landes. Eine der ersten Handlungen seines Nachfolgers *Seleukos II. Kallinikos* (246–225 v. Chr.) war die Erklärung von Mylasa zur freien Stadt. Doch besagte dieser Schritt nicht viel. »Freiheit« bedeutete etwas mehr als Verzicht auf eine Besatzungsgarnison und gab das Recht der Selbstverwaltung im eigenen Bereich, jedoch mit dem Vorbehalt, daß sich der König nach Laune einmischen konnte. Aber die Seleukidenherrschaft war bedeutend strenger als die der Ptolemäer, und einige zwanzig Jahre später besetzte der Makedonenkönig *Antigonos Doson* (229–221 v. Chr.) Karien. Er wurde in Mylasa willkommen geheißen, und die freundschaftlichen Beziehungen zu Makedonien

hielten auch in den ersten Regierungsjahren seines Nachfolgers, *Philipps V.* (221–179 v. Chr.) an. Ein in Labraynda gefundener Brief Philipps V. aus dem Jahre 220 v. Chr. bestätigt Mylasa ausdrücklich den Besitz des Heiligtums von Labraynda. Nach Philipps See-Niederlage durch die vereinigten Flottenverbände von Rhodos und Pergamon im Jahre 201 v. Chr., nahm er seinen Weg durch Karien. Während des folgenden Winters wurde er in Bargylia belagert und war mit seiner Weisheit wegen der mangelnden Truppenverpflegung am Ende, als er von Mylasa mit Vorräten unterstützt wurde. Da die weitere Versorgung versagte, wandte er sich gegen Mylasa und machte einen erfolglosen Angriff. Es scheint, daß Mylasa unter *Antiochos III.* (223–187 v. Chr.) wieder zur Verbindung mit den Seleukiden zurückkehrte, einige Jahre später besetzte Antiochos das Land meist ohne Widerstand.
Als 189 v. Chr. nach der Niederlage des Antiochos gegen die Römer die römischen Gesandten im Frieden von Apamea Karien an Rhodos abgaben, erklärten sie ausdrücklich, daß Mylasa von Tributzahlungen frei sein sollte. Trotz dieser Erleichterung waren die Einwohner von Mylasa mit der rhodischen Herrschaft ebenso unzufrieden wie die übrigen Karer, so daß es 167 v. Chr. zum Aufstand kam. Sie bemächtigten sich »der Städte in Euromos«, wozu Euromos selbst, Olympos, Chalketor und vielleicht einige andere Orte gehörten, und erhielten Hilfe von Alabanda; doch die vereinten Kräfte wurden von den Rhodiern angegriffen und bei Orthosia besiegt. Dennoch breitete sich der Aufstand weiter aus, denn Orthosia liegt weitab im Nordosten unterhalb des Flusses Marsyas. Doch alles wurde letztlich durch das im gleichen Jahr erlassene römische Dekret erledigt, daß die Rhodier sich zurückziehen und Karien freilassen sollten.
Während der folgenden verhältnismäßig friedlichen Periode ergriff Mylasa, nunmehr etwas überschattet durch die Nachbarschaft von Stratonikeia, die Gelegenheit, die Lage der Stadt zu verbessern. Spätestens um 209 v. Chr. forderte Mylasa von Milet eine vertragliche Zusicherung gleichrangiger Politik und erhielt sie; dadurch wurde ein Bürgeraustausch vereinbart. Mylasa ging nun daran, alle Städte in der Nachbarschaft mit Hilfe eines Vertrages gemeinsamer Politik unter seine Kontrolle zu bringen. Die Bewohner von Euromos, Chalketor, Hydai, Olymos und Labraynda

wurden nun Bürger von Mylasa und einer der drei Stammesverbände der Stadt zugeteilt. Diese Stammesordnung war eine alte Einrichtung in Mylasa. Schon im 4. Jh. v. Chr. kennen wir von »Maussollos und den drei Stämmen« unterzeichnete Dekrete. Ihre Namen sind durchweg karisch: die Otorkondeis, die Konodorkondeis und die Hyarbesytai. Sie gliederten sich in Sippen (Clans) mit gleichen ausländischen Namen, und diese wieder in Familien.
Gebietsstreitigkeiten zwischen den Griechenstädten waren immer an der Tagesordnung. Als 143 v. Chr. sich Priene und Magnesia um ein Landstück stritten, wurde Mylasa vom römischen Praetor zum Richteramt bestellt. Diese Entscheidung war ein Entgegenkommen gegenüber einer karischen Stadt und läßt erkennen, wieweit sie zu dieser Zeit in den hellenistischen Bereich aufgenommen war. Mylasa selbst hatte zur gleichen Zeit einen ähnlichen Streit mit Stratonikeia, der zur Schlichtung in Rom vorgebracht wurde.
In der römischen Provinz Asia wurde Mylasa wie Alabanda als Sitz eines *conventus* auserwählt, eines Zentrums, in dem der Provinzstatthalter Gerichtssitzungen abhielt. Allgemein waren die Beziehungen zu Rom gut und freundlich. Dennoch konnte sich Mylasa den Auswirkungen der unbefriedigenden Verwaltung unter der römischen Republik nicht entziehen. Um die Mitte des ersten Jahrhunderts v. Chr. war die Stadt an einen römischen Bankier namens Cluvius so verschuldet, daß sie ihren Verpflichtungen nicht mehr nachkommen konnte.
Zu dieser Zeit wurden die Angelegenheiten von Mylasa von zwei angesehenen Männern namens *Euthydemos* und *Hybreas* kontrolliert.

Strabo berichtet:

> »Beide waren Redner und volkstümliche Führer. Euthydemos erbte von seiner Familie ein großes Vermögen und entsprechenden Rang. Dazu kam seine persönliche Fähigkeit, so daß er nicht nur in seiner Stadt, sondern in der ganzen Provinz Asia geehrt wurde. Hybreas dagegen war von seinem Vater lediglich ein Packtier und ein Reitknecht hinterlassen worden, womit er zunächst seinen Lebensunterhalt bestritt. Nach seinem Studium bei Diotrephes von Antiochia kehrte

er wieder heim und diente als Schreiber auf dem Markt. Als er auf diese Weise etwas Geld zusammenbekommen hatte, betrat er den Boden der Politik und gewann rasch Einfluß, sowohl zu Lebzeiten des Euthydemos als vor allem nach dessen Tod, indem er der unbestritten führende Staatsmann der Stadt wurde. Solange Euthydemos lebte, war er der bei weitem führende Kopf und wandte seine Macht zum Wohl der Bevölkerung an; wiewohl seiner Herrschaft ein Hauch von Tyrannismethoden anhaftete, wurde dieser voll durch den daraus resultierenden Nutzen für Mylasa ausgeglichen. In diesem Zusammenhang fand ein Wort des Hybreas sehr viel Beifall: »Euthydem, Du bist ein notwendiges Übel für unsere Stadt, denn wir können weder mit Dir leben noch ohne Dich«. Hybreas geriet trotz seines Ansehens und seiner Verdienste um die Stadt durch seinen Widerstand gegen Labienus in Schwierigkeiten[4]. Denn als die Parther die Kontrolle über Asien hatten und *Labienus* mit einem parthischen Heer anrückte, unterwarfen sich die friedlichen unbewaffneten Städte. Doch Zeno von Laodikeia und Hybreas widersetzten sich und wiegelten ihre Städte gegen Labienus auf. Darüber hinaus forderte Hybreas Labienus, einen törichten und jähzornigen jungen Mann, durch eine Antwort heraus, als sich Labienus zum Herrscher von Parthien erklärte: Dann ernenne ich mich selbst zum Herrn von Karien. Labienus griff daraufhin Mylasa an. Hybreas entzog sich der Gefangennahme, indem er nach Rhodos floh. Aber Labienus vernichtete sein Haus mit allem kostbaren Inventar und ließ die ganze Stadt zerstören. Nach seinem Rückzug aus Asien kehrte Hybreas nach Mylasa zurück und begann sein eigenes Vermögen wie das der Stadt wiederherzustellen.«

Es dauerte einige Zeit, bis sich Mylasa von diesem Schicksalsschlag erholt hatte. Als sich 31 v. Chr. *Augustus*, der damals noch *Octavian* hieß, nach seinem Seesieg bei Actium in Samos aufhielt, ließ ihn Mylasa durch eine Gesandtschaft an die von Labienus als Gefangene abgeschlachteten Bürger, an die Zerstörung ihrer hei-

[4] Siehe S. 25

ligen Tempel, an die Verwüstung ihres Landes und an die verbrannten Bauernhöfe erinnern. Die Antwort Octavians wurde von den Einwohnern Mylasas in einen Stein eingemeißelt, woraus hervorgeht, daß sie günstig lautete. Doch der Inschriftstein ist nun zerstört, und so wissen wir nicht, welche Art von Hilfe geleistet wurde. Es ist aber sehr wahrscheinlich, daß wenige Jahre später der Tempel der Roma und des Augustus errichtet wurde, nachdem Octavian im Jahre 27 v. Chr. den Titel Augustus angenommen hatte. Der Tempel stand noch im 18. Jh. Einige Zeit später war die Stadt finanziell noch in Schwierigkeiten und gezwungen, Geld von ihren eigenen Bürgern zu leihen.

In der frühen Kaiserzeit nahm wie anderenorts der Wohlstand wieder zu, und Mylasa hatte wie die anderen Städte nur wenig oder überhaupt keine eigene Geschichte. Die Münzprägung läßt sich stetig bis in das 3. Jh. n. Chr. verfolgen. Später wurde die Stadt Bischofssitz unter dem Erzbistum (Metropolis) von Aphrodisias.

Die Hauptgottheit von Mylasa war *Zeus*, der unter drei Beinamen verehrt wurde, von denen zwei mit einem anderen verbunden waren. Der erste ist *Zeus Karios*, dessen Kult der bedeutendste seit der Frühzeit vor dem Auftreten der Hekatomniden war. Er hatte, wie Herodot erzählt, ein altes Heiligtum in Mylasa, zu dem außer den Karern ihre traditionellen »Verwandten, die Lyder und Myser Zutritt hatten, aber keine anderen, auch wenn sie karisch sprachen«. Er war der Gott der »Gemeinschaft der Karer«, eines Bundes, der sich, wenn auch mit verringerter Bedeutung, schließlich bis in das 1. Jh. v. Chr. behauptete. Sein Tempel und Heiligtum wurden von einigen Forschern mit der großen Umfriedung am Osthang des Hügels von Hisarbaşi in Milâs identifiziert[5]. Doch wurde kürzlich vorgeschlagen, ihn auf dem Felsen von Peçin außerhalb Milâs im Süden zu lokalisieren.

Der zweite Titel des Hauptgottes bezieht sich auf den Zeus von Labraynda, der entweder *Zeus Labrayndos* oder *Zeus Stratios* genannt wurde. Herodot vermerkt dazu, daß Zeus an keinem anderen Orte unter dem Beinamen Stratios verehrt wurde. Es handelte sich zunächst um einen alten reinen Lokalkult, der von den Hekatom-

[5] Siehe S. 41

niden gern adoptiert wurde. Sie vermehrten beträchtlich den Glanz des Heiligtums von Labraynda, das von Herodot als großer heiliger Platanenhain beschrieben wird, erhoben den Kult zum meistverehrten in Mylasa und prägten ihre Münzen mit dem Bild der Gottheit. Sie ist stehend in griechischer Tracht dargestellt, mit einer Doppelaxt *(labrys)* über der rechten Schulter, ein Zeichen vorgriechischer Herkunft wie auf Kreta im 2. Jtsd. v. Chr., und einer langen Lanze in der Linken. Während die Doppelaxt sich auf Zeus Labrayndos bezieht, ist die Lanze das Zeichen des Zeus Stratios, des Heeresgottes.

Spätere Münzen zeigen die hölzerne Kultstatue, wie sie wirklich im Tempel stand. Dabei handelt es sich um ein altes archaisches Zeugnis, das in gewisser Weise an die ephesische Artemis erinnert. Die bärtige Gottheit stand steif mit geschlossenen Füßen, von der Taille an bis unten mit überkreuzten Binden eingebunden wie eine Mumie. Auf dem Haupt sitzt eine zylindrische Kopfbedeckung, die als Polos bezeichnet wird. Sie trägt ein Halsband und eine Brustplatte mit zahlreichen brustartigen Vorsprüngen. Die drei letztgenannten Attribute sind ausgesprochen weiblich und passen nicht recht zu Bart und Waffen. So hat man mit Recht vermutet, daß der Zeus von Labraynda in sehr alter, wahrscheinlich vorgeschichtlicher Zeit mit einer älteren Göttin in dieser Weise verschmolzen wurde. Die überkreuzten Binden wurden mit dem Netzwerkschmuck des Omphalos-Steins von Delphi verglichen, was auf eine Orakelfunktion des Zeus von Labraynda deuten würde; diese Frage soll noch einmal weiter unten erörtert werden[6]. Andere Forscher ziehen eine Verbindung mit dem ägyptischen Gott Osiris vor, dem aber Doppelaxt und Lanze fehlen. Vom 4. Jh. v. Chr. an war Zeus Labrayndos oder Stratios eine hervorragende Gottheit der Karer.

Der dritte Titel des Hauptgottes ist *Zeus Osogos* oder *Osogoa*, der einzige, der allein ursprünglich zu Mylasa gehört. Er war teilweise mehr die Gottheit des Stammes der Otorkondeis; doch sein Kult war in Wirklichkeit der wichtigste in Mylasa selbst, und sein Ruhm erstreckte sich über ganz Karien, ja darüber hinaus. Mit Zeus Labrayndos stand er gleich, wie die Münzen von Mylasa mit

[6] Siehe S. 67/68

den oft kombinierten Attributen beider Götter bezeugen. Auch konnte gelegentlich ein einziger Mann das Priesteramt für beide Gottheiten bekleiden. Sein Heiligtum befand sich außerhalb der Stadt[7] und verfügte über eine seltsame Erscheinung; es besaß einen Brunnen mit Salzwasser, wiewohl das Meer über zehn Meilen entfernt ist. Es scheint sich ursprünglich um Frischwasser gehandelt zu haben, das seine Natur veränderte; Theophrast führt naiv diesen Wechsel auf die in diesem Bereich häufigen Gewitter mit Blitzerzeugen zurück. Weniger wegen dieser Erscheinung als vor allem wegen des alten Seevolkcharakters der Karer hatte Zeus Osogos die weite Verehrung als Meeresgottheit. Seine Attribute sind nämlich der Dreizack und die Meereskrabbe, weswegen einige Forscher versucht haben, den karischen Namen Osogos in Verbindung mit dem Meer zu setzen[8]. Der Dreizack war das heilige Zeichen des Seegottes Poseidon, und die Griechen, jederzeit bereit, fremde Götter mit ihren eigenen zu identifizieren, verbanden seinen Namen mit dem des Zeus und nannten den karischen Gott Zenoposeidon. Dieser Name wurde schon im Altertum als Kuriosität empfunden. Natürlich wurde er niemals von den Otorkondeis selbst gebraucht. Athenaeus erzählt in diesem Zusammenhang eine reizende Geschichte. Ein gewisser Musiker namens Dorion stattete Mylasa einen Besuch ab, hatte aber Unterkunftsschwierigkeiten. So setzte er sich außerhalb der Tore in einem Heiligtum zur Ruhe und als er den Diener des Heiligtums bei seinen heiligen Verrichtungen sah, fragte er nach dem Namen der Gottheit. »Zenoposeidon« war die Antwort. Dorion erwiderte: »Kein Wunder, daß ein Sterblicher kein Bett findet, wenn sich selbst die Götter in eine Wohnung teilen müssen.«

Zeus Osogos besaß neben seinem Tempel und Heiligtum einen beachtlichen Landbesitz. Eine Reihe von Inschriften aus dem 1. Jh. v. Chr. berichten vom Landverkauf durch Privatleute an den Tempel. In den meisten Fällen pachteten dann die alten Eigentümer das Land vom Tempel für ihre eigene Nutzung. Dieses Brauchtum, das nicht nur in Mylasa, sondern auch an anderen Or-

[7] Siehe S. 41

[8] Die Wurzel -og- wurde verglichen mit den Namen Okeanos und mit der Insel Ogygia. Doch kann diese Etymologie nicht bestätigt werden.

ten üblich war, spricht für die Geldknappheit der Bürger in den ersten Jahren der Provinz Asia. Die Tempel scheinen dabei gute Geschäfte gemacht zu haben.

Mylasa erlitt das Schicksal einer beständig seit dem Altertum bewohnten Stadt. Sehr wenig ist von den Tempeln und den anderen Bauten erhalten, die Strabo erwähnt (Abb. 2, S. 40). Von der Stadtmauer blieb nichts übrig, wir wissen aber, daß sie bestanden hat. Für ihren Verlauf haben wir lediglich drei Schlüsselpunkte: das stattliche Tor, das jetzt *Baltali Kapi* **(E)** heißt, die Überlieferung, daß der Tempel des Zeus Osogos außerhalb der Stadt »ihr gegenüber« stand und die Lage zahlreicher Gräber, die sich wie üblich außerhalb der Mauern befanden. Die Lage des Tores legt nahe, daß die Mauer hinauf zum Topbaşi-Hügel **(C)** verlief – vielleicht auch zum Yeldeğirmeni-Hügel **(B)** –, dann südwärts und rund um das Augusteum und Orta Okul führte, um dann schließlich nordwestlich einzubiegen bis zum Fuß des Hidirlik-Hügels.

Die ungewöhnlich schwache Lage der Stadt wurde bereits erwähnt; doch wurde sie einigermaßen ausgeglichen durch eine Hilfsbefestigung auf dem *Hidirlik-Hügel* **(A)** im Westen. Sein oberer Teil war von einer Ringmauer eingeschlossen, deren Verlauf man noch verfolgen kann, mit Ausnahme im Südosten, wo sie verschwunden ist. 2,50 m dick steht sie immerhin noch etwa 2,50 m hoch; die Mauer besteht aus sehr unregelmäßigem Quaderwerk. Im Inneren finden sich keinerlei Spuren von Gebäuderesten. Die Anlage dürfte der Bevölkerung in Gefahrenzeit als Zufluchtsort gedient haben.

Baltali Kapi **(E)**, das Tor, das wahrscheinlich kurz vor der christlichen Periode zu datieren ist, steht noch wirklich intakt (Tafel 1).

Von den zahlreichen **Tempeln,** die Mylasa ursprünglich besaß, können heute nur noch spärliche Reste eines einzigen **(F)** gesehen werden. Davon steht noch eine Säule am Osthang des Hisarbaşi-Hügels **(D)** inmitten der Stadt (Tafel 2 oben). Die Säule, ein stattliches Beispiel korinthischen Stils, steht auf einem etwa 3,30 m hohen Podium, von dem man nur die Ostfront sieht. Eine Treppenflucht an der Nordseite konnte man noch vor kurzem sehen. An der Säule befindet sich ein Feld wie für eine Inschrift,

Abb. 2 Plan von Mylasa
(nach A. und T. Akarca)

A	Hidirlik-Hügel
B	Yeldeğirmeni-Hügel
C	Topbaşi-Hügel
D	Hisarbaşi-Hügel
E	Baltali Kapi
F	Tempel (des Zeus Karios?)
G	Lage des Roma-Augustus-Tempels
H	Heiligtum des Zeus Osogos
J	Gümüşkesen-Mausoleum
K, K	Gräber der römischen Zeit
L	Lage des Theaters
M, M	Gräber der hellenistischen Zeit
N	Belediye

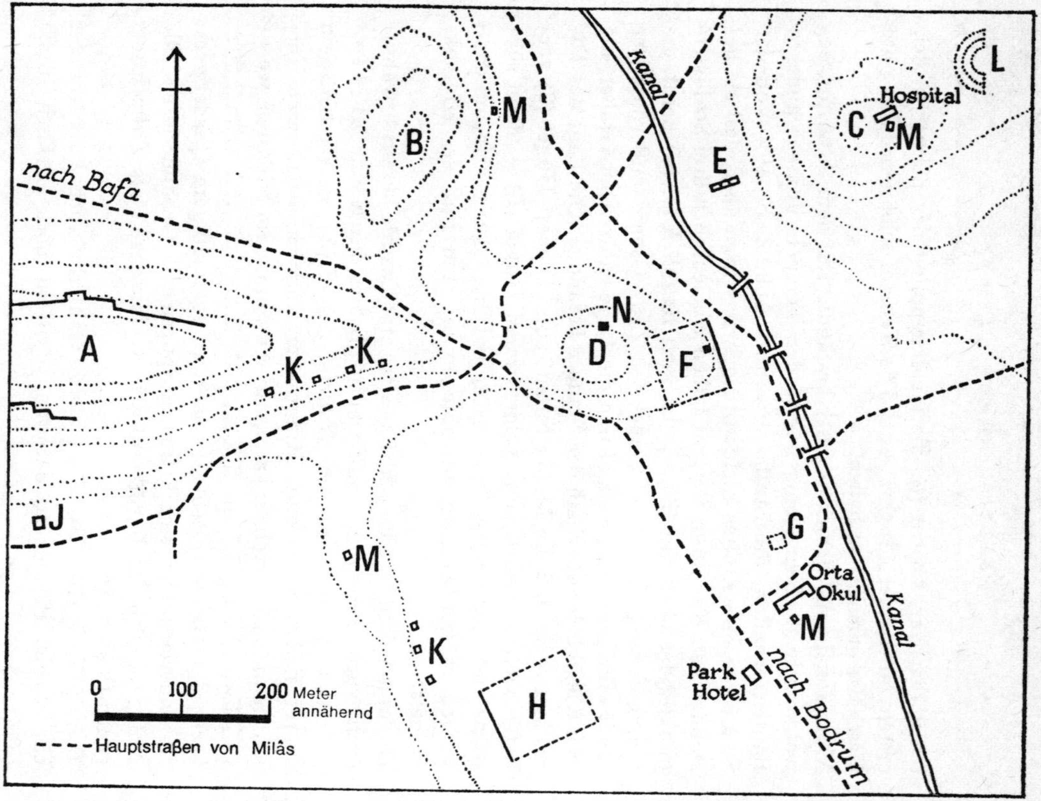

doch ist nichts mehr zu lesen. Der Tempel war wie üblich von einer ausgedehnten Umfriedung umgeben. Die **Ostmauer,** die den Kanal überblickt, steht noch in ihrer ganzen Länge über 100 m bis zu einer Höhe von elf Schichten. Das Mauerwerk besteht aus regelmäßigen Steinquadern. Der Tempel gehört wie das Tor Baltali Kapi wahrscheinlich in die Zeit der Wiederherstellung der Stadt nach der Verwüstung durch Labienus im Jahre 40 v. Chr. Es ist nicht mit Sicherheit auszumachen, welcher Gottheit er geweiht war. Alle Wahrscheinlichkeit deutet auf Zeus, und eine fragmentarische Weihung zeigt die Inschrift »an Zeus ...«, doch ist leider der entsprechende Beiname weggebrochen. Sicher handelt es sich nicht um Zeus Osogos, dessen Heiligtum sich außerhalb der Stadt befand. Vermutlich gehörte der Tempel dem Zeus Karios oder Zeus Stratios. Die meisten Forscher neigen der ersteren Zuweisung zu.

Der Tempel des Zeus Osogos **(H)** ist völlig verschwunden, aber seine Lage ist bekannt. Er stand außerhalb der Stadtmauer im Südwesten. Nicht ein einziger Stein des Tempels wurde in der Neuzeit gefunden, aber ein Teil der Umfassungsmauer steht noch. Sie befindet sich westlich von Güvec Dede Türbesi im Viertel Haci Ilyas. Der ganze Teil der Stadt ist heute überbaut, so daß die bis zu 3 m Höhe erhaltene Mauer zwischen Häusern und Gärten verborgen ist. Es handelt sich um schönes polygonales Mauerwerk aus großen Blöcken; einer der Steine hat die Ausmaße von 300 × 300 × 22 cm. Mauerwerk dieser Art gehört gewöhnlich in das 5. Jh. v. Chr. Heute kann nicht mehr gesagt werden, aber früher, als das Gelände noch frei war, stand dort eine Säulenreihe, die im rechten Winkel vom nahen Südende der Mauer verlief. 1881 waren es vierzehn Säulen, 1933 nur noch zwei. Sie gehörten zu einer Halle, die die Umfassungsmauer einst umgab. Vier Säulen waren beschriftet mit den Namen von Priestern des »Zeus Osogos Zeus Zenoposeidon«. Eine andere Inschrift berichtet, daß ein ehemaliger Priester des Zeus acht Säulen dem Zeus Osogos stiftete. Schriftstil und die römischen Namen des Priesters beweisen, daß diese Halle in die Kaiserzeit datiert werden muß. Im Hause des Ismail Hakki Bey, nahe der Mauer, sah der Verfasser 1970 noch zwei Säulenstümpfe, arg mitgenommen und fast vergraben; aber man erzählte, daß jeder über 2 m lang sei. Ob diese

zu der fraglichen Halle gehörten, ließ sich nicht feststellen. Von der berühmten Salzwasserquelle ist nichts mehr zu sehen.
Ein dritter Tempel **(G)**, der des *Augustus* und der vergöttlichten *Roma* wurde von früheren Reisenden besucht und beschrieben. Whelers Begleiter sahen 1675 »einen schönen Marmortempel« mit der Weihinschrift am Architrav. Whelers Zeichnung zeigt sechs jonische Säulen an der Frontseite mit Blattverzierung am oberen Schaftende und an der Basis. Die Lage **(G)** des Tempels, etwas nördlich vom heutigen Orta Okul, wurde kürzlich mittels einer Inschrift bestimmt; doch ist nichts mehr erhalten.
Ein **Theater (L)** gehörte natürlich zu den wichtigsten Anlagen aller Griechenstädte in jeder Lage. Das von Mylasa lag am Osthang des Topbaşi-Hügels **(C)** außerhalb der Stadt; aber alles, was blieb, ist die Aushöhlung für die Zuschaueranlage *(Cavea)* an der Hügelseite. Ausgrabungen an der Westseite dieses Hügels brachten Theatermasken zutage, und zeigten außerdem, daß ein Schrein der Nemesis in der Nähe gestanden haben muß.
So bleiben die sichtbaren Ruinen von Mylasa auf die **Gräber** beschränkt. Zwei von ihnen lohnen einen Besuch. Das bestbekannte ist *Gümüşkesen* **(J)** am Westrande der Stadt (Tafel 3 oben). Man kann es jetzt auf einer breiten Straße erreichen. Es handelt sich um einen ansehnlichen zweistöckigen Bau, wahrscheinlich aus derselben Zeit wie das Tor Baltali Kapi, aus dem späten 1. Jh. v. Chr. Das Obergeschoß ist von einer offenen Kolonnade umgeben mit Viereckpfeilern an den Ecken, zwischen denen auf jeder Seite je zwei teilweise kannelierte Ovalsäulen stehen. Die Verzierung ähnelt sehr der des Tores Baltali Kapi. Das Dach über dem verzierten Architrav wird durch fünf Blockschichten gebildet, die diagonal zu den Winkeln der unteren verlegt sind und zu einer Art kleiner Pyramide aufsteigen. Der Architrav ist mit Blattwerk und geometrischen Mustern geschmückt und war wohl ursprünglich bemalt. Das Untergeschoß, die eigentliche Grabkammer, besteht aus einer Quadermauer mit zwei breiten Schichten und einer schmalen Mittelschicht. Vier Pfeiler stützen den Boden des Obergeschosses. Der Eingang befindet sich auf der Westseite und ist gegen Norden verschoben. Er ist jetzt mit einem Gitter verschlossen, das gewöhnlich ungeöffnet bleibt. Interessant ist eine trichterförmige Aushöhlung im Boden des Obergeschosses, das wahr-

scheinlich für Gußopfer zu Ehren des Verstorbenen in der Grabkammer diente. Um diese Vertiefung zu sehen, muß man entweder in das Obergeschoß aufsteigen oder den Wächter suchen, der den Schlüssel hat.

Etwa zwei Meilen südlich der Stadt, bei einer Süleyman Kavaği genannten Stelle, links der Straße von Milâs nach Güllük, liegt ein interessantes Felsgrab, das ebenfalls einen Besuch lohnt. Es ist in die Ostseite eines schöngelegenen Hügels unterhalb seiner Spitze eingehauen, direkt auf Peçin Kale gerichtet. Man erreicht es in etwa fünfzehn Minuten, wenn man vom Tor des modernen Friedhofs auf der Straßenseite hinaufsteigt. Das Grab ist lokal bekannt unter dem Namen *Berber Ini* oder *Berber Yataği* (Tafel 2 unten).

Das Grab besteht aus zwei Teilen, einer Felsfassade in Tempelform mit zwei unkannelierten dorischen Halbsäulen beiderseits der Scheintür und zwei Eckpfeilern, die zusammen mit den Halbsäulen den Architrav und den flachen Dreieckgiebel zu tragen scheinen. Darunter befindet sich das Grab mit der Tür, deren Rahmen vertieft ausgearbeitet ist. Der Türstein liegt außerhalb. Im Inneren befinden sich rechts und links zwei lange Bänke, 4×1 m im Maß. An der Rückwand ist eine viel kleinere Kammer mit eigener Tür eingehauen, deren Fußboden 35 cm tiefer liegt. 32 cm über dem Fußboden verläuft ein 8 cm starker Sims. Diese eingesunkene Gruft ist innen 1,80 m lang.

Es fehlt jede Inschrift, aber man vermutet, daß dieses schöne und im ganzen Bereich einzigartige Grab für Hyssaldomos oder Hekatomnos geschaffen worden ist. Der große Mann dürfte in die Hinterkammer gelegt worden sein, während die geräumigen Bänke der Beisetzung seiner Verwandten oder Nachkommen gedient haben könnten. Der Verfasser kann sich bei dieser These nicht von Zweifeln freimachen, vor allem wegen des höchst bescheidenen Ausmaßes der Innenkammer, die als »Nische für Weihegaben« bezeichnet wird. Wenn der Verstorbene in einem Sarg lag, geschweige denn in einem Sarkophag, muß er von außergewöhnlich kleiner Statur gewesen sein. Andererseits ist es unwahrscheinlich, daß er zusammen mit anderen im Außenraum beigesetzt werden wollte. In der Tat scheint es so, daß in Gräbern dieser Art der einbalsamierte Leichnam gewöhnlich auf den Fußboden oder die

Bänke gelegt wurde. In zahllosen ähnlichen Gräbern verschiedener Bereiche Kleinasiens war nach Erinnerung des Verfassers nirgends eine Spur von Sarkophagen auf den Bänken der Grabkammern zu entdecken. Es besteht die Möglichkeit, daß das eigentliche Grab nicht in dem Felsgrab selbst war, sondern in der Nähe verborgen wurde. Die Frage muß daher offenbleiben.

3. Umgebung von Mylasa

Von den kleineren Städten in der Nachbarschaft von Milâs, nämlich Hydai, Chalketor, Olymos und Euromos, ist die Lage bekannt; aber mit Ausnahme von Euromos sind die Ruinen völlig unbedeutend. Alle Siedlungen waren in früher Zeit unabhängige Städte und in den Delischen Seebund eingeschlossen, freilich mit wesentlich kleineren Veranlagungen als Mylasa. Die meisten ihrer Namen hatten zu dieser Zeit eine etwas abweichende Form. Bis zum Ende des 2. Jh.s v. Chr. waren sie mit Mylasa in einer Art Städtebund vereinigt, einem gemeinsamen Zusammenschluß von Bürgerrecht[1]. Dabei hatte jede Stadt grundsätzlich ihre Unabhängigkeit behalten, doch in Wirklichkeit war es gewöhnlich so, daß eine von ihnen ein Übergewicht bildete, das gelegentlich auf Unterwerfung oder sogar Aufsaugung hinauslief. Das war zweifellos bei Mylasa der Fall. So hatten diese kleineren Städte auch nur wenig oder gar keine individuelle Geschichte; sie hatten lediglich Anteil am Schicksal des Landes als Ganzheit.

EUROMOS

Sieben oder acht Meilen hinter Milâs in Richtung Bafra, bei Ayakli, wird nahe der Straße auf der Ostseite der Blick des Reisenden auf die Säulen eines Tempels gezogen, von denen noch sechzehn stehen. Zuerst dachte man an den Tempel des Zeus von Labraynda, doch bezeichnet das Heiligtum in Wirklichkeit die Lage von Euromos. Das war die bedeutendste Stadt in diesem Bereich nach Mylasa, und zwar seit alter Zeit. Sie kontrollierte den nördlichen

1 Siehe S. 33/34

Teil der Hochebene und scheint eine Zeitlang ihren Namen einem weiten Gebiet gegeben zu haben, denn der Historiker Polybios bezieht sich einmal auf »die Städte in Euromos«. Diese schlossen wahrscheinlich Olymos und Chalketor ein. Im 5. Jh. v. Chr. erscheint der Name als Kyromos oder Hyromos. Die strenge griechische Form Euromos ist wahrscheinlich seit der Hellenisierung des Landes zu datieren, die sich aus der Politik des Maussollos ergab. Bemerkenswert ist, daß früh im 5. Jh. v. Chr. und zuletzt im 1. Jh. v. Chr. der Stadtname manchmal in der Form von Europos begegnet.

In den Aufstand von Mylasa gegen die rhodische Herrschaft vom Jahre 167 v. Chr. war Euromos gewaltsam verwickelt[2]. Die Mylaser bemächtigten sich ihrer Städte, wahrscheinlich um jedem örtlichen Widerstand zuvorzukommen. Der Erfolg von Mylasa war nur kurzfristig, doch hatte der vor dem Ende des Jahrhunderts geschlossene Städtebund mehr Geltung. Er scheint die Einwohner von Herakleia, die Nachbarn von Euromos im Norden, beleidigt zu haben. Eine Inschrift teilt uns mit, daß die Leute von Herakleia das Gebiet von Euromos überfielen und heiliges wie privates Vermögen wegschleppten. Ein Bürger von Euromos, der besonders darunter gelitten hatte, beschwerte sich bei den Behörden von Mylasa, die daraufhin einen ihrer Bürger als Botschafter nach Herakleia sandten und bei der Wiedergutmachung Erfolg hatten. Bemerkenswert ist, daß die Bürger von Euromos in diesem Falle nicht von sich aus handelten, sondern es vorzogen, sich an Mylasa zu wenden. Die Inschrift vermerkt, daß der Botschafter »die Interessen der Stadt sicherte«, d. h. die von Mylasa. Die Ungleichheit im Städtebund ist überdeutlich.

Diese Vereinigung der zwei Städte dauerte nicht lange, weil Streitigkeiten ausbrachen. Eine andere Inschrift berichtet, daß bei einer Gelegenheit die Mylaser augenscheinlich behaupteten, die Einwohner von Euromos hätten einige Vereinbarungen gebrochen. Sie forderten von Euromos eine Entschädigung von fünfzig Talenten, und Euromos fühlte sich verpflichtet, sich an die Römer und Rhodier zu wenden.

Als Euromos seine Selbständigkeit wiedergewonnen hatte, scheint

[2] Siehe S. 33

es eine neue Blüte erlebt zu haben. Die noch vorhandenen Ruinen, so zerstört sie auch sind, deuten auf einen beachtlichen Wohlstand.

Heute ist die hervorragendste Erscheinung der **Tempel**, der zu dem halben Dutzend besterhaltener in ganz Kleinasien zählt (Tafel 3 unten). Er ist im *korinthischen Stil* gebaut und stammt aus dem 2. Jh. v. Chr. Ursprünglich hatte er elf Säulen an den Langseiten und sechs an den Schmalseiten. Von diesen stehen noch sechzehn vollständig mit dem Architrav, in Gruppen von acht, fünf und drei. Die drei Säulen an der Südseite und die an der Südwestecke sind nicht kanneliert, weil der Bau zweifellos niemals ganz vollendet worden war. Die meisten Säulen an den West- und Nordseiten haben ein Feld mit einer Weihinschrift. Fünf wurden von einem gewissen Menekrates, Amtsarzt und Beamter, zusammen mit seiner Tochter Tryphaina gestiftet, fünf von Leo Quintus, der ebenfalls Beamter war. Auf der Südseite ist im Gesims noch ein Löwenkopf-Wasserspeier an seiner ursprünglichen Stelle erhalten.

Eine 1969 begonnene Ausgrabung brachte die Fundamente eines Altares in der gewöhnlichen Stellung vor der Ostfront des Tempels zutage und begann mit der Ordnung des Durcheinanders von Blöcken im Inneren. Unter den interessantesten Entdeckungen befindet sich eine hellenistische Inschrift mit Erwähnung eines Ehrendekrets, das im Tempel des Zeus Lepsynos aufgestellt wurde. Der Befund teilt uns nicht nur den Namen der Gottheit des Tempels mit, sondern weist auch darauf hin, daß das noch erhaltene Bauwerk nicht das erste an dieser Stelle errichtete ist. Der Beiname Lepsynos ist neu und wie Osogos ungriechisch. Die Grabungen dauern an.

Der Tempel liegt außerhalb der Stadt, die den Bereich im Norden einnahm. Etwa 100 m vom Tempel entfernt befindet sich an einer sanften Anhöhe ein stattlicher Rundturm aus Quaderwerk, der zur Stadtmauer gehörte. Diese kann man von hier aus verfolgen: sie schwingt kurvend nordwärts über die Hügelseite mit anderen in Abständen angelegten Türmen. Sie ist allgemein 2 bis 2,50 m dick und hat zwei Seiten mit Bindesteinen und Schuttfüllung. Eine Mauer dieser Ausführung kann man, wenn überhaupt, etwas nach 300 v. Chr. datieren. Sie umschloß einen ansehnlichen

Bereich von fast einer Quadratmeile Ausdehnung. Etwas entfernt vom nördlichen Verlauf fällt sie in die Ebene ab, überkreuzt einen Grat und führt abwärts zur Straße; dann verläuft sie 700 m südwärts parallel zur Straße im Westen und wendet sich darauf ostwärts, wo sie sich mit dem Rundturm nahe dem Tempel vereinigt.

In einem Einschnitt auf der Hügelseite, etwas über der Ebene, liegt das sehr große, aber arg zerstörte **Theater,** das nach Westen gerichtet ist. Von den fünf noch sichtbaren Sitzreihen befinden sich die am besten erhaltenen im Norden. Vom Bühnengebäude ist eine Ecke des Unterbaus geblieben, von dem noch fünf oder sechs Schichten stehen. Die **Agora** (Marktplatz) lag auf ebenem Gelände und war auf allen vier Seiten von Säulen umgeben, von denen noch einige stehen. Weiter westlich liegt eine zweite Säulenhalle. Auf einem Pfeiler befindet sich eine lange, schwer lesbare Inschrift, die von den Geldaufwendungen eines gewissen Kallisthenes für die Stadt berichtet und ein Bündnis mit Iasos erwähnt. Nahe der Straße steht ein ziemlich unförmiges großes Gebäude späten Datums, wahrscheinlich eine Badeanlage.

Schließlich finden sich neben dem Pfad, der von der Straße zum Tempel führt, mehrere unterirdische, gut gebaute **Grabkammern,** die nach karischer Art mit mächtigen Blöcken bedeckt sind. Außerdem gibt es noch andere Gebäude in mehr oder weniger zerstörtem Zustand, von denen nicht ein einziges identifiziert werden kann.

OLYMOS

Obwohl heute in dem ganzen Bereich keine Reste mehr zu sehen sind, ist die Lage von Olymos durch eine große Zahl von Inschriften und anderen alten Steinen, die man etwas unter dem Erdboden fand, obsolut gesichert. Olymos liegt fünf Meilen nord-nordwestlich von Milâs und drei Meilen östlich von Euromos jenseits der Hügel, bei oder nahe dem Dorf Kafaca (Kafci). Im Delischen Seebund führt die Stadt den Namen Hylimos.

Die Hauptgötter waren *Apollo* und *Artemis*, die einen Tempel teilten. Sie wurden unter dem Titel »Götter des Volkes von Olymos« verehrt. Die Lage des Tempels ist an einem wenige Meter hohen Erdwall im Gelände zu erkennen; doch ist er nicht ausgegraben. Die Form der hier gefundenen Steinklammern legt eine Datierung in die hellenistische Zeit nahe. Der Tempel verfügte über beachtlichen Grundbesitz, von dem viel oder der größte Teil von Privatbesitzern käuflich erworben worden war; diese setzten häufig ihre Eigentumsbestrebungen als Pächter des Tempels fort. Zahlreiche Pachtverträge dieser Art wurden gefunden.

Es ist möglich, daß die Stadt selbst auf den Hügeln über dem Dorf lag, jedoch sind noch keine Ruinen entdeckt worden. In diesem Falle lag der Tempel außerhalb der Stadt wie der in Euromos und der des Zeus Osogos in Mylasa sowie viele andere.

CHALKETOR

Über sechs Meilen von Milâs auf dem Wege nach Bafa biegt eine Straße links nach Karakuyu und den Ruinen von Chalketor ab. Es handelt sich um eine Stadt von geringer Bedeutung, abgesehen von der Mitgliedschaft im Delischen Bund wissen wir von der Geschichte nur, daß die Stadt von einem der hellenistischen Könige zum Eintritt in ein gemeinsames politisches Bündnis mit einer anderen Stadt angewiesen wurde. Der Name der Partnerstadt ist verloren, aber wahrscheinlich war es Euromos. Das würde helfen, die merkwürdige Formulierung des Polybios »die Städte in Euromos« zu erklären. Der Name Chalketor ist allem Anschein nach griechisch mit der Bedeutung »mit Herz von Bronze«; doch handelt es sich wahrscheinlich um die griechische Form eines älteren anatolischen Namens.

Kurz vor Karakuyu führt die Straße durch die Nekropole von Chalketor; die Dorfbewohner führen bereitwillig. Die Akropolis der Stadt liegt auf dem ansehnlichen kiefernbewachsenen Hügel *Yaz Tepesi*, von dem ein Grat hinab zur Straße führt. Man muß eine halbe Stunde steigen. Außer der aus Viereckblöcken in lelegischer Weise gut gebauten Ringmauer ist nichts erhalten. Zwei andere Befestigungen verteidigten außerdem die Stadt. Sie liegen etwas über eine Meile entfernt von dem Weiler Köşk und werden ehrerbietig Asar und Kale genannt. Die Mauern aus trokkenem Schutt sind überraschend stark (4 und 5 m) und bis zu einer Höhe von mehr als 1,50 m erhalten.

Am Fuß des Grates, nahe an der Straße, finden sich die kärglichen **Reste des Apollotempels.** In diesem Bereich liegen ein großer Block mit Zahnschnitt-Fries und eine kannelierte Säulentrommel, jonisch oder korinthisch, 1,50 m hoch bei etwas über 60 cm Durchmesser. Hier wurde die Inschrift gefunden, die an den Städtebund erinnert; eine andere verzeichnet den Namen Chalketor. 1968 entdeckte der Verfasser einen dreizeiligen karischen Text, der noch nicht gedeutet ist.

Die **Gräber** in der Nekropole weisen verschiedene Typen auf. Bei einigen handelt es sich wie in Euromos um sorgfältig aus Steinblöcken erbaute unterirdische Kammergräber mit Deckplatten bis zu 3 m Länge und in einzelnen Fällen mit Schichten aus kleinen Steinen darüber als Spitze. Die anderen Gräber sind sehr flach und eng. An einer Stelle steht mitten auf dem Feld ein Sarkophag mit Scheiben- und Girlandenrelief.

HYDAI

Unter dem Namen Kydai im Delischen Bund erwähnt und später in einem Stadtbund mit Mylasa vereinigt, bietet diese kleine Stadt keine weitere Geschichte. Ihre Lage war bis 1933 unbekannt, kann aber jetzt im Tal des Sariçay westlich des Sodra Daği bei dem Dorf Damliboğaz bestimmt werden. Der Name ist sicherlich kleinasiatisch[3]. Die Besiedlung ist viel älter als die erste Erwähnung, wie eine kleine handgemachte Kanne des 3. Jtsd.s v. Chr. bezeugt, die in Damliboğaz gefunden wurde. Sie befindet sich jetzt im Museumsdepot von Milâs. Wie in Olymos waren die Hauptgottheiten der Stadt *Apollo* und *Artemis*, die hier ebenfalls einen Tempel teilten. Sie wurden »Stammesgötter« genannt, was darauf hinweisen könnte, daß es sich um alte karische Gottheiten handelt, die griechischen Göttern angeglichen wurden. Hier wie anderenorts war der Fluß vergöttlicht, wie die Münzen mit dem Bild des Flußgottes vom Saricay zeigen, dessen alter Name »Kybersos« war. An dieser Stätte gibt es nicht viel Überreste zu sehen. Der **Akropolis**-Hügel unmittelbar über dem Dorf, ist mittelhoch. Auf der Kuppe trug er eine Ringmauer, die nun auf einen Steinhaufen

[3] Auch wenn das nächste Dorf Yaşyer (»Nasser Ort«) heißt, wäre es falsch, den Namen Hydai mit dem griechischen Wort für Wasser zu verbinden.

verringert ist, doch an einzelnen Stellen noch in der Höhe bis zu 2 m steht. Der Eingang befindet sich im Südosten. Außerhalb der Mauer liegen ein oder zwei flache Felsgräber. Andere Gräber, von denen einzelne der hellenistischen Periode angehören, sind zahlreich bei Grabungen im Dorf gefunden worden.
In der Ebene vor dem Dorf fällt ein flacher, nur wenige Meter hoher Ruinenhaufen auf, der einst der Tempel des Apollo und der Artemis gewesen sein könnte. Es ist jetzt nicht leicht, den Plan des Gebäudes auszumachen, und die Identifizierung muß daher als sehr unsicher angesehen werden.

PECIN KALE

Der Reisende nach Milâs sollte, sofern er nicht unter Zeitdruck steht, nicht versäumen, einen halben Tag für den Besuch des Peçin Kale vorzusehen. Über drei Meilen südlich von Milâs ragt dieser große Felsen mit dem flachen Gipfel plötzlich aus der Ebene bis zu einer Höhe von 200 m auf. Er ist leicht von der Westseite auf einem gepflasterten abgetreppten Weg türkischer Bauart zu besteigen. Auf dem Gipfel befand sich im 14. Jh. n. Chr. eine mächtige Festung der Menteşe-Dynastie; die ausgedehnte Kuppe zeigt außer dem starken Bollwerk eine Reihe von türkischen Gebäuden, unter denen die *medrese* des Ahmet Gazi besonders sehenswert ist.
Aber auch **antike Reste** fehlen nicht. Unter der Feste verläuft im Osten über eine kurze Strecke eine alte Mauer mit ansehnlichem Quaderbossenwerk. Ob es sich um einen Teil der Ringmauer handelt oder nur um eine Terrassenmauer, kann heute nicht entschieden werden. Gerade innerhalb des Festungseingangs rechts ist eine Flucht von sechs sorgfältig gearbeiteten Marmorstufen erhalten, die zu einem alten Tempel in hervorragender Lage gehören. Demnach ist offenbar, daß sich hier im Altertum ein Heiligtum befand, und man nahm an, daß die Bedeutung des Peçin in der Antike lediglich darauf beruhte. Frau Akarca bemerkt in ihrem Buch über Milâs, daß Peçin keine Stätte von besonderer Bedeutung war. Doch hat Professor J. M. Cook Gründe aufgezeigt, diese Einschätzung zu revidieren. Es handelt sich danach in der Tat um die Stätte oder letztlich die Zitadelle von Mylasa bis in das 4. Jh. v. Chr.

Professor Cooks Beweise sind kurz folgende: Scherbenfunde an dieser Stätte reichen vom 7. bis zum frühen 4. Jh. und lassen einen beachtlichen Teil von attischen Schwarzglanz-Gefäßen erkennen, ein Zeugnis für einen Ort von einiger Bedeutung nach karischem Maßstab. Die Mauer und die Tempelstufen sind nicht genau datierbar, doch ist bemerkenswert, daß hellenistische und römische Scherben fehlen. Andererseits legt der Fund eines Obsidiankernes, der 1968 in Gegenwart des Verfassers entdeckt wurde, eine Besiedlung bereits zur frühen Bronzezeit um 2000 v. Chr. nahe[4].

Unter den alten Geschichtsschreibern teilt uns Herodot nur mit, daß sich in Mylasa ein altes Heiligtum des Zeus Karios befand. Doch Strabo berichtet etwas mehr. Er spricht von zwei Heiligtümern des Zeus Osogos und Zeus Labrayndos in Mylasa, um dann fortzufahren: »diese sind besonders eigentümlich für die Stadt, doch gibt es noch ein drittes Heiligtum des Zeus Karios, das allen Karern gemeinsam ist und mit den Lydern und Mysern wie Verwandten geteilt wird. Es soll (oder dort soll) in alter Zeit ein Dorf gewesen sein mit dem Stammhaus und dem Palast der Hekatomniden.«

Die Herausgeber von Strabos Werk haben stets angenommen, daß das Subjekt des letzten Satzes die Stadt Mylasa ist (die zur Zeit Strabos natürlich in Milâs war). Aber Strabo scheint zwischen dem Dorf und der Stadt seiner Zeit zu unterscheiden. Befriedigender ist die Annahme, daß er eine alte Tradition vor Augen hatte, wonach Mylasa mit dem Tempel des Zeus Karios einst auf dem Hügel Peçin stand. Danach würde es sich um den Tempel mit den noch sichtbaren Stufen handeln, denselben, der von Herodot erwähnt wird.

Wenn diese Überlegung richtig ist, ist es wirklich sicher, daß die Verlegung des Ortes nach der neuen Siedlungsstätte in Milâs durch Maussollos erfolgt ist. Im Zusammenhang mit seiner Hellenisie-

[4] Professor Colin Renfrew (Sheffield University), für dessen Untersuchung ich sehr dankbar bin, teilt mit, daß es sich um einen bearbeiteten Obsidiankern handelt, der sehr häufig in Griechenland und auf den Kykladen begegnet, aber selten in der östlichen Ägäis. Wahrscheinlich stammt er von der Insel Melos mit einer möglichen Zeitstellung von 3000 bis 1500 v. Chr. Vgl. H. G. Buchholz – V. Karageorghis: Altägäis und Altkypros (1971) 44ff.

rungspolitik in Karien verlegte er eine Anzahl von Städten, ganz besonders von Myndos und Syangela. Und Peçin war für die Karer der Frühzeit, die ungestört auf den Höhenplätzen wohnen wollten, weit mehr geeignet als städtische Siedlung als Mylasa. Dazu dürfte sich als Beweis eine weitere Überlieferung fügen. Ein antiker Schreiber teilt unter dem Namen Aristoteles mit, daß Maussollos gleichzeitig Steuern erhob, um den Bau einer Stadtmauer zu bezahlen, da die Stadt unbefestigt war, was nur natürlich wäre, wenn es sich dabei um einen ganz neuen Ort handeln würde.

Professor Cook ist vorsichtig genug, zu bemerken, daß diese Vermutung noch nicht zweifellos bewiesen ist. Wenn sie zutrifft, müßten in Milâs zahlenmäßig beachtliche Funde aus der Zeit vor Maussollos fehlen. Einige frühe Fundstücke sind in der Tat in Milâs verzeichnet, doch ist noch keine ausreichende Grabung erfolgt, um den Nachweis zu erbringen, ob im 5. Jh. v. Chr. in Milâs eine Stadt bestand oder nicht. Der Tempel von Hisarbaşi war, wie oben erwähnt, wahrscheinlich ein Heiligtum des Zeus, sehr wahrscheinlich des Zeus Karios. Wir können aber nicht entscheiden, ob zur Zeit des Herodot sein Heiligtum nicht auf dem Peçin stand. Wenn der Tempel beispielsweise von Labienus im Jahre 40 zerstört wurde, könnte er in der Stadt neu aufgebaut worden sein. Dann aber erfolgte der Bau nach Verlegung der Stadt. So wurden in Knidos, dessen Lage sich zur gleichen Zeit änderte, neue Tempel auf einmal an der neuen Stätte errichtet.

Bis weitere archäologische Beweise folgen, möchten wir es als wahrscheinlich erachten, daß Maussollos, als er mit der Hellenisierung Kariens begann, mit seiner Heimatstadt Mylasa anfing.

KERAMOS

Die Nordküste des Golfs von Kos nach Osten wird von dem mächtigen Wall des Kiran Dağ gebildet, der senkrecht steil vom Meer über 600 m aufsteigt und keinen Platz für eine Küstenstraße läßt. Nur an einer Stelle ist dieser Gebirgswall unterbrochen, wo der Koca Çay seinen Weg vom Hochplateau abwärts wählt und eine alluviale Ebene oder ein Deltagebiet an seiner Mündung bildet. Trotz seiner Länge von über zwanzig Meilen trocknet der Fluß im Sommer aus, und eine große Wassermenge findet ihren Weg ins

Meer durch unterirdische Kanäle. In einer Ecke dieser Ebene liegen die Ruinen von Keramos.

Das Delta hat sich seit dem Altertum verbreitert, und die noch stehenden Mauern sind in ihren Unterschichten tief vergraben. Es ist wahrscheinlich, daß Keramos ursprünglich am Meer oder in Seenähe lag. Da es etwas schwierig ist, die Stätte zu erreichen, wird sie selten besucht. Es bieten sich lediglich die Möglichkeiten, mit einem Jeep etwa dreißig Meilen von Milâs aus zu fahren oder eine lange Bootsfahrt von Bodrum aus zu unternehmen. Im letzteren Fall kann die Rückfahrt sehr unbequem sein, wenn der Wind am Nachmittag aufkommt.

Der alte Name lebt in der Form Gereme fort, der heute für den ganzen Bereich gilt. Das Dorf selbst heißt Ören, d. h. »Ruinen«.

Für eine Stadt in der Lage von Keramos fließt die Geschichte spärlich. Über ihre Gründungen ist nichts bekannt. Sie war offensichtlich karischen Ursprungs. Wenn auch der Name mit dem griechischen Wort für »Keramik« oder »Ziegel« identisch ist, kann das lediglich zufällige Übereinstimmung sein. Die Stadt wurde schließlich in gewissem Maße während des 6. Jh.s v. Chr. hellenisiert, wie eine hier gefundene archaische Statue in griechischem Stil bezeugt. Ob die Entwicklung von der Initiative der Stadt selbst ausging oder auf eine nichterwähnte dorische Siedlung, ist ungewiß. Aber in hellenistischer Zeit, aus der wir die frühesten Beweise, abgesehen von der erwähnten archaischen Statue haben, wurde dorischer Dialekt nicht in den Inschriften verwendet. Keramos war Mitglied der Delischen Liga, zahlte eineinhalb Talente, eine beachtliche Summe für die kleine Stadt. Sie trat dann der »Chrysaorischen Liga« bei, in der sie dank der zahlreichen Dörfer auf ihrem Gebiet zu den bedeutenderen Mitgliedern gehörte. Bis zu welchem Grade Maussollos an einer Ausdehnung in Keramos interessiert war, kann nicht nachgewiesen werden; er dürfte sich aber kaum gleichgültig verhalten haben.

189 v. Chr. wurde Keramos mit dem übrigen Karien an Rhodos übergeben, doch schon 167 v. Chr. wieder zurückgenommen. Der Folgezeit gehört das einzige Inschriftfragment an, das sich auf die individuelle Geschichte der Stadt bezieht. Nach der Inschrift trat Keramos in ein Stadtbündnis mit einer ungenannten Stadt ein, wobei es sich sicherlich um Stratonikeia handelt, dessen Gebiet an-

grenzte. Die Entwicklung verlief ungünstig, und Keramos befand sich »in einer schwierigen Situation«. Zweifellos begann, wie es so oft geschieht, der stärkere Partner sich unangemessen durchzusetzen. Angesichts dieser Entwicklung hielt es Keramos für notwendig, Rhodos wegen eines Bündnisses anzugehen. Dieses kam durch die guten Dienste des in der Inschrift geehrten Mannes zustande. Die Wahl von Rhodos ist interessant und legt nahe, daß die Einwohner von Keramos schließlich keinen verborgenen Groll mehr gegenüber ihren neuen Partnern hegten, die sich anderenorts so unpopulär gemacht hatten. Anscheinend hatte sich Keramos im Mithridatischen Krieg auf die Seite des Königs geschlagen und wurde dadurch bestraft, daß die Stadt im Jahre 81 v. Chr. Stratonikeia übergeben wurde.

Die Münzen reichen zeitlich vom 2. Jh. v. Chr. durch die ganze römische Epoche. Einige von ihnen zeigen einen stehenden jugendlichen Gott in einem kurzen Gewand mit Doppelaxt und Speer. Es handelt sich augenscheinlich um eine karische Lokalgottheit, die schwerlich mit einer griechischen identifiziert werden kann. Wir werden ihm unten noch begegnen. In einigen Fällen treffen wir ihn anscheinend mit Zeus Chrysaoreos, dem Hauptgott von Keramos. Der einzige einigermaßen berühmte Mann aus Keramos war der Wettläufer Polites, der an einem Tage in Olympia die Stadionstrecke, den Doppellauf und die Langstrecke gewann. Später war Keramos als Bistum Aphrodisias unterstellt.

Die Ruinen von Keramos haben in den letzten Jahren infolge der Ausplünderung durch die Bauern arg gelitten, und vieles, was früher in diesem Jahrhundert erwähnt wird, ist nicht mehr zu sehen. Die Stadtmauer konnte noch vor kurzem in ihrem ganzen Verlauf verfolgt werden. Heute ist eine lange Strecke hoch oben auf der felsigen Bergseite östlich der Stadt zu sehen; teilweise steht sie auch noch in der Ebene im Süden. Das Mauerwerk ist im allgemeinen polygonal, doch an einigen Stellen ist der Oberbau aus Viereckblöcken erbaut. Die ungewöhnliche Wirkung wurde noch dadurch gesteigert, daß die Polygonalmauer aus grauem Kalkstein errichtet war, während die Viereckblöcke aus einem gelblichen weichen Stein bestanden. Doch gerade von dem oberen Teil ist nichts mehr zu sehen. Die Stadt hatte mehrere Tore, die meist gewölbt, nur in wenigen Fällen rechteckig waren; einige stehen noch. Das polygonale Mauerwerk braucht nicht für ein frühes Datum zu sprechen und die Bogen nicht für eine späte Entstehung. Die ganze Mauer ist zweifellos in einem Zug in frühhellenistischer Zeit errichtet worden.

Außerhalb der Tore liegen beiderseits der Wege wie gewöhnlich **Gräber.** Es handelt sich um einige Sarkophage sowie um versunkene Grüfte vom karischen Typus.

Auf einem kleinen, sehr trockenen und steinigen Hügel außerhalb des Dorfes, an der *Bakicak* genannten Stätte, befindet sich ein Bereich, wo viel frühes Material zutage kam. Eine Plattform mit Stützmauer aus ansehnlichem Quaderwerk trägt die Fundamente eines Tempels, der völlig verschwunden ist. Nur drei große Steinblöcke sind geblieben, doch da sie verstreut im Hügelgelände liegen, können Form und Stil des Tempels nicht bestimmt werden. Doch gibt es ein Beweisstück dafür, daß der Tempel Zeus geweiht war, wahrscheinlich dem Zeus Chrysaoreos. Ein in der Nähe gefundener Block zeigt nämlich in Reliefarbeit eine Doppelaxt, das Zeichen des Zeus in Karien. 1932 gruben die Bauern in diesem Bereich einen archaischen Marmorkopf eines jugend-

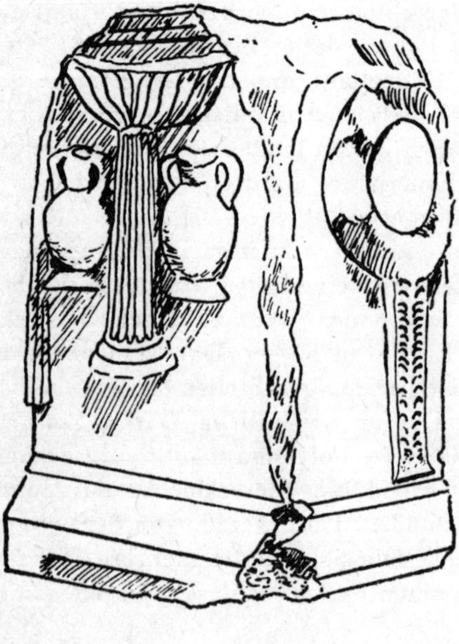

Abb. 3 Keramos. Reliefbasis

lichen Mannes vom Typ der griechischen Kouroi aus. Es war eine reizvolle Vermutung, daß es sich um den Kopf des jungen Gottes handelt, der auf den Münzen zusammen mit Zeus erscheint. Der Kopf befindet sich jetzt im Museum von Smyrna (Izmir). Da noch andere archaische Fragmente an dieser Stätte gefunden worden sind, dürfte das Alter des Tempels außer Zweifel stehen.

Später wurde im Westen unter der Plattform eine Terrassenmauer errichtet und der Zwischenraum zwischen ihr und der Plattform durch Zungenmauern in Kammern geteilt. Darunter baute man auf einer viel tieferen Stufe eine zweite Terrasse und teilte den Zwischenraum wiederum durch zwei Zungenmauern, die jetzt größtenteils zerstört sind. An der Außenseite dieser tieferen Mauer befinden sich sechs Nischen mit rundem oberen Abschluß. Entlang der oberen Terrassenmauer verläuft eine Wasserleitung. Der Zweck dieser ungewöhnlichen Anlage ist noch nicht klar.

Noch ein anderer Tempel ist in Keramos bekannt. Er liegt außerhalb der Stadtmauer etwa eine Viertelmeile östlich am Fuße der Berge und führt heute den Namen *Kurşunlu Yapi*. Hier ist die Zerstörung besonders beklagenswert, und das Bauwerk bietet einen

Abb. 4 Keramos. Inschrift mit Lorbeerkranz-Relief auf der Tempelmauer von Kurşunlu Yapi

traurigen Anblick. Der Tempel stand auf einer Plattform mit Stützmauer, die bis vor kurzem in ihrer vollen Höhe von 6 m einschließlich des Gesimses erhalten war. Sie ist jetzt völlig zerstört. Vom Tempel in korinthischem Stil liegen viele Architekturfragmente herum, deren ausgezeichnete Qualität für ein sehr stattliches Bauwerk spricht. An keinem Orte wurde der Verfasser mehr als hier durch den Vandalismus bedrückt, der nur noch in der Türkei anzutreffen ist. Die Tempelmauern waren mit umkränzten Rundreliefs geschmückt, die mit noch lesbaren Inschriften in griechischer Sprache ausgefüllt sind. Eine von ihnen lautet: »Glück auf! Ich, der fromme Priester Marcus Aurelius Chrysantas, habe eifrig und freigebig meine Pflichten gegenüber den Göttern und den anderen Priestern zusammen mit meiner Frau Aurelia Euphrosyne erfüllt«. Der Inhalt der anderen Inschrift ist ähnlich. Bescheidenheit ist eine Eigenschaft, die man auf Dokumenten dieser Art nicht erwarten kann.

Andere Ruinen römischer und byzantinischer Zeit trifft man in verschiedenen Abschnitten dieses Bereichs, aber ihre Bestimmung ist unbekannt. Südlich der Stadt liegt neben einem türkischen Friedhof eine kleine **byzantinische Kirche** mit einigen Resten von Wandmalereien.

Keramos war nicht ohne Wasser, da am Fuß der Berge Quellen entspringen, deren Wasser offensichtlich unterirdisch vom Hochplateau kommt. Eine zusätzliche ausreichende Versorgung vermittelte ein von Norden führender Aquädukt. Aber selbst davon ist kaum etwas übriggeblieben.

4. Labraynda (Labranda)

Bald nach 499 v. Chr. marschierte eine persische Armee unter *Daurises* nach Süden, um die Karer zu unterwerfen, die sich dem Aufstand der jonischen Städte Westkleinasiens angeschlossen hatten. In einer Schlacht am Marsyas-Fluß wurden die Karer mit schweren Verlusten geschlagen und zogen sich in das Heiligtum des Zeus Stratios in Labraynda zurück. Hier beratschlagten sie, ob sie den Persern Widerstand leisten oder Westkleinasien völlig aufgeben sollten. Doch als Verstärkungen aus Milet eintrafen, entschieden sie sich fürs Weiterkämpfen. Wieder wurden sie geschlagen, und Mylasa fiel in persische Hand. Herodot beschreibt das Heiligtum als einen großen heiligen Platanenhain und bemerkt, daß die Karer als einziges Volk das Opfer an Zeus Stratios kennen[1].

Seine Beschreibung der Stätte ist weit entfernt von dem Aussehen, das sich heute bietet. Mehr als ein Jahrhundert später wurden glanzvolle Bauten errichtet, wie die schwedischen Ausgräber kürzlich geklärt haben. Sie verdanken ihre Entstehung dem Hekatomniden-Herrscher *Maussollos* und seinem Bruder *Idrieus*, die den Kult des Zeus Stratios oder Labrayndos übernahmen und zu jener Bedeutung brachten, die später niemals verlorenging[2]. Herodot erwähnt keinen Tempel, und es ist durchaus möglich, daß zur Zeit der Schlacht von Labraynda noch kein Tempel stand. Denselben tempellosen Zustand in Zeusbereichen stellen wir übrigens auch

1 Zeus Stratios wurde schließlich später in einer Anzahl von Städten Nordwestkleinasiens verehrt.

2 Siehe S. 36

in Griechenland fest, wie das Dodona-Heiligtum und der heilige Bezirk von Olympia bezeugen, wo Zeus erst im 5. (Olympia) und im 4. Jh. v. Chr. (Dodona) einen Tempel erhielt. Ein Tempel war erst notwendig, wenn die Gottheit in einem Kultbild verehrt wurde. Nach Idrieus erfolgten keine baulichen Veränderungen mehr bis in das 1. Jh. n. Chr.

Das Heiligtum gehörte seit alter Zeit zu Mylasa, der nächsten Stadt und Residenz des Maussollos, und war mit ihr durch eine steingepflasterte heilige Straße von acht Meilen Länge verbunden, auf der zur Festzeit die feierlichen Prozessionen stattfanden. Zur selben Zeit hatte der Priester des Zeus ein gewisses Maß von Unabhängigkeit und war für die Tempelländereien verantwortlich. Nach Strabo wurde er von den Vornehmen von Mylasa auf Lebenszeit bestallt. Im Lauf der Zeit wurde dieses Vorrecht preisgegeben und die Priesterschaft wechselte jedes Jahr.

Mylasas Besitz des Heiligtums war nicht völlig unbestritten. Im frühen 3. Jh. v. Chr. beherrschte die »Chrysaorische Liga«, die ihr Zentrum in Stratonikeia hatte und von den Ptolemäern unterstützt wurde, politisch das Land. Eine kürzlich in Labraynda gefundene Inschrift berichtet von einem Zusammentreffen der Liga im neunzehnten Regierungsjahr *Ptolemaios' II.* (267 v. Chr.) wiewohl es offensichtlich nicht in Labraynda stattfand. Bald darauf überrannte *Antiochos II.* von Syrien (261–247 v. Chr.) das Land und brachte es unter die Kontrolle der Seleukiden. Sein Nachfolger, *Seleukos II.* verhielt sich freundlich gegenüber Mylasa und verlieh der Stadt die »Freiheit«, wobei er gleichzeitig ihren Besitz von Labraynda bestätigte. Doch die Priester des Zeus waren eifersüchtig wegen ihrer nunmehr begrenzten Unabhängigkeit, und schon 240 v. Chr. beschwerte sich ein Priester namens Korris bei Seleukos darüber, daß sich Mylasa seine Privilegien aneignete und sich auch sonst schlecht benahm. Der König zeigte sich mitfühlend und gab an seinen Statthalter Olympichos Anweisungen, Mylasa in Schranken zu halten. Die Mylaser wiesen entrüstet die Anklagen des Priesters zurück, worauf Seleukos eine Untersuchung durchführen ließ; das Ergebnis war, daß Korris als Lügner angesehen wurde und Mylasa Recht behielt.

Zwanzig Jahre später sollte sich dieser Vorgang noch einmal genau wiederholen. Unterdessen war die Kontrolle der Seleukiden schwach geworden, und Olympichos, der von Seleukos den Befehl erhalten hatte, den Bereich zu räumen und ihn Mylasa zu überlassen, weigerte sich nicht nur Folge zu leisten, sondern machte sich zum unabhängigen Herrscher. So war die Lage, als der Makedonenkönig *Antigonos Doson* Karien 227 v. Chr. besetzte. Er stellte gute Beziehungen sowohl zu Mylasa als auch zu Olympichos her; letzterer scheint nach dem Abmarsch des Königs in seinem Bereich wie ein makedonischer Herrscher gehandelt zu haben. Während Antigonos in Karien weilte, brachte ihm ein anderer Zeuspriester, anscheinend mit dem Namen Hekatomnos, ähnliche Beschwerden wie die des Korris vor und erhielt von ihm einen Brief, der eine günstige Antwort vermittelte. Weil er aber wußte, daß seine Anschuldigungen falsch waren, unterschlug er den Brief sechs Jahre lang bis zum Tode des Königs. Als er ihn schließlich vorlegte, protestierten die Mylaser unverzüglich bei Antiochos' Nachfolger, *Philipp V.*, und beschwerten sich gleichzeitig, daß die Führer der »Chrysaorischen Liga« versuchten, sich Labraynda zum Zweck der Wiederherstellung ihrer alten Herrschaft anzueignen. Philipps Antwort fiel ganz zugunsten von Mylasa aus. Er befahl Olympichos, die »Chrysaorische Liga« auszuschließen und das Heiligtum wieder Mylasa zu übereignen. Diese Entscheidung war endgültig, und der mylasische Besitz von Labraynda wurde niemals mehr ernstlich in Frage gestellt. Dorf und Heiligtum blieben wie zuvor ein Teil des Hoheitsgebietes von Mylasa.

Im frühen 1. Jh. n. Chr. wurde eine Reihe von Gebäuden der Umfriedung angeschlossen: Bäder am Ostende, eine Säulenhalle im Westen, das Bauwerk **(E)** in Abb. 5 und wahrscheinlich auch das Brunnenhaus **(L)**. Viel später wurde eine zweite Badeanlage an der Südseite errichtet. Im 4. Jh. zerstörte ein vernichtendes Feuer den größten Teil des Westbereichs, doch wurde dieser nicht aufgegeben. In frühbyzantinischer Zeit wurde zwischen der östlichen Badeanlage und den Propyläen eine byzantinische Kirche meist aus dem Material der Propyläen errichtet, die zu dieser Zeit bereits zusammengestürzt sein mußten. Die Kirche wurde vielleicht im 11. Jh. n. Chr. in ihrer ursprünglichen Gestaltung zerstört.

Über den Kult des Zeus Labrayndos ist nicht viel bekannt. Über die Gottheit selbst und ihre beiden Titel Stratios und Labrayndos

Abb. 5 Plan von Labraynda
(nach der schwedischen
Veröffentlichung)

A	Tempel des Zeus
B	Priesterhaus
C	1. Andron
D	2. Andron
E	3. Andron (»Männerhaus«)
F	Stoa des Maussollos
G	Exedra
H	»Osthaus«
J	Jüngeres Terrassenhaus
K	Älteres Terrassenhaus
L	Brunnenhaus
M	Ostpropyläen
N	Südpropyläen
P	Weststoa
Q	»Waschungs-Halle«
R	Südmauer der Umfasung
S	»Dorisches Haus«
T	Kirche
V	Großes Grab
W, W	Badeanlagen

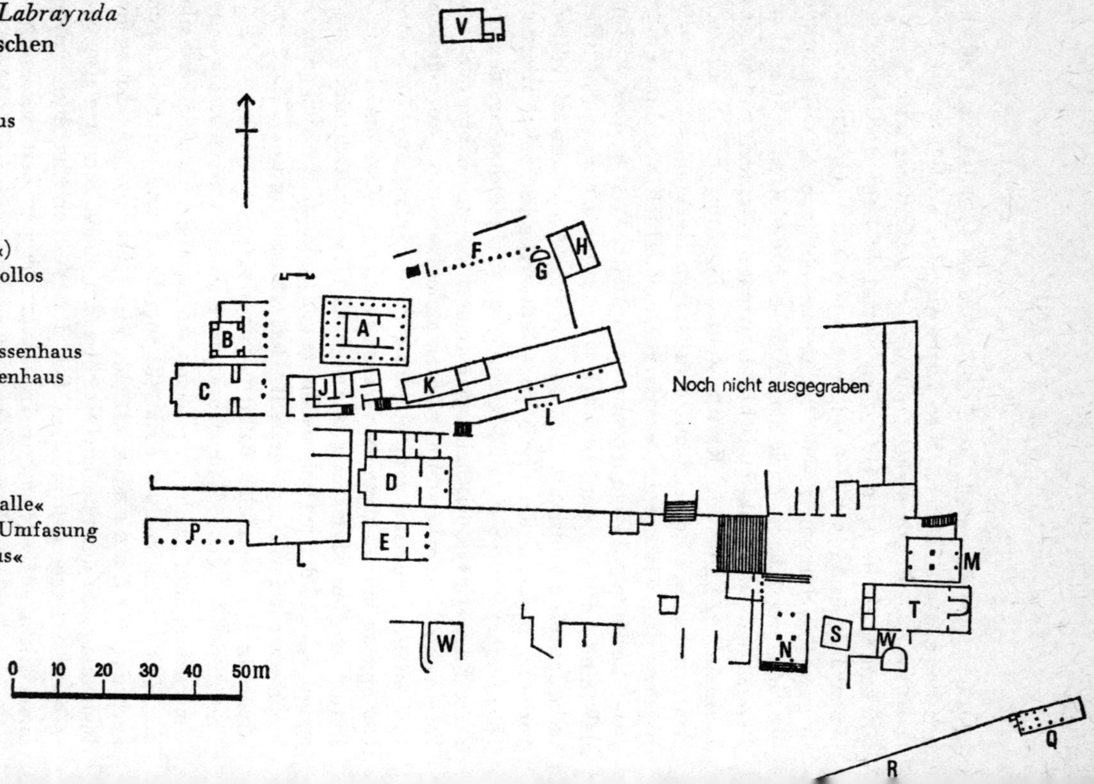

wurde bereits oben berichtet[3]. Sein Name ist manchmal mit dem der Hera verbunden. Es ist möglich, daß sein Heiligtum ein Orakel enthält, worüber später gesprochen werden soll.

Es gibt auch Beweise für athletische Spiele, wie vor allem das kürzlich entdeckte Stadion am Hang über dem Tempel bezeugt.

Das Gebiet von Labraynda ist wegen seiner Steillage bemerkenswert, die eine große Zahl künstlicher Terrassen erforderte, fernerhin wegen seines Wasserreichtums, der noch heute der Stadt Milâs zugute kommt.

Das Heiligtum liegt auf einer steilen Hügelseite, während sich die **Akropolis** einige hundert Meter höher auf dem Gipfel befindet. Die Akropolis weist noch mehrere arg zerstörte überwachsene Gebäudereste auf. Da Labraynda niemals Stadt, sondern nur Dorf war, glaubt man, daß diese Befestigung von Ada errichtet wurde, als sie sich in Alinda in einem Kleinkönigreich behauptete. Die Höhe beträgt gut über 600 m. In einem Brief des Olympichos nach Mylasa kann man lesen: »Ich stelle Euren Ort und sein Land wieder her, ebenso wie die Einkünfte. Und ich händige Euch aus Petra in Labraynda«. Es wird vermutet, daß »Petra«, d. h. der »Fels«, mit dieser Akropolis identifiziert werden kann. Die Akropolis muß sicher sein, wenn auch nicht unter »Ort«, so doch schließlich in dem brieflich erwähnten Bereich. Sie konnte nur deswegen nicht besonders genannt werden, weil Olympichos dort eine Besatzung unterhielt. Doch gibt es schließlich noch zwei andere Befestigungen innerhalb von einer oder zwei Meilen, und »Petra« kann gleichermaßen sich auch auf diese beziehen.

Das allgemein gebrauchte Baumaterial an diesem Ort ist eine einheimische Gneis-Art. Der Marmor für Verkleidungen und andere Zwecke wurde vom Sodra Daği oberhalb Milâs gebracht; doch ist er nicht von erstklassiger Qualität.

Wie schon erwähnt, berichtet Herodot lediglich von einem Platanen-Hain; heute gibt es einige schöne Bäume dieser Art nahe am Heiligtum. Der älteste, vielleicht im 5. Jh. v. Chr. errichtete **Zeustempel** – Abb. 5 **(A)** –, war ein einfacher Antenbau. Er bestand nur aus einer Vorhalle mit zwei Säulen zwischen den Seitenmauern und einer *Cella.* Im folgenden Jahrhundert wurde der

[3] Siehe S. 36/37

Tempel in den Bau umgewandelt, dessen Fundamente kürzlich ausgegraben worden sind. Die Mauern des alten Tempels ließ man stehen, indem man noch zwei Säulen zwischen den Seitenwänden der Westseite hinzufügte, so daß ein kleiner *Opisthodomos* entstand. Das Ganze wurde von einer jonischen Säulenstellung mit acht Säulen an den Langseiten und sechs an den Schmalseiten umgeben. Diese ungewöhnlichen Proportionen erklären sich aus der Tatsache, daß nicht ein völlig neues Bauwerk geplant wurde, sondern man lediglich den bestehenden Tempel umbaute (Tafel 5 oben).

Obwohl der Tempel von Idrieus vollendet und nach Ausweis eines Inschriftenfragmentes Zeus geweiht wurde, ist es wahrscheinlich, daß Idrieus lediglich einen von seinem Bruder Maussollos entworfenen Plan ausführte, denn Maussollos hatte mit der großen Umwandlung des Heiligtums begonnen. Zwei Weihinschriften von ihm kamen nämlich an der *Nordstoa* **(F)** und am *zweiten Andron* **(D)** zum Vorschein; jedenfalls erscheint der Name des Zeus Lambrayndos. Wenn der Name nach allgemeiner Auffassung mit dem Wort *labrys* (Doppelaxt) verbunden wird, ist der Buchstabe »m« eingefügt; die Form begegnet nicht mehr nach dem 4. Jh. v. Chr. In den hellenistischen Inschriften begegnet stets Labraynda, und diese Form findet sich bei den meisten Autoren seit Herodot. Spätere Inschriften zeigen gewöhnlich Labraenda, also vier, nicht drei Silben. Die gewöhnlichere Form Labranda hat nur geringere Bedeutung.

Das hervorragendste Gebäude (Tafel 4 oben) ist das von Idrieus geweihte *erste Andron* **(C)**. Dieses mit Ausnahme des Daches teils in voller Höhe erhaltene Gebäude war stets sichtbar, und vor den schwedischen Ausgrabungen vermutete man darin zunächst den Tempel des Zeus. Es ist in Form und Anlage ganz gleich dem *zweiten* von Maussollos gebauten *Andron* **(D)**, dessen Name inschriftlich gesichert ist. Das Wort bedeutet »ein Raum für Männer«, also eine Art Männer-Klubhaus, doch zweifellos von mehr oder weniger religiösem Charakter. Es dürfte für Mahlzeiten bei Festlichkeiten und ohne Zweifel auch für andere gesellschaftliche Gelegenheiten verwendet worden sein. In der Form ist es sehr dem alten Tempel des 5. Jh.s v. Chr. ähnlich, doch ist es größer und fällt durch seine große Tür sowie die Zahl und Lage der

Mylasa. Baltali Kapi

2

Oben: Mylasa.
Zeustempel (Karios?)

Unten: Mylasa.
Berber Ini

3

Oben: Mylasa. Gümüşkesen, Römisches Grab

Unten: Euromos. Der Tempel

Oben: Labraynda. Andron des Idrieus

4

Unten: Labraynda. Brunnenhaus

Fenster auf, von denen nicht weniger als zehn vorhanden sind: zwei im Vorraum, drei auf jeder Seite des Hauptraumes und überraschenderweise zwei in der Wand zwischen beiden Räumen. Diese Wand ist mit fast 2 m außergewöhnlich dick, und die Fenster wirken mehr wie Durchgänge. Das Gebäude ist besonders gut beleuchtet, ein beachtlicher Entwicklungsfortschritt zu einer Zeit, als künstliche Beleuchtung noch sehr unvollkommen war. Höhlungen in den Fensterrahmen deuten auf das Befestigen von Läden gegen Wind und Regen. Eine weitere Eigentümlichkeit, die auch im Andron des Maussollos nachgewiesen ist, ist die Rechtecknische in der Rückwand des Hauptraumes. Sie bildet hinter dem Gebäude einen Vorsprung und beginnt innen 2 m über dem Fußboden. Der Zweck ist unklar; wahrscheinlich war sie für Statuen bestimmt. Das zweite Andron unterscheidet sich vom ersten durch den weniger guten Erhaltungszustand und durch das Fehlen von Fenstern an der Nordwand, wahrscheinlich, weil sich an dieser Seite die von den Ausgräbern als »Adnexe« bezeichneten Gebäude anschlossen.

Nördlich schließt an das erste Andron ein zweiräumiger Komplex **(B)** mit einer Vorhalle und vier dorischen Säulen an der Front an. Eine Architravinschrift bezeichnet ihn als »Häuser«, d. h. wahrscheinlich Wohnräume für Priester des Tempels. Die Räume sind sehr gut erhalten; die Rückwand steht noch in voller Höhe. Wie das Andron war der Komplex dem Zeus Lambrayndos durch Idrieus geweiht. Später wurde das Dach des größeren Raumes durch eine Ziegelkuppel ersetzt, die durch vier Pfeiler in jeder Ecke des Raumes getragen wurde. Der kleine Raum wurde noch in christlicher Zeit verwendet, als man einen Marmoraltar an die Rückwand setzte.

Das alte Terrassengebäude **(K)** stand wahrscheinlich schon im 5. Jh. v. Chr., wurde aber im Verlauf der großen Wiederherstellung durch die Hekatomniden abgerissen. Es wurde durch das jüngere Terrassengebäude **(J)** ersetzt, das noch gut erhalten mit vier Räumen und einem Korridor an der Frontseite steht. Die Räume dienten wahrscheinlich als Läden. Mit der Rückwand stehen sie gegen die Tempelterrasse, zu der Stufen hinaufführten, so daß das Hausdach wie eine Fortsetzung der Terrasse wirkte.

Der *Ostteil* der Tempelterrasse ist ein freier Platz, der im Norden von einer Säulenhalle und am östlichen Ende durch das »Osthaus« **(H)** begrenzt wird. Dieses Gebäude geht in das 5. Jh. v. Chr. zurück, doch ist wenig oder gar nichts darüber bekannt. Die *Stoa* **(F)** andererseits ist durch Maussollos geweiht worden. Sie ist nicht ganz ausgegraben, weil die moderne Straße jetzt oberhalb darüber hinwegführt. Die *Exedra* **(G)** an der Front der Ostseite ist viel später hinzugefügt worden.
Vor dem zweiten Andron liegt eine andere offene Terrasse, die im Norden von einer stattlichen Terrassenmauer mit einem Brunnen- oder Fontänenhaus **(L)** in der Mitte ausgestattet war (Tafel 4 unten). Hinter dieser Mauer befindet sich eine andere, von Idrieus erbaute Stoa. Doch ist das Brunnenhaus mit seinen drei Säulen nicht vor dem 1. Jh. v. Chr. hinzugefügt worden. Am Ostende dieser Terrasse befindet sich ein sehr großes, noch nicht ausgegrabenes Gebäude. Seine Bestimmung ist nicht bekannt, doch ist vermutet worden, daß es sich um einen königlichen Palast handelt. Auf der anderen Seite befindet sich neben dem zweiten Andron das *dritte Andron* **(E)**. Wiewohl in der Form den beiden anderen sehr ähnlich, zeigt es geringere Ausführung und ist auch schlecht erhalten. Es gehört in das 1. Jh. n. Chr. ebenso wie die *Weststoa* **(P)**.
Die Südostecke der Umfassung des Bereiches, etwas tiefer angelegt, muß im 4. Jh. v. Chr. ebenso eindrucksvoll gewesen sein wie der Westteil, obwohl sie heute weniger gut erhalten ist. Von der Terrasse darüber führt eine hervorragende Treppe hinab zu einem Zentralhof mit prächtigen Toranlagen *(Propyläen)* im Osten **(M)** und Süden **(N)**, wo die heilige Straße hinaufführte. Die Treppenanlage ist beinahe 12 m breit. Von den dreiundzwanzig Stufen befinden sich die meisten noch an Ort und Stelle. Die beiden Propyläen scheinen gleichzeitig zu sein und dürfen zusammen dem Idrieus zugeschrieben werden. Der Grund für die so dicht benachbarte Anlage von zwei ähnlichen Propyläen dieser Größe ist nicht klar, und so wurde die Vermutung geäußert, daß zuerst die Ostpropyläen gebaut und fast unmittelbar durch ein Erdbeben oder eine andere Katastrophe zerstört wurden, so daß man sie durch eine weitere Anlage auf demselben Platz, doch an anderer Stelle ersetzte. Die jeweiligen Schichten der beiden Bau-

werke und der anschließenden Bauten dürften diese Auffassung stützen.
Nahe den Südpropyläen im Osten liegen die Reste eines kleinen, von den Ausgräbern »*Dorisches Haus*« genannten Bauwerks **(S)**. Es ist mit vier dorischen Säulen an der Frontseite nach Norden gerichtet und dürfte wahrscheinlich ein Schatzhaus gewesen sein. Wie die Propyläen gehört es in die Zeit des Idrieus. Als in römischer Zeit östlich davon eine Badeanlage **(W)** errichtet wurde, bezog man das Gebäude ein, indem die westliche Hälfte zum Tepidarium wurde, während man die östliche nach Abbruch zu einem Teil der Heizungsanlage umwandelte. Die Fassade verkleinerte man auf zwei Säulen und schliff dabei die dorischen Kanneluren ab, so daß glatte runde Schäfte entstanden – ein bemerkenswertes Zeugnis für den Geschmackswandel der Zeit.
Noch weiter südöstlich, auf einem etwa 30 m tieferen Terrain als dem der Tempelterrasse verläuft die lange Mauer **(R)**, die die Südgrenze der Umfassung gebildet zu haben scheint. Darangesetzt ist das interessante Gebäude **(Q)**. Zweistöckig hatte es im Obergeschoß drei Reihen von sieben monolithen Granitsäulen, von denen mehr als die Hälfte noch stehen. Das Untergeschoß ist mit Massen von abgestürzten Blöcken und Architekturteilen ausgefüllt. Das obere Stockwerk scheint keine Mauer gehabt zu haben, sondern bildete nur eine offene Halle, die eine Art Baldachin für das Untergeschoß war. Der Zweck des Gebäudes ist zur Zeit der Abfassung dieses Buches noch nicht geklärt. Die schwedischen Ausgräber haben es eine »Waschungs-Halle« genannt, doch der französische Forscher A. Laumonier bietet eine interessantere Deutung. Aelian hat in seinem Werk über die Natur der Tiere berichtet, daß im Heiligtum des Zeus von Labraynda in einer Fontäne mit klarem Wasser zahme, mit Halsbändern und goldenen Ohrringen geschmückte Fische waren. Plinius bestätigt diesen Bericht und fügt hinzu, daß die Fische auf Rufe reagierten und fleißig Futter aus den Händen der Besucher fraßen. Ist es nicht möglich, daß diese Anlage in dem merkwürdigen Haus **(Q)** untergebracht war?
Wenn sich diese These auch nicht nachweisen läßt, so besteht doch kein Zweifel, daß diese Fische der Gottheit heilig waren und daß es über sie auch Orakel gegeben haben dürfte. Alte Fisch-Orakel

sind gut bekannt. Im lykischen Sura war die Antwort günstig oder in anderer Weise entsprechend, je nach dem, ob die Fische, die ihnen angebotenen Bissen annahmen oder verschmähten. Es gibt noch ein anderes schwaches Zeugnis dafür, daß der Zeus von Labraynda Orakelfunktionen hatte. Schon oben[4] wurden die gekreuzten Bänder an der Statue des Gottes erwähnt, die manchmal mit dem Delphischen Omphalosstein verglichen wurden. Auch wurde in Labraynda eine Weihung eines Chresmologen, eines Orakelkünders, gefunden. Er dürfte in beruflicher Funktion dem Heiligtum zugeordnet gewesen sein; doch ist das nicht sicher, da auch wandernde Orakelhändler mit diesem Ausdruck bezeichnet wurden. Die Frage muß daher offenbleiben, bis schließlich das ganze Gebäude **(Q)** ausgegraben ist.

Das kürzlich entdeckte Stadion liegt nördlich über dem Tempel und verläuft ost-westlich entlang dem Hang. Es ist in einem schlechten Zustand. Nur zwei Besonderheiten sind über 200 m entfernt erhalten. Am Westende ist ein solider Bau über einem Wasserabfluß mit einem Tunnel für den Durchfluß des Winterregens errichtet; das Ostende ist weniger erhalten.

Viele **Gräber** kann man rund um das Heiligtum sehen, meist in der alten Form entlang den Straßen, die in den Bereich führen. Es handelt sich um mehr als gewöhnliche Bauerngräber, und sie spiegeln die nicht nur im Altertum verbreitete Absicht wider, so nahe als möglich an der heiligen Stelle begraben zu sein. Wie erwartet, sind sie besonders zahlreich entlang der heiligen Straße. Allgemein sind zwei Typen zu beobachten: Kammergräber in einer Felsfassade oder große Blockanlagen sowie in den Felsboden versenkte Grüfte, die mit massiver Decke versehen sind. Das schönste Grab **(V)** ist am Hang über dem Tempel errichtet; ein kurzer Treppenpfad führt von der Terrasse hinauf. Das dreigeteilte Grab enthält eine Vorhalle und zwei hintereinander liegende Kammern. Die Außen- und Innenwände sind hervorragend aus wohlvollendetem Quaderwerk errichtet. Die Tür des Vorhofs befindet sich im Osten der Südmauer; verschlossen war sie durch eine Steinplatte, was der Erläuterung bedarf. Der Boden des Vorhofs war nur in dem Teil vor der Grabfront gepflastert. Den Gang

[4] Siehe S. 41

in das Grab selbst verschloß eine mächtige Steinplatte, die nun im Vorhof steht; man schätzt ihr Gewicht auf über sechs Tonnen. Die Außenkammer enthielt zwei Sarkophage, auf jeder Seite einen, von denen nur noch zerbrochene Reste übriggeblieben sind. Von hier führt eine andere Tür zur größeren Innenkammer mit drei gut erhaltenen Sarkophagen, zwei rechts und links, der dritte an der Rückwand. Beide Kammern sind in falschem Gewölbe errichtet, indem die einzelnen Quaderblöcke schichtenweise vorkragen und den Eindruck eines echten Gewölbes hervorrufen. Über beiden Kammern befindet sich ein nur etwa 1,20 m hohes Obergeschoß, das ebenfalls solide gebaut, jedoch nicht so sorgfältig vollendet ist. Dieses Obergeschoß, das man durch eine fensterartige Öffnung gegen den Hof betreten konnte, ist mit zehn Steinplatten von 4 m Länge überdacht. Noch längere Blöcke, über 5 m, kann man am Eingang der Außenkammer feststellen.

Fast alles an diesem Grab ist merkwürdig, nicht zuletzt die Art der Beisetzungen. Anscheinend stand zuerst der größte Sarkophag in der Innenkammer allein, zweifellos in einer mehr oder weniger zentralen Lage. Zur gleichen Zeit wurden die beiden Sarkophage der Außenkammer untergebracht. Es dürfte sich um die Bestattungen des Grabherrn und zweier Anhänger handeln. Darauf wurden die Kammertüren geschlossen und eine Steinplatte an die Innenseite der Vorhoftür gesetzt, nachdem der ganze Vorhof mit Erde und Sand ausgefüllt war. Später wurde das Grab geöffnet, und die beiden Sarkophage der Innenkammer hineingebracht, wobei man den großen Sarkophag aus der Mitte der Kammer an die Rückwand schob, wo er jetzt noch steht. Der Vorhof wurde wieder aufgefüllt. Trotz der eindrucksvollen Vorsichtsmaßnahmen suchten zu irgendeiner Zeit Grabräuber die Stätte heim.

Besonders bemerkenswert ist, daß der größte Sarg nicht durch die Tür gebracht werden konnte, so daß das Grab um ihn gebaut werden mußte. Wir haben kaum Beweise für die Zeitstellung der Grabanlage, aber Scherben aus dem Vorhof deuten darauf, daß sie in das 4. Jh. v. Chr. gehört. Über eine Identifizierung des Grabherrn wissen wir nichts.

Teile der heiligen Straße haben sich da und dort erhalten. Sie ist mit langen quer verlegten Steinplatten gepflastert, was man in römischer Zeit nicht antrifft. An römische Straßenführung erinnert der trotz aufsteigender Anlage gerade durchgezogene Weg, dessen Breite allgemein 8 m beträgt. Einschnitte und Eindämmungen vervollständigen das Bild des Bereichs.

Die merkwürdige, in Abb. 6 wiedergegebene Skulptur befindet sich nahe der modernen Straße, eine Viertelmeile westlich des Heiligtums. Die 1,10 m hohe Plastik eines hockenden geflügelten Tierleibes mit hoheitsvollem bärtigen Männerkopf, dessen diademgerahmte Bekrönung zerstört ist, hat enge Parallelen in ähnlichen überirdischen Fabelwesen auf den Reliefs von Persepolis. Doch handelt es sich nicht um persischen Stil, vielmehr um ein griechisch-karisch umgeprägtes persisches Vorbild eines gutartigen dämonischen Wesens, für das die Bezeichnung »Sphinx« keinesfalls zutrifft. Wo die Skulptur gestanden hat, ist nicht mehr zu entscheiden. Prof. von der Osten vermutete eine zu einem Andron gehörige Akroterfigur. Jedenfalls ist bedeutsam, daß man in Labraynda der eigenwilligen Nachformung eines persischen Vorbildes begegnet, was sich gut in den politischen Verhältnissen des 5./4. Jh.s v. Chr. einfügt.

Abb. 6 Labraynda. Griechisch-karisches Fabelwesen (nach persischem Vorbild)

5. Iasos

Lange Zeit bestand die einzige bequeme Möglichkeit, Iasos zu erreichen, darin, daß man sich im Hafen von Küllük ein Boot mietete; das kann man auch heute noch tun. Doch ist in den vergangenen Jahren eine Straße von der Hauptstraße Milâs – Bafa abgezweigt worden, die durch das Dorf Karakuyu führt. Die Stätte des antiken Iasos nimmt heute das Dorf Kuren ein.
Ein Berufsmusiker, der einmal nach Iasos kam, gab im Theater eine Vorstellung. Während seiner Darbietung läutete eine Glocke als Zeichen zur Öffnung des Fischmarkts. Daraufhin erhob sich die gesamte Zuhörerschaft wie auf ein Kommando und verschwand bis auf einen alten Mann, der zurückblieb und die Hände auf die Ohren legte. Der Musiker ging zu ihm und sprach ihn an: »Mein Herr, ich habe Ihnen für die Freundlichkeit zu danken, daß Sie für mich und meine Kunst bezahlt haben; doch warum scheuchte das Glockenzeichen alle weg?« – »Was?«, antwortete der andere, »sagten Sie, die Glocke habe geläutet?« – »Ja, warum nicht?« »Dann, mein Herr, entschuldigen Sie mich« – und er entschwand auch zum Fischmarkt.
Strabo erzählt diese Geschichte, um den Charakter der Stadt zu veranschaulichen. Denn, so erklärt er, da der Boden karg ist, leben die Einwohner vorwiegend von Meeresprodukten. Fische gibt es noch heute in reicher Zahl, wie die Fischfabrik an der Golfspitze bezeugt. Das heute weitgehend kultivierte große Marschengebiet an der Mündung des Sariçay im Nordosten von Küllük war im Altertum See. Eine Inschrift berichtet, daß zwei Bürger von Iasos Alexander den Großen dazu überredeten, der Stadt den Be-

sitz des »Kleinen Sees« zurückzugeben, der zweifellos das Marschgebiet ist. Für die Abhängigkeit der Stadt von der Fischerei war dieses Unternehmen von großer Bedeutung, und die beiden Bürger erhielten entsprechend Steuerfreiheit und einen Ehrenplatz im Theater. Ein Feinschmecker des 4. Jh.s vermerkt, daß der Besucher von Iasos dort riesige Steingarnelen finden kann, die man selten auf dem Markt antrifft. Der moderne Reisende bekommt in Küllük unweigerlich Fisch angeboten.

Seit 1960 graben italienische Archäologen in Iasos. Während der Niederschrift waren die Untersuchungen noch im Gange, die unser Wissen über die Stadt schon sehr bereichert haben.

Nach der griechischen Gründungslegende wurde Iasos vom peloponnesischen Argos aus kolonisiert. Die Ankunft der Kolonisten führte zum Widerstand der einheimischen Karer, die den Griechen solche Verluste beibrachten, daß sie den Sohn des Neleus, des Gründers von Milet, zu Hilfe rufen mußten. Auf Grund des milesischen Eingreifens wurde die Stadt jonisch statt dorisch. Die argivische Ansiedlung ist sehr wahrscheinlich historisch; Homer gibt Argos den Beinamen Iason, außerdem ist eine kleine Stadt Iasos auf der Peloponnes überliefert. Später sah man in dem Führer der Siedler einen Mann namens Iasos, der unter dem Titel »Gründer« auf den Münzen von Iasos dargestellt wurde. Besonders in diesem Falle ist die Überlieferung vielleicht etwas mehr begründet als es bei den gewöhnlichen mythischen Berichten der Fall ist.

Strabo erzählt, daß Iasos auf einer Insel nahe dem Festland lag. Heute ist diese Insel mit dem Festland durch einen schmalen Isthmos verbunden, und es ist nicht unwahrscheinlich, daß es schon im Altertum so war. Der Ausdruck »Insel« wird manchmal auch für »Halbinsel« gebraucht, wie am deutlichsten der Name »Peloponnes« als »Insel des Pelops« beweist. Für die Alten war Iasos immer eine Inselstadt, und niemand würde auf dem Festland eine stattliche Befestigungsmauer von zwei Meilen Länge erwarten, die man heute noch sehen kann. Über diese Mauer und ihr Aussehen wird unten noch zu sprechen sein.

Die griechische Siedlung lag sicherlich auf der Insel. Eine Zeitlang wurde die Ansicht vertreten, daß die Stadt bis in das 5. Jh. v. Chr. auf dem Festland lag und durch die erwähnte Mauer verteidigt wurde. Aber die auf der Insel entdeckten Gebäudereste und Scherben beweisen eine ständige Besiedlung seit mykenischer und auch älterer Zeit bis an das Ende des Altertums. Über die geringen Funde in der Festlandsmauer wird noch zu schreiben sein. Die Gründungslegende, in die der Sohn des Neleus verflochten ist, dürfte die argivische Besiedlung in das 9. Jh. verweisen. Die Entdeckungen der Ausgräber zeigen jedoch, daß lange zuvor schon eine Siedlung bestand, so daß die Bewohner sehr wohl die Ankunft der Griechen als sehr unwillkommen empfanden und entsprechenden Widerstand leisteten.

Danach hört man bis in das 5. Jh. v. Chr. nichts von Iasos, die Stadt wird erst wieder erwähnt, als sie in den Delischen Seebund aufgenommen wurde Als Beitrag wurde ein Talent festgelegt, also dieselbe Abgabe, wie sie beispielsweise Mylasa leistete. Als die Beiträge 525 v. Chr. überprüft und dabei meist erhöht wurden, wuchs die Einschätzung von Iasos auf drei Talente, aber es ist nicht bekannt, ob dieser Betrag immer gezahlt wurde.

Das Jahr 412 v. Chr. brachte Unheil über die Stadt. Zu dieser Zeit hatten sich die Spartaner mit den Persern gegen die Athener verbündet. Iasos, das noch Bundesgenosse der Athener war, befand sich in der Hand eines persischen Adligen namens *Amorges*, der sich gegen den Großkönig erhoben hatte. Der Satrap *Tissaphernes* überredete den Admiral der Spartaner zum Angriff auf Iasos. Die Bewohner von Iasos wurden überrumpelt, weil sie annahmen, daß die sich nähernde Flotte athenisch sei; die Stadt wurde eingenommen und geplündert. Die Beute, berichtet Thukydides, war sehr reich, weil die Stadt »seit alters« wohlhabend war. Die Abgabe von ein oder drei Talenten spricht zwar nicht für großen Reichtum, doch der Handel mit eingesalzenen Fischen bildete ein einträgliches Geschäft im klassischen Griechenland; die letzten Ausgrabungen legen einen leidlichen Wohlstand nahe. Nach der Eroberung wurde die Stadt, die Thukydides weder als »Stadt« noch als »Ort« bezeichnet, Tissaphernes zusammen mit Amorges und den anderen Verrätern, Sklaven und Freien übergeben; für letztere setzte er ein Lösegeld von einem Goldstater pro Mann fest.

Die spartanische Rachsucht war damit nicht zufriedengestellt. Es wird berichtet, daß der spartanische Feldherr *Lysander* kurz vor seinem entscheidenden Sieg über die Athener im Jahre 404 v. Chr.

die Stadt »Thasos in Karien, die mit Athen verbündet war«, zerstörte, wobei er achthundert erwachsene Männer hinschlachten und Frauen wie Kinder als Beute verkaufen ließ. Nun ist in Karien keine Stadt Thasos bekannt und hat auch nie bestanden. Die meisten Forscher nehmen daher an, daß es sich in Wirklichkeit um Iasos handelt. Da nach den Ereignissen von 412 v. Chr. die Zahl von 800 Männern überraschend hoch ist, kann man sich ein Bild von der großen Bedeutung der Stadt in normalen Zeiten machen.

Die letztlich vorgetäuschte Kontrolle der Spartaner über dieses Gebiet endete schließlich zugunsten der Athener durch den glänzenden Seesieg unter *Konon* bei Knidos 394 v. Chr. Der interessante Versuch einer Gruppe ägäischer Städte, unmittelbar nach diesem Erfolg eine unabhängige, lediglich durch Münzprägung bezeugte Liga zu gründen, wurde schon oben erwähnt[1]; nicht weniger interessant ist der Einschluß von Iasos. Dabei gewinnt man wiederum den Eindruck, daß Iasos keine bedeutende Stadt war im Vergleich zu den glanzvollen und wichtigen Städten wie Rhodos, Samos, Knidos, Ephesos und Byzanz. Doch diese Liga war nicht von langer Dauer. Der sog. Königsfriede von 387 v. Chr. bestätigte den persischen Besitz über alle Städte Westkleinasiens.

Für die Beziehungen des *Maussollos* zu Iasos haben wir nur ein einziges, nicht unwichtiges Inschriftenzeugnis, das von der Bestrafung von Attentätern gegen ihn berichtet. Iasos gehörte natürlich zu seinem Bereich als persischer Satrap, und man darf annehmen, daß seine Hellenisierungspläne von Karien auch Iasos einschlossen. Es ist nicht unwahrscheinlich, daß er den Bau der stattlichen Befestigungsmauer veranlaßte, die bis in das 19. Jh. stand. Zur Zeit der Abfassung dieses Werkes schienen die Ausgräber dieser Auffassung nicht zu widersprechen. Die Inschrift beweist, daß die Herrschaftsautorität des Maussollos zwar offiziell anerkannt, jedoch nicht allgemein hingenommen wurde. Iasos blieb so lange als möglich Athen treu ergeben, und die anti-athenische Politik des Maussollos war zweifellos verantwortlich für manche Unzufriedenheit in der Stadt.

Als *Alexander* 334 v. Chr. eintraf und Milet belagerte, steuerte

[1] Siehe S. 19/20

Iasos ein Schiff zur persischen Flotte bei. Iasos war niemals auf große Seemacht bedacht, und dieses einzige Schiff war ein so kleiner Segler, daß er schon bei einem kleinen Treffen gekapert wurde. Als zehn Jahre später Alexander in Ekbatana war, war sein Truppenbefehlshaber ein gewisser Gorgos aus Iasos. Bei dem dort gefeierten Fest mit Trinksprüchen und Schmeicheleien für den König übertraf Gorgos alle Teilnehmer. Es handelt sich um denselben Mann, der mit seinem Bruder Minnion für seine Stadt die Fischerei im Kleinen See sicherte.

Noch ein anderer Mann aus Iasos erfreute sich der besonderen Gunst Alexanders. Es handelte sich um einen Knaben, der das seltsame Geschick hatte, von einem Delphin geliebt zu werden. Es war Sitte in Iasos, daß die Knaben nach dem Sport im Gymnasion an den Strand liefen und im Meer badeten[2]. Der Delphin kam heran und brachte dann den badenden Knaben sicher auf seinem Rücken an Land. Diese Geschichte wird in verschiedenen Wendungen, mit abweichenden Details und Namensbezeichnungen des Knaben erzählt. Ein Bericht will sogar wissen, daß ihn Alexander, als er davon hörte, nach Babylon kommen ließ und zum Priester des Meeresgottes Apollo machte. Solche Delphingeschichten waren im Altertum seit Arion weit verbreitet, aber in Iasos wurde sie fest geglaubt, denn die Münzbilder der Stadt zeigen seit dem 3. Jh. v. Chr. einen neben einem Delphin schwimmenden Knaben, der seinen Arm über den Rücken des Fisches legt.

Bis Ende des 3. Jh.s v. Chr. blieb Iasos noch eine freie Stadt, wurde dann aber in die an politischen Wirren reichen Zeitumstände verwickelt. Wahrscheinlich um 220 v. Chr., als Olympichos zum unabhängigen Herrscher des Bereichs von Mylasa geworden war[3], machte sich ein Untergebener names Podilos wegen schlechten Benehmens auf dem Gebiet von Iasos strafbar; anscheinend hatten seine Soldaten die Einwohner belästigt oder unterdrückt. Iasos beschwerte sich darüber bei den Rhodiern, die ihnen eilig halfen und eine ernste Klage zugunsten von Iasos an Olympichos richteten. Dabei verwiesen sie auf die Garantien, die der Makedonen-

2 Baden im Meer scheint sich im Altertum nicht besonderer Beliebtheit erfreut zu haben; so war es auch bis vor kurzem in der Türkei.

3 Siehe S. 22

könig *Philipp V.* für die Sicherheit der Stadt gegeben hatte. Philipp war an Karien sehr interessiert, und als er Ende des Jahrhunderts ein Unternehmen im Lande durchführte, gehörte Iasos zu den Städten, die er besetzt hielt. 196 v. Chr. jedoch zwangen ihn die Römer, seine Garnison zurückzuziehen und die Stadt freizulassen.

Das geschah jedoch nicht eher, als bis *Antiochos III.* von Syrien einbrach und erstmalig römische Truppen auf westkleinasiatischen Boden brachte. In Iasos war man geteilter Meinung. Zwar wurde die Stadt von der königlichen Garnison gehalten, aber eine Gegenpartei hatte sich auf seiten Roms geschlagen. Sie mußten die Stadt verlassen und verbanden sich mit dem römischen Aufgebot. Im Jahre 190 v. Chr. versuchte der römische Feldherr *Aemilius* einen Angriff auf Iasos, doch die aus Iasos Vertriebenen in seinen Diensten erhoben ernsthaften Einspruch, die Stadt müßte verschont bleiben. Sie erklärten sich als treue Vertreter der an sich loyalen Stadt, deren Einwohner nur durch die Truppen des Königs gezwungen worden seien. Es bestehen einige Zweifel, ob diese Erklärungen wirklich wahr waren, aber die Rhodier schalteten sich für ihre »Freunde und Verwandten« ein, so daß Iasos noch einmal davonkam[4].

Wie es Iasos unter rhodischer Herrschaft nach der Niederlage des Antiochos erging, davon hört man nichts, auch nicht von seinem Ergehen während der Freiheitsperiode nach 168 v. Chr. bis zur Bildung der Provinz Asien im Jahre 129 v. Chr. Im Mithridatischen Krieg (88 v. Chr.) stand Iasos eindeutig auf der Seite des Königs und sollte diesmal nicht ungeschoren davonkommen. *Sulla* erlaubte Seeräubern, die Stadt vor seinen Augen zu plündern.

Während der Kaiserzeit war Iasos eine Stadt von geringer Bedeutung, wiewohl sie über eines der Steuerämter in der Provinz verfügte. Wir hören von einem gewissen *Pulcher*, der dort als Verwalter der Steuerpächter wirkte. Die M ü n z p r ä g u n g dauerte bis in das 3. Jh. n. Chr. Später wurde Iasos Bischofssitz, der wie die der anderen Städte dieser Region dem Metropoliten von

[4] Die »Verwandtschaft« bezog sich letztlich auf nichts anderes als die dorische Herkunft der ältesten Kolonisten von Iasos. Doch griechische Städte waren stets bereit und willig, solche Beziehungen zu finden, selbst wenn die Begründungen dafür höchst dürftig waren.

Aphrodisias unterstellt war. Das Kastell auf der Insel dürfte den Kreuzrittern von Rhodos zuzuschreiben sein.

Die Hauptgottheiten der Stadt waren *Apollo*, *Artemis Astias* und, der Größte, *Zeus*. Der Tempel der Artemis ist noch nicht nachgewiesen. Man weiß, daß es sich um ein »Hypaithral«-Heiligtum gehandelt hat, d. h. um eine unbedachte Cella, so daß die Kultstatue der Göttin dem Wetter ausgesetzt war. Doch nach antikem Glauben schadete ihr das gar nicht, denn wenn Zeus Regen oder Schnee sandte, war er darauf bedacht, daß seine Tochter nicht betroffen wurde. Die Lage des Zeustempels ist annähernd durch die stattliche Inschrift neben dem Osttor bekannt, die die Umfassung des Tempels umreißt[5]. Schließlich ist noch ein Grenzstein der Umfriedung bekannt, der jedoch leider nicht an der ursprünglichen Stelle gefunden wurde. Die Bedeutung des Apollo ergibt sich aus dem Vorherrschen seines Bildes auf den Münzen; aber von seinem Tempel wissen wir bisher noch nichts.

Seit der argivischen Kolonisation war Iasos immer eine griechische Stadt. Die karische Bevölkerung war zahlenmäßig gering. Mit einigen Ausnahmen wie Hyssaldomos und Bryaxis sind die Namen ihrer Bürger und Sippen ausschließlich griechisch. Die Verfassung war seit hellenistischer Zeit die einer normalen Demokratie.

Der oberste Beamte war der *Stephanophoros*, nach dessen Namen man das Amtsjahr datierte. Andere inschriftlich erwähnte Beamte sind die *Prytanen*, die Versammlungen leiteten, die *Strategen*, nunmehr nur noch nominell Militärs und mehr mit zivilen Aufgaben betraut, und die vorwiegend mit der Registrierung der Bürger beauftragten *Prostatai*. Von besonderem Interesse ist die Tätigkeit der *Neopoeai*, deren eigentliche Aufgabe in der Instandhaltung der Tempel bestand. Sie hatten außerdem das Amt, für die an jedem 6. des Monats stattfindende Versammlung beim Anlaufen einer Wasseruhr ab Sonnenaufgang in versiegelten Kästen die Stimmabgabe, die mit Geldabgabe verbunden war, zu überwachen. Leider bricht die Inschrift an entscheidender Stelle ab, so daß wir nicht wissen, wie oder wann die Abgabe entrichtet wurde. Trotz des Bruchstückcharakters gewinnen wir aber doch etwas

[5] Siehe S. 82/83

Einblick in das Leben einer antiken Stadt und können nur wünschen, daß mehr Zeugnisse dieser Art vollständig gefunden werden.

Sicherlich das am meisten fesselnde Bauwerk unter den Ruinen von Iasos (Abb. 7) ist die große westlich und nördlich vom Dorf über zweieinhalb Kilometer verlaufende **Große Landmauer (A),** die nach Südwesten noch über 800 m abbiegt und dann plötzlich aufhört. Dahinter wurde keine Spur antiker Reste entdeckt. Die Mauer ist gut und sorgfältig gebaut sowie mit zahlreichen Vorsprüngen und Rundtürmen ausgestattet. Die äußerste Stärke beträgt über 2 m. Das Mauerwerk besteht aus unregelmäßigen Quadern,

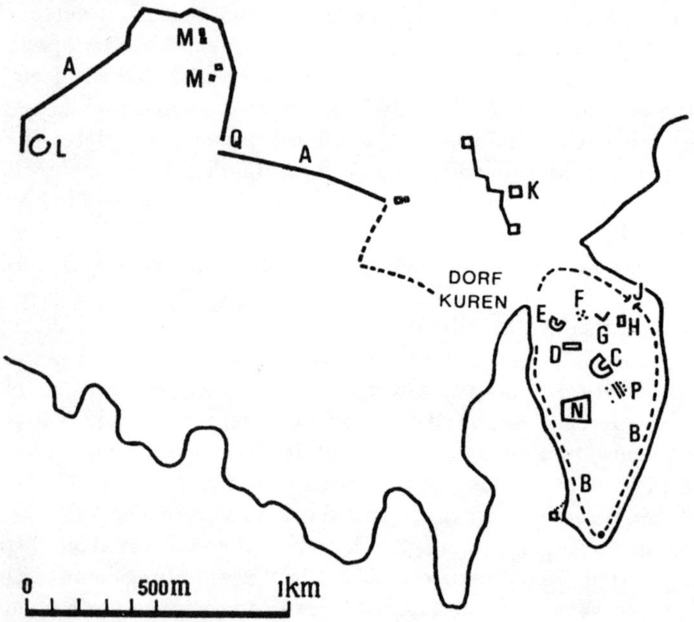

Abb. 7 Plan von Iasos

A, A Mauer auf dem Festland (Große Landmauer) **B, B** Zerstörte Inselmauer **C** Theater **D** Gymnasion **E** Rathaus (oder Odeion?) **F** Neu entdeckte Gräber **G** Agora (Markt) **H** Gebäude mit Mosaikfußboden **J** Byzantinisches Tor **K** Mausoleum **L** Rundbau **M, M** Ähnliche Bauten **N** Burg **P** Straße und Häuser **Q** Haupttor

kleinen und großen, die bis zu zwei Tonnen wiegen. Jeder Turm kann durch eine Tür in der Mauer betreten werden und hat an der Außenseite rechts und links zwei Ausfalltore. In der Turmmauer selbst befinden sich fünf V-förmige Fensterschlitze. Auch jeder Vorsprung enthält ein Ausfallstor, so daß die Zahl der Tore, die nach außerhalb führen, außergewöhnlich groß ist.

Das Haupteingangstor **(Q)** ist in den Winkel von zwei Mauerzügen gesetzt, von denen er bestrichen wird. Außerdem ist er durch Schießscharten geschützt. Neben jedem Turm führt eine Treppe zur Brustwehr.

Von wem, wann und zu welchem Zweck wurde die Mauer gebaut? Diese Fragen sind oft gestellt worden, doch nur zweierlei scheint sicher zu sein: die Mauer wurde nie vollendet und umschloß nie eine Stadt. So wie sie steht, bildet sie weniger als eine halbe Einfriedung. Wenn die fehlenden Teile abgerissen worden sind, um Baumaterial für die Stadt oder jüngere Gebäude zu gewinnen, muß man sich fragen, warum die entfernteren Teile für solche Abbrucharbeiten gewählt worden sind. Ein großer Bereich im Inneren ist dick überwachsen und ist nicht eingehend untersucht. Aber auffallend ist das Fehlen von Häuserresten, und es ist ausgeschlossen, daß eine Stadt in dieser Lage so vollständig verschwinden konnte. Die Anlage ist auch keine normale Stadtmauer; sie scheint aus rein militärischen Gründen errichtet worden zu sein.

Es ist aber nicht so, daß im Inneren nichts zu finden wäre. Innerhalb und außerhalb der Mauer sind Gebäudereste festgestellt, doch sind es keine Stadthäuser; trotzdem sind sie merkwürdig und interessant. Ein schönes, verhältnismäßig gut erhaltenes Bauwerk ist kürzlich von den Italienern ausgegraben worden. Es liegt nahe der Stelle, wo die Landmauer abbricht **(L)**. Eine über 1 m dicke Mauer umschließt ein grobes Rund von etwa 30 m im Durchmesser und endet im Norden in zwei kleinen Gebäuden, einem ovalen und einem rechteckigen Bau, die noch 2,50 m hoch stehen. Jedes hat eine Tür auf der Innenseite. Im Ovalraum befindet sich eine Treppe, die eher auf ein Flachdach als zu einem Obergeschoß führte. Die zwei Bauten sind durch eine kleine Mauer verbunden und auch mit einer Rundmauer, die einen halbkreisförmigen, einst gepflasterten Zwischenraum umschließt; darin stand eine Ölmühle mit runder Grube. Nahe dem Rechteckbau außerhalb des Ringes befindet sich ein tief ausgehöhlter Stein, offenbar ein Trinktrog[6]. Schwarze Firnis-Keramik und eine Münze, bei den Grabungen gefunden, deuten darauf, daß das Gebäude um 400 v. Chr. gebaut wurde und ungefähr ein Jahrhundert später zusammenstürzte. Ähnliche Anlagen wurden in der nördlichen Ausbuchtung und auch außerhalb der Landmauer und ferner im Süden festgestellt. J. M. Cook und der Verfasser haben vorgeschlagen, die Anlagen als Unterkünfte der Schafhirten anzusehen; die italienischen Ausgräber vermuten eher kleine Ölmühlen. Jedenfalls handelt es sich um bäuerliche, nicht um städtische Einrichtungen.

Es scheint daher sicher zu sein, daß die Landmauer nicht zur Verteidigung einer Stadt sondern eines Lagers errichtet worden war. Die Datierung nach Funden von Scherben und anderem Material ist nicht voll beweisfähig, aber allgemein ist eine Zeitbestimmung um das späte 5. oder frühe 4. Jh. v. Chr. wahrscheinlich. Die Mauer ist kein Notbehelf, und das Lager war für die Dauer geplant. Es ist nicht unwahrscheinlich, daß die Hekatomniden-Herrscher ein ständiges Lager vor Iasos unterhalten wollten oder daß sie es bewußt unvollendet lassen wollten. Am ehesten kommt als wahrscheinlichster Erbauer *Amorges* in Betracht. Dieser Mann befehligte ein großes Truppenaufgebot im Aufstand gegen den Großkönig und benötigte einen sicheren Stützpunkt. Wenn er etwas mehr Zeit gehabt hätte, wäre er gegen Angriffe von der Landseite her sicher gewesen, doch der spartanische Angriff im Jahre 412 v. Chr. traf ihn überraschend, so daß die große Landmauer für immer unvollendet und unbenutzt blieb. Da sich keine ähnliche Situation mehr ergab, bauten in wenigen Jahren die Bauern ihre Hütten und Einfriedungen rundherum; die Mauer aber stand seitdem wenig sinnvoll da.

Die Stadt Iasos befand sich immer auf der Insel und nur die **Nekropole** lag auf dem Festland. Die älteste Siedlung lag auf der Höhe und geht, wie die italienischen Ausgräber gezeigt haben, in die frühe Bronzezeit Ende des 3. Jtsd.s v. Chr. zurück. Bei den For-

[6] So behaupten die Ausgräber; in Wirklichkeit ist die Aushöhlung bei 50 cm Durchmesser nur 5 cm tief.

Oben: Labraynda. Tempel des Zeus Labrayndos

5

Unten: Iasos. Straße und Häuser

6

Oben: Iasos.
Das Theater

Unten: Iasos.
Das kürzlich
ausgegrabene
Mausoleum

Oben: Stratonikeia Stadttor

7

Unten: Stratonikeia. Grabstein im Museum

8 *Bodrum. Friesblock vom Mausoleum*

schungen kam der Teil einer Ringmauer unter dem mittelalterlichen Kastell an der Ostseite zutage. Sie ist über 80 cm stark, aus unregelmäßigen Blöcken mit kleinen Steinen dazwischen errichtet. Ob diese Ringmauer den argivischen Kolonisten zugeschrieben werden darf oder älter ist, konnte noch nicht geklärt werden. Als später die Mauer gegen die Seeseite erbaut wurde, wurde die alte Ringmauer bedeutungslos und diente als Terrassenanlage, von denen sich mehrere mit Häusern unterhalb des Abhangs finden. Besonders geklärt wurde ein Bereich südlich des Theaters (Tafel 5 unten) mit einer engen Straße, die eine stattliche Mauer und zahlreiche Häuser flankierten. Die Mauer ist in das 5. Jh. datiert, doch wurden auch mykenische und archaische Scherben gefunden.

Das gut gelegene **Theater (C)** mit über 60 m Durchmesser ist in schlechtem Zustand; es ist annähernd nach Nordosten ausgerichtet. Texier sah noch einundzwanzig Sitzreihen in ihrer ursprünglichen Lage, doch sind diese jetzt verschwunden, so daß nur noch die dafür bestimmten, jetzt aber mit Erde bedeckten Felseinschnitte blieben. Die Stützmauer des Zuschauerraumes *(Cavea)* besteht aus stattlichem Bossenwerk, das am besten an der Südseite erhalten ist; hier führt eine kürzlich ausgegrabene breite Treppe hinauf zur Cavea. Das Bühnengebäude ist teilweise erhalten, gehört aber im jetzigen Zustand zu einer spätrömischen Wiederherstellung. Vier oder fünf Reihen sind erhalten, doch nur die unterste ist ursprünglich; der Rest wurde für die Rückwand der römischen Bühne wiederhergestellt. Diese hat drei Türen zu hinteren Räumen, die meist zerstört sind. Die Vorderseite der römischen Bühne ragt 6 m in die Orchestra hinein; sie hat eine Tür in der Mitte, die unter die Bühne führt, und beiderseits eine Gruppe von drei Nischen mit Säulen, jeweils eine Rundnische zwischen zwei rechteckigen Formen. In der Mitte zwischen diesen zwei Mauern verläuft eine Säulenreihe, welche die Bühne trug[7].

Diese mittlere Reihe wird an der Südseite durch Blöcke fortgesetzt, vielleicht Reste einer auf die Bühne führenden Rampe. Der erste

[7] Die Säulen sind auf der Fotografie (Tafel 6 oben) durch kleine Steine eingeschlossen, die die Ausgräber zum Schutz vor Zerstörung angelegt haben.

dieser Blöcke bildet die Basis einer Statue der Gerechtigkeit, die ein Bürger den Einwohnern stiftete.
Die Theatermauern trugen einst eine interessante Folge von Inschriften des 2. Jh.s v. Chr. über besondere Darbietungen von Flötenspielern und Komödianten, die durch die Großzügigkeit von Bürgern bezahlt wurden. Sie sind zwar seit langem verschwunden, aber noch gibt es an der Nordmauer eine lange einzeilige gleichzeitige Inschrift mit dem Hinweis darauf, daß ein Teil der Cavea und der Bühne dem Dionysos und dem Volk geweiht sei. Die Ausbesserung dieses Teils der Cavea erweist sich deutlich durch geringwertige Ausführung.
Auf der Ebene nördlich vom Theater lag das Zentrum der Stadt. Hier wiederum wurde viel durch die italienischen Ausgräber aufgedeckt. Im Westen sah man immer eine hohe Mauer mit zwei gewölbten Durchgängen; man darf wohl an ein Gymnasion **(D)** oder an eine Palästra denken. In die Wand ist eine einzeilige Weihe-Inschrift an *Artemis Astias* eingelassen. Die Agora **(G)** war zur Zeit der Niederschrift dieses Werkes teilweise freigelegt, wobei ganz in der Nähe ein stattliches, theaterähnliches Gebäude ans Licht kam, das besonders in den unteren Teilen gut erhalten war. Die Sitzreihen sind in drei Abschnitte mit vier Treppenaufgängen gegliedert, während die Orchestra fast ganz rund ist. Beiderseits befindet sich ein gewölbter Eingang mit hinabführender Treppenflucht. Ein gewölbter Korridor verläuft durchgehend hinter den Sitzreihen. Dieses Gebäude scheint das Rathaus **(E)** gewesen zu sein.
Von der eleganten gleichförmigen Quadermauer um die Insel ist wenig geblieben. Sie stand vollständig bis zum Ende des 19. Jh.s, als alles für die Kais und andere Bauwerke in Istanbul abgebrochen wurde. Ein kleines Bruchstück befindet sich an der Spitze der Insel; mehr wurde von den Ausgräbern nahe dem Tor an der Nordostecke **(J)** aufgedeckt. Dieses Tor ist mehr als einmal umgebaut worden, und vor der Grabung sah man nur die letzte, *byzantinische* Bauphase. An der nahe gelegenen Bastion befindet sich die oben erwähnte Inschrift, die die Grenze zum Zeusbereich markiert; sie scheint in das 5. Jh. v. Chr. zu gehören.
Die Lage des **Zeustempels** wird mit großer Wahrscheinlichkeit an einer Stelle 70 m innerhalb des Tores angenommen, wo später eine

Basilika errichtet wurde. Unter dieser wurden Stylobate mit Säulenumrissen gefunden, die jedoch nicht alle parallel verlaufen und von verschiedenen Gebäuden stammen. Die Architekturfragmente können in das 2. Jh. v. Chr. datiert werden. Aber eine Ausgrabung nordöstlich neben der Basilika brachte Mauern und Scherben von mykenischer bis in hellenistische Zeit zutage. Die Grabung dauert an.

Da der Umfang der Insel beschränkt ist, setzte man die Verstorbenen auf dem Festland bei. Dort kann man eine große Anzahl von Gräbern sehen, die von prähistorischen Beisetzungen bis zu den gebauten Gräbern und Mausoleen römischer Zeit reichen. Von den ältesten Gräbern aus dem 3. Jtsd. v. Chr. sind kürzlich über 80 ausgegraben worden. Einige sind auch auf der Insel selbst nachgewiesen, die damals mehr Platz bot. Es handelt sich allgemein um einfache, aus vier unbearbeiteten dünnen Steinplatten erstellte Gräber, die alle etwas kleiner als manneslang sind, so daß man an Hockerbeisetzungen denken möchte, wie sie uns aus kykladischen Steinkistengräbern bekannt sind. Spätere Gräber sind dazwischen oder darüber angelegt, und Mauern und Olivenpressen deuten an, daß der Bereich eine Zeitlang bewohnt war. Hier und da finden sich Gräber von »karischem« Typ, d. h. in den Felsen gehauene Bettungen, die mit einer Steinplatte bedeckt waren. Im Dorf befinden sich viele gebaute Gräber, ansehnlicher und mit mehr oder weniger lesbaren Inschriften an der Türschwelle versehen; einige von ihnen sind in moderne Häuser umgewandelt worden.

Bevor die Ausgrabungen begannen, war das ansehnlichste Grab ein zweistöckiges römisches Mausoleum, das an das Gümüşkesen-Denkmal in Mylasa erinnert, aber im Bau doch bemerkenswerte Unterschiede aufweist. Diese altbekannte Anlage wird nun durch das hervorragende, von den Ausgräbern freigelegte **Mausoleum (K)** übertroffen. Es befindet sich nahe dem römischen Aquädukt mitten auf einem großen quadratischen Hof mit Blendarkaden. Diese Umfassung war schon vor der Ausgrabung sichtbar und wurde abwechselnd für ein Gymnasion gehalten oder für den Fischmarkt, auf dem sich nach Strabos Bericht das Spiel der Musiker vollzog. Das Mausoleum selbst besteht aus einer kleinen tempelartigen Kammer auf einem Podium mit zehn Stufen, von denen noch sechs vorhanden sind. Der Stil ist korinthisch. Unter der Kammer sind im Podium zahlreiche Gräber eingelassen, in denen Knochen gefunden wurden; sie waren ursprünglich mit Deckplatten geschlossen. Das Denkmal wurde teilweise bis zu einer Höhe von über 10 m wiederhergestellt (Tafel 6 unten). Es gehört sicherlich in römische Zeit, aber keine Inschrift fand sich, die den Namen des Grabherrn verriet. Ein so schönes Grab innerhalb einer geräumigen Einfassung ist ausgesprochen selten. Die nächsten Entsprechungen finden sich in dem stattlichen Mausoleum an der Küste von Side in Pamphylien[8], und in größeren Anlagen im lykischen Limyra mit dem Mausoleum des lykischen Königs Perikles[9] und dem Scheingrab für den frühverstorbenen, von Augustus zusammen mit seinem Bruder Lucius adoptierten und als Nachfolger bestimmten Gaius Caesar.

[8] Siehe Bean, Kleinasien II, S. 91 f
[9] Siehe Anhang, Seite 271

6. Kindya und Bargylia

Artemis Astias in Iasos war nicht die einzige Göttin, die in wunderbarer Weise von Schnee und Regen verschont blieb. Derselbe Anspruch wurde für die Schwestergöttin Artemis Kindyas erhoben.

Kindya war eine rein karische Stadt, über deren Ursprung nichts bekannt ist. Auch in geschichtlicher Zeit hören wir außer vom Kult der Artemis nicht viel von ihr. Im frühen 5. Jh. v. Chr. lebte ein gewisser Pixodaros, Sohn des Maussollos in Kindya, wahrscheinlich als Herrscher. Sein Name wie der des Vaters lassen kaum einen Zweifel, daß er ein Ahnherr des Hekatomnos und Maussollos war, vornehm genug, eine karische Prinzessin zu heiraten. Später trat im 5. Jh. v. Chr. Kindya dem Delischen Bund bei und steuerte den Beitrag von einem Talent bei, also sechsmal mehr als die Nachbarstadt Bargylia. 425 v. Chr. stand die Stadt unter einem Dynasten, und der Beitrag wurde auf vier Talente erhöht.

Die ärmlichen Ruinen von Kindya krönen einen 200–220 m hohen steilen Gipfel, unmittelbar über dem Dorf Siğirtmaç nahe der Hauptstraße von Milâs nach Bodrum. Sie umfassen eine schlecht erhaltene Außenmauer, die eine Zitadelle umschließt; ihre Mauern stehen noch an ursprünglicher Stelle bis zu 5 m hoch. Das Tor befindet sich im Nordwesten. Das Mauerwerk besteht aus trockenem Schutt in groben Schichten. Zahlreiche heruntergefallene Blöcke sind im Inneren verstreut, aber nichts steht.

Seit dem 3. Jh. v. Chr. hörte Kindya, als Stadt zu bestehen auf und verschmolz mit Bargylia. Seitdem war Artemis die Hauptgöttin von Bargylia. Die Lage wurde auf einer kleinen Erhebung nahe der Stelle ermittelt, wo die Straße nach dem Dorf Kemikler die Hauptstraße verläßt. Hier wurden zahlreiche Architekturfragmente und zwei Inschriften gefunden, die keinen Zweifel an der Identität lassen; jetzt ist nichts mehr geblieben außer einigen Steinen einer byzantinischen Kirche, die den Tempel ersetzte. Der Platz ist noch nicht ausgegraben.

Die vollständige Vereinigung von Kindya mit dem Status von Bargylia dürfte sich zweifellos aus der Bedeutung des Seehandels in hellenistischer Zeit erklären. Wahrscheinlich wurde der Umschwung von einer Herrschermacht betrieben, worin wir vermutlich das Wirken des Maussollos oder eines seiner Nachfolger sehen dürfen. Allein Bargylia wurde eine griechische Stadt. Kein Anspruch auf eine frühe Kolonisation von Griechenland her wurde erhoben. Doch verbreitete sich ein Mythos, daß der Heros Bellerophontes die Stadt zu Ehren seines Freundes Bargylos gegründet habe, der durch ein Schnaufen des Flügelpferdes Pegasos getötet worden sei, dem mythischen Roß des Bellerophontes. Zur Erinnerung daran wurde Pegasos gewöhnlich auf den Münzbildern von Bargylia dargestellt. Andererseits hören wir von Stephanos von Byzanz, daß Bargylia einst Andanos hieß. Beide Namen sind ungriechisch.

Wie schon oben erwähnt, machte 201 v. Chr. *Philipp V.* von Makedonien Bargylia eine Zeitlang zu seinem Stützpunkt und überwinterte dort mit seiner Flotte. Doch die Wahl war nicht glücklich, weil er Versorgungsschwierigkeiten hatte und um seine Sicherheit fürchten mußte. Die besondere Lage der Stadt machte es nur zu leicht, daß seine Schiffe in eine Falle gerieten. Im Jahr 196 v. Chr. befahl ihm der römische Feldherr Lentulus, die makedonische Besatzung zurückzuziehen; Bargylia wurde für »frei« erklärt. Diese Freiheit entfiel freilich für zwanzig Jahre, als Karien nach der Schlacht von Magnesia an Rhodos übergeben wurde und seine Freiheit erst nach 167 v. Chr. wiedererlangte.

Als 133 v. Chr. der pergamische Thronanwärter *Aristonikos* gegen die Römer kämpfte, denen Attalos III. das Königreich Pergamon vererbt hatte, segelte er nach Myndos und nahm die Stadt. Die Bewohner von Bargylia, die den Römern Truppen gestellt hatten, sahen die neugeschaffene Lage mit Angst, weil sie fürchten mußten, daß die Stadt das nächste Opfer des Aristonikos sein würde. Anscheinend war Bargylia eine Zeitlang tatsächlich gefährdet, wurde aber durch die wunderbare Erscheinung der Artemis Kindyas gerettet. In welcher Weise das göttliche Eingreifen erfolgte, teilt die Inschrift, wie gewöhnlich, nicht mit. Um die Mitte des 1. Jh.s war Bargylia eine der fünf karischen Städte, die an römische Bankiers verschuldet waren.

Auf den Münzbildern sind die gängigsten Darstellungen die des *Pegasos* und der *Artemis Kindyas*. Die Göttin ist sicher karischen Ursprungs und mit der griechischen Artemis gleichgesetzt worden. Die Bilder zeigen sie in steifer Frontalität mit gekreuzten Armen über der Brust, in langem Gewand mit Schleier; manchmal steht ein Hirsch neben ihr. Diese Darstellung auf den Münzbildern vertritt offenkundig das Kultbild in ihrem Tempel. Die Münzen beginnen im frühen 2. Jh. v. Chr. und lassen sich bis in die Kaiserzeit verfolgen. In der frühen Kaiserzeit wurde der Kult der Artemis mit dem des Augustus verbunden, eine Verehrung, die im Osten gewöhnlich nur den altkleinasiatischen Gottheiten zukam.

Abb. 8 Bargylia. Damm und Akropolis

Die Stätte von Bargylia (Abb. 9) wirkt ganz leer; verständlich, da meilenweit keine Bevölkerung anzutreffen ist. Wahrscheinlich sind hier wie in Iasos und anderenorts die Steine auf dem Seeweg zum Städtebau in anderen Gebieten abtransportiert worden. Die Ruinen liegen auf einem niedrigen Hügel im Winkel einer stiefelförmigen Bucht des Golfes von Mandalya, auf der Seekarte der Admiralität als »Bargylia-Bucht« verzeichnet. Der heutige Name ist Varvil-Bucht, wobei der antike Name in seiner mittelalterlichen Form Barbylia weiterlebt. Die alten Karten verzeichnen Salzpfannen an der Südspitze der Halbinsel, und bis heute wird von hier jährlich Salz bis zu 2000 Tonnen exportiert. Doch die Industrie ist im Aussterben. Das Innere der Bucht ist verschlammt durch einen kleinen Zufluß und jetzt Marschengebiet; doch kann man an der Küstenbucht mit kleinen Booten entlangfahren bis zum Landungssteg über eine Meile nördlich der Ruinen. Bei **(L)** auf dem Plan durchkreuzt ein fester Damm die Bucht, aber es gibt keinen geeigneten Weg in das Flachland nach Osten. Bargylia ist ein verlassener Ort.

Der Hügel hat zwei sehr kleine Gipfel. Ältere Reste, hellenistische und römische, liegen meist um den nördlichen Gipfel, der Rest ist vorwiegend byzantinisch. Von der Stadtmauer ist nichts außer einem Winkel am Westhang des südlichen Hügels sowie ein sehr kleiner Rest nahe der Ostküste zu sehen **(A,A)**. Auf dem Gipfel des Nordhügels liegen die über 30 m langen Grundmauern eines Tempels **(B)**, der von Nordwesten nach Südosten ausgerichtet ist. Der Stil ist korinthisch. Zahlreiche Architekturstücke sind den Hang nach Süden hinabgestürzt, darunter ein Ziergiebelblock und Säulen, teils konkav, teils konvex kanneliert. Der Tempel gehört in römische Zeit, aber welcher Gottheit er geweiht war, wissen wir nicht. Weiter unten am Südhang befindet sich ein nach Südosten orientiertes kleines *Odeion* **(E)**. Newton stellte zehn Sitzreihen fest; der gewölbte Korridor unter ihnen ist noch erhalten.

Zwischen dem Tempel und dem Odeion liegt ein heute in zwei Teile zerbrochener Altar **(C)**, dessen vier Seiten mit Reliefs geschmückt sind. Sie stellen im einzelnen dar: 1. Artemis Kindyas in einem langen Gewand, den Bogen in der Linken, während die Rechte einen Pfeil aus dem Köcher zieht. 2. Apollo mit einer Leier in der Hand. 3. eine männliche Mantelfigur, wahrscheinlich der Heros Bargylos. 4. eine weibliche Figur mit einem Füllhorn. Die Reliefs sind größtenteils beschädigt, aber noch erkennbar.

Am Osthang liegt nach Osten über der Varvil-Bucht das **Theater (D)**. Es befindet sich in einem ärmlichen Zustand, doch ist eine Ecke an der Südseite gut erhalten. Ein großer Teil des Bühnengebäudes liegt noch unter einem Erdhaufen; denn die gewölbten

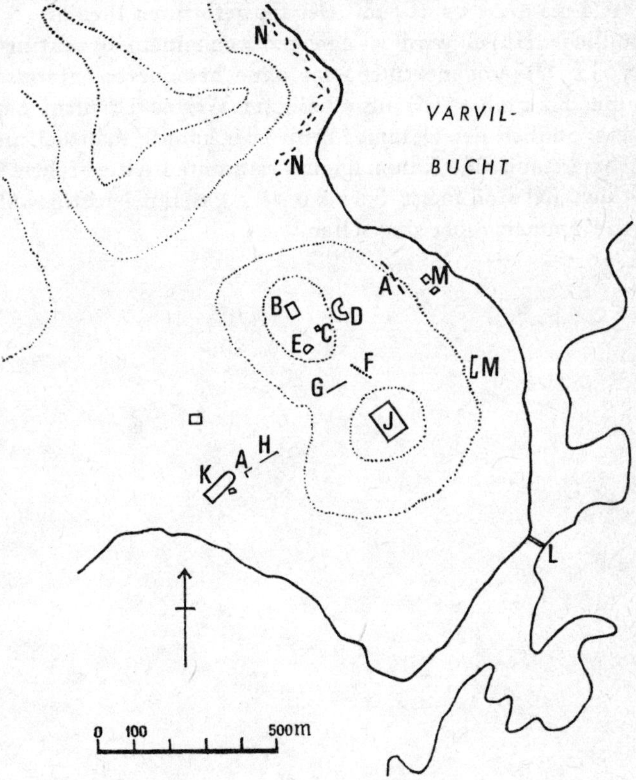

Abb. 9 Plan von Bargylia

A, A Stadtmauer **B** Tempel **C** Altar **D** Theater **E** Odeion **F** Stoa **G** Aquädukt **H** Byzantinische Mauer **J** Byzantinisches Kastell **K** Kirche **L** Damm **M, M** Byzantinische Gebäude **N** Nekropole

Räume des Fundaments sind noch sichtbar. Doch von den Sitzreihen ist nur wenig oder gar nichts übriggeblieben; aber die Lage des Diazoma ist deutlich zu erkennen.

Südöstlich vom Odeion sind oder waren die Reste einer von Nordwest nach Südost verlaufenden *Stoa* **(F)** auf einer Strecke von etwa 15 m zu sehen. Die Säulen stehen zwar nicht mehr, aber ihre Stellung ist durch runde Umrisse auf dem Stylobat festgelegt. Südwestlich in der Nähe befindet sich ein kurzer Abschnitt eines römischen Aquädukts **(G)** mit elegant geformten Bögen.

Der südliche Hügel wird weitgehend von einem byzantinischen Kastell **(J)** eingenommen, das ohne besonderes Interesse ist. Auch die Kirche **(K)** unterhalb im Westen ist nicht bemerkenswert. Südlich des Dammes kann oder konnte man bei niedrigem Wasserstand eine Kaianlage unbestimmten Alters sehen.

Die **Gräber (N)** sind meist Sarkophage mit leicht gewölbten Decken. Kammergräber sind selten.

7. Stratonikeia

Nach unseren Ehegesetzen könnte ein Mann nicht seine Stiefmutter heiraten. Aber in den hellenistischen Königsfamilien waren diese Angelegenheiten anders geregelt. Der König von Syrien, Seleukos I. Nikator (312–281 v. Chr.) vermählte 294 v. Chr. seinen Sohn Antiochos I. Soter (281–262 v. Chr.), den ihm Apame, die Tochter des Spitamenes, geboren hatte, mit seiner zweiten Frau Stratonike, der Tochter des Demetrios I. Poliorketes. Dieser Stiefmuttergemahlin zu Ehren gründete er die Stadt Stratonikeia in Karien. Das Gründungsdatum ist nicht genau bekannt, muß aber nach 281 v. Chr. liegen, als Antiochos I. die Kontrolle über Karien gewonnen hatte. Die Stadt wurde natürlich mit kostbaren Bauten ausgestattet wie Strabo bezeugt. Er berichtet auch, daß die Seleukiden im Zuge ihrer Politik die Stadt als Geschenk an Rhodos übergaben, doch ist das Datum ungewiß. 166 v. Chr. verteidigte eine rhodische Gesandtschaft vor dem römischen Senat den Besitz von Stratonikeia mit der Feststellung, daß die Stadt nicht weggenommen werden dürfe, weil sie Rhodos »durch die Großzügigkeit des Antiochos und Seleukos« geschenkt worden sei. Der Hinweis scheint sich auf *Antiochos I.* und seinen Sohn Seleukos zu beziehen, der von 279–268 Mitregent war.
Livius berichtet für das Jahr 197 v. Chr. oder etwas später, daß die Rhodier Stratonikeia »wiedererhielten«. Folglich hatten sie die Stadt vorher verloren, aber der Anlaß wird nicht erwähnt. Wahrscheinlich erfolgte der Verlust während des karischen Feldzuges des Makedonenkönigs *Philipps V.* in den Jahren 281 bis 189 v. Chr. Der rhodische Besitz von Stratonikeia wurde im Frieden von

Apamea 188 v. Chr. bestätigt, doch schon 167 v. Chr. wurde die Stadt den Rhodiern für immer genommen. Ende 130 v. Chr. nahm *Aristonikos* nach seiner vergeblichen Anfechtung des den Römern vermachten Erbes von Pergamon seine Zuflucht in Stratonikeia und wurde dort ausgehungert.

88 v. Chr. wurde die Stadt von *Mithridates* genommen und für ihren Widerstand bestraft; am Ende des Krieges schuf Sulla einen Ausgleich durch freundliche Behandlung. Im Jahre 40 v. Chr. griff *Labienus* an der Spitze seines parthischen Aufgebotes die Stadt an, wurde aber erfolgreich zurückgeschlagen. Er rächte sich dafür mit der Plünderung des Hekate-Heiligtums von Lagina, doch schlug sein ähnlicher Versuch bei Panamara fehl.

Nach den antiken Schriftstellern wurde Stratonikeia an der Stätte einer alten karischen Stadt gegründet, die zuerst Chrysaoris, dann Idrias hieß. Nach einem anderen Bericht war es die erste von Lykiern gegründete Stadt. Wenn die letztere Überlieferung einen geschichtlichen Kern hat, kann man wohl die oben erwähnte Theorie[1] berücksichtigen, nach der die Lykier von Milet südwärts in ihr historisches Siedlungsgebiet wanderten. Die beiden Namen Chrysaoris und Idrias müssen in der Tat einmal mehr eine Region als eine Stadt bezeichnet haben. Herodot erzählt, daß Marsyas »vom Idriasland« zum Mäander floh, und Strabo vermerkt, der Grund für die Nichterwähnung der Bewohner von Idrias bei Homer sei die Tatsache, daß sie mit den Kariern zusammengezählt worden seien. In der Abgabenliste der Delischen Liga werden die Idrier (offensichtlich eine Variante desselben Namens) zusammen mit Euromos und dem unbekannten Hymessos mit der bemerkenswerten Summe von sechs Talenten belegt. Chrysaoris ist nach Pausanias ein älterer Name für den Ort und den Bereich von Stratonikeia, und in hellenistischer Zeit wurde chrysaorisch gleichbedeutend mit karisch, schließlich darüber hinaus mit Karien.

Der Grund dafür war die »Chrysaorische Liga«[2], zu der alle Karer gehörten. Der Tempel des Zeus Chrysaoreus, wo sich die Liga zum Opfer und zur Besprechung ihrer Angelegenheiten traf, soll nahe Stratonikeia gelegen haben; die neue Stadt, wiewohl nicht karisch, sondern makedonisch, wurde wegen der vielen in ihrem

[1] Siehe S. 14

[2] Siehe S. 22/23

Gebiet liegenden karischen Dörfern Mitglied des Bundes. Herodot erwähnt einen »Weißen Pfeiler« genannten Treffplatz der Karer nahe dem Marsyas-Fluß. Man hat an das Heiligtum des Zeus Chrysaoreus gedacht, wiewohl er gar nicht davon spricht. In der Tat bestand keine Beziehung zur »Chrysaorischen Liga« vor 267 v. Chr. Der Platz ist noch nicht mit Sicherheit bestimmt, obwohl antike Reste sich an einer Stelle zweieinhalb Meilen östlich von Eskihisar finden, die sich gut zu den Bedingungen fügen würden[3].

Die anderen Heiligtümer von Stratonikeia bei Lagina und Panamara werden getrennt unten behandelt.

Als hellenistische Gründung war Stratonikeia nicht wie Mylasa in Stämme und Clans eingeteilt, sondern nach griechischem Vorbild in *Stämme* und *Demen*. Der Unterschied kam praktisch nicht zur Geltung; denn die Demen waren in der Tat die alten karischen Dörfer ebenso wie die Clans im Bereich von Mylasa. Ihre Namen wie Loboldeis, Londargeis, Korazeis und andere sind alle ungriechisch.

In der Kaiserzeit war nach der Überlieferung Stratonikeia als freie Stadt sehr reich und wohlhabend. Stephanos berichtet, daß sie gegründet, d. h. von Hadrian neubegründet und mit neuen Gebäuden ausgestattet wurde und zu Ehren des Kaisers den Namen Hadrianopolis annahm. Hier handelt es sich aber eindeutig um eine Verwechslung mit einer anderen gleichnamigen Stadt, nämlich Stratonikeia in der Nachbarschaft von Pergamon. In byzantinischer Zeit war das Bistum Stratonikeia wie die anderen der Region Aphrodisias als Metropolis untergeordnet.

Die Ruinen von Stratonikeia bei Eskihisar sind etwas kärglich im Vergleich zum Umfang der Stadt; doch geben die Reste eine eindrucksvolle Vorstellung von ihrer einstigen Gediegenheit und Pracht.

Der **Akropolis**-Hügel liegt südlich des im Plan Abb. 10, S. 95 verzeichneten Bereichs. Rund um den Gipfel ist sie befestigt gewesen. Doch die bewohnte Stadt lag nördlich davon in einer Ebene und wird heute teilweise von dem Dorf Eskihisar eingenommen. Von

[3] Sie liegen nach Beschreibungen neben der Aydin-Straße rund um einen türkischen Friedhof, mit vielen zerbrochenen Marmorstücken und zwei großen Blöcken im Boden. Der Verfasser hat sie nicht gesehen.

der Stadtmauer **(F,F)** sind nur noch wenige unbedeutende Reste erhalten. Die ursprüngliche Ausdehnung betrug etwas weniger als eine Meile. Der Haupteingang lag im Norden bei **(C)**; ein Teil des gewölbten, aus massivem Mauerwerk mit breiten und schmalen Quadern errichteten Tores steht noch. Eine einzige unkannelierte korinthische Säule ist von der innerhalb der Toranlage angelegten Säulenstellung geblieben (Tafel 7 oben). Im Nordosten befinden sich die mächtigen **Ruinen eines Forts (D)**, das die ganze Stadt beherrschte. Es ist gediegen aus großen Quaderblöcken in regelmäßigen Schichten unter Verwendung von etwas Mörtel erbaut; lediglich Anbauten oder Ausbesserungen zeigen schlechteres Mauerwerk unter Verwendung von vielen wiederbenutzten Blöcken und Säulentrommeln.

Im heutigen Dorf und damit im Zentrum der alten Stadt liegt das eindrucksvollste Gebäude, das *Serapeum* oder der **Tempel des Serapis (A)** aus dem 2. oder 3. Jh. n. Chr. Die aus hohen und niedrigen Quaderläufen errichtete Außenmauer steht noch ziemlich hoch, doch das Innere ist mit Erde aufgefüllt und dient als Garten. Die Nordmauer ist innen teilweise, außen gänzlich mit griechischen und lateinischen Inschriften versehen. Eine von ihnen am Ostende im Innern ist eine Weihung an Helios Zeus Serapis für die Rettung vor Krieg und fremder Seemacht. Eine andere verzeichnet ein vom Zeus von Panamara gegebenes Orakel; die Bevölkerung von Stratonikeia hatte, anscheinend auf Anweisung des Serapis, gefragt, ob Barbaren im laufenden Jahr die Stadt angreifen würden; der Gott beruhigte sie. Anlaß gab offenkundig der Goteneinfall in der Mitte des 3. Jh.s n. Chr. Eine dritte Inschrift ist besonders merkwürdig. Sie besteht aus zwölf sehr mangelhaften Versen, von denen jeder aus so vielen Buchstaben wie ein Monat besteht, wobei mit Oktober begonnen wird. Die Zahl der Tage ist rechts in griechischen Ziffern geschrieben. Gleichzeitig bilden die Anfangsbuchstaben der Zeilen ein Akrostichon, das den Namen des Schreibers Menippos wiedergibt[4]. Der Zweck der Inschrift, erklärt er, ist eine Gedächtnisstütze für die weniger gut gebildeten Freunde in der Stadt.

[4] Akrostichon ist die griechische Bezeichnung für den Versanfang bei einem Gedicht, in welchem die Anfangsbuchstaben jedes Verses ein Wort oder einen Vers ergeben.

Westlich dieses Gebäudes steht einsam in einem Maisfeld ein Tor **(B)** mit Pfosten und Schwelle. Hier war der Eingang zum Peribolos oder dem Umfassungsbezirk um den Tempel, ein quadratischer Bereich von über 100 m Seitenlänge, von dem sehr wenig übriggeblieben ist. Das Tor enthält keine Inschrift.
Westlich vom Tempelbezirk lag die *Agora* oder der Marktplatz von Stratonikeia. Was davon geblieben ist, ist eine Reihe von Marmorblöcken **(H)**, die eine Dorfgasse begrenzte. Nördlich davon, über das türkische Kaffeehaus hinaus, liegt ein Gebäude **(E)**, dessen Bestimmung unbekannt ist. Gegenwärtig umfaßt es eine lange Mauer aus gutbearbeiteten Quaderblöcken, die an der Südseite teilweise mit einer Kurvenmauer verbunden ist. Diese Anlage hat keine Entsprechung in der Anlage eines üblichen Bauwerks.
An der Nordostecke **(G)** sah Trémaux 1874 eine Kolonnade,

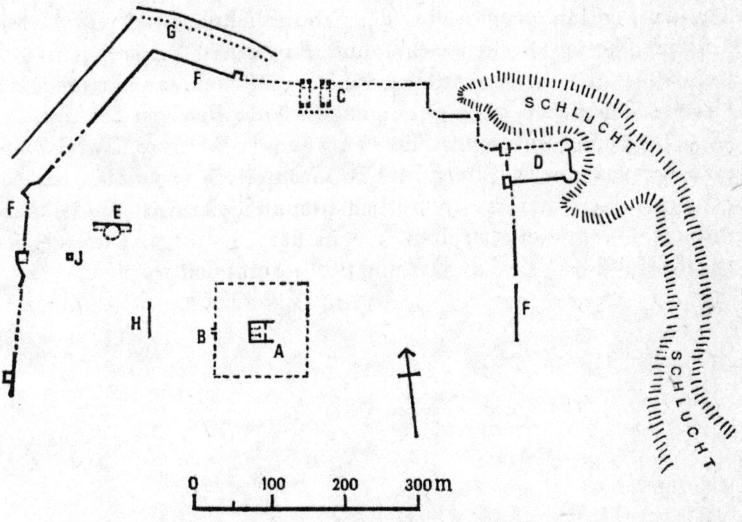

Abb. 10 Plan von Stratonikeia (nach P. Trémaux)

A Tempel des Serapis **B** Tor der Tempelumfassungsmauer **C** Haupttor der Stadt **D** Befestigungsanlage (Fort) **E** Gebäude unbekannter Bestimmung **F, F** Stadtmauer **G** Säulenstraße (Kolonnade) **H** Agora **J** Kaffeehaus von Eskihisar

Der Akropolis-Hügel und das Theater liegen weiter südlich

welche neben einer Straße in Richtung auf das Stadttor **(C)** führte. Etwas von dieser Säulenstraße soll erhalten sein, doch heute hat der Verfasser nichts mehr gesehen.

Am Nordhang des Akropolis-Hügels, der auf dem Plan nicht verzeichnet ist, liegt das große und sehr gut erhaltene, aber arg überwachsene und schlecht gepflegte **Theater.** Die nach Vitruvs Weisung nördlich orientierte *Cavea* ist durch Treppen in neun Keile geteilt; der einzige Umgang *(Diazoma)* ist jetzt sehr zerstört. Die Zuschauerzahl wird auf nicht weniger als 10 000 geschätzt. Auch das Bühnengebäude, besonders die Fundamente, sind sehr gut erhalten; doch ist es noch nicht ausgegraben und ein Grabungsplan bisher nicht aufgestellt worden.

Auf dem Hang über dem Theater liegen auf flachem Niveau die Ruinen eines kleinen **Tempels** in jonischem Stil, der nach einer Inschrift dem Kaiserkult geweiht war.

Jenseits der Hauptstraße bei der Schule befindet sich ein kleines **Museum,** dessen Besuch sich lohnt. Es enthält meist Kleinkunst römischer Zeit, außerdem Epitaphien und mehrere bärtige Masken von den Ecken eines Sarkophages. Auffallend ist der seltsame Grabstein mit dem Relief eines jungen Mannes (Tafel 7 unten), der von seinen Eltern und Brüdern errichtet worden ist. Am bemerkenswertesten ist eine rötlich-braune mykenische Bügelkanne mit roten Horizontalstreifen, die in das 12. Jh. v. Chr. gehört. Sämtliche Stücke sind an Ort und Stelle gefunden worden.

8. Lagina und Panamara

LAGINA

Zu den fremdesten unter allen griechischen Göttern zählt zweifellos Hekate. Es ist möglich, jedoch nicht erwiesen, daß sie karischen Ursprungs ist. Dafür dürften die vielen von ihrem Namen abgeleiteten Personennamen wie Hekataios, Hekatomnos u. a. sprechen. Homer kennt Hekate nicht oder er verschweigt sie. In Hesiods Theogonie ist sie Tochter des Titanen Perses und der Titanin Asteria, also eines alten Göttergeschlechtes vor Zeus. Sie wird verbunden oder gar verschmolzen mit anderen Göttinnen, besonders mit Artemis und Demeter. Auf einer metrischen Inschrift wird sie als Ompnia angerufen, einem besonderen Beinamen der Demeter. Man dachte sie sich als Unterweltsgottheit, Herrin des Verstorbenen und Schlüsselbewahrerin für den Hades. Sie sendet schlechte Träume, Geister und Gesichte, kann aber auch den Menschen dagegen verteidigen. Oft ist sie von Hunden begleitet, und Hundeopfer an sie sind bezeugt, wie der Ausdruck »karisches Opfer« als Bezeichnung für Hunde erkennen läßt. Die Beziehung des Hundes zur Unterwelt wird am Beispiel des Kerberos deutlich. Gleichzeitig ist Hekate eine Mondgöttin, eine Nachtwandlerin, häufige Besucherin von Wegekreuzungen und Abzweigungen, wo sie in der Nacht vor Neumond mit Gaben wie Gebäck, Fisch, Eiern und Käse verehrt wurde. Wir müssen uns jedoch darüber klar sein, daß die Göttin erst allmählich im Laufe der Zeit die verschiedenen Eigenschaften erhalten hat. In Hesiods Theogonie wird Hekate als allseits verehrte Göttin geschildert, deren Machtbereich sich über Erde, Meer und Himmel erstreckt; doch sind wir nicht sicher, ob diese Partie nicht später eingeschoben wurde. In jedem Falle handelt es sich um eine chthonische Gottheit, die unheimlich und hilfreich zugleich wirken konnte und beim Volke sehr beliebt war. Sie ist Herrin alles nächtlichen Unwesens, der Zauberei und Giftmischerei. Sie trägt eine Fackel und Schlangen im Haar wie die Erinnyen.

Ein eigener Tempel wie der von Lagina ist daher von besonderer Art. In der Kunst ist die Göttin manchmal mit e i n e m Körper dargestellt wie in Lagina, was die älteste Form zu sein scheint, oder öfters mit d r e i zusammengewachsenen Körpern oder mit einem Körper und drei Köpfen. Ihre Hauptattribute sind Fackel, Dolch, Peitsche, Schlange und Schlüssel, die ihr jedoch erst im Verlauf einer längeren Entwicklung zugekommen sind. In Lagina trägt sie eine Fackel in der linken Hand und eine Schüssel in der rechten. Auf ihrem Haupt befindet sich der Polos, der eine zylindrische Haartracht umhüllt, mit dem Zeichen des zunehmenden Mondes, und zu ihren Füßen manchmal ein Hund. In Lagina wurden in ihrem Heiligtum auch Mysterien begangen, und anscheinend gab sie bei Gelegenheit auch Orakel.

Wie alt der Kult der Hekate in Lagina ist, wissen wir nicht. Unser ältestes Zeugnis ist bisher eine Inschrift, die einen Priester der Hekate und des Helios und dazu Rhodos erwähnt; sie muß demnach in die Zeit der rhodischen Herrschaft von 189–167 v. Chr. datiert werden. Der Tempel selbst, von dem noch Ruinen erhalten sind, wird von den Forschern verschiedentlich in die Zeit zwischen 125 v. Chr. bis in die Zeit des Augustus datiert. Die Zeitbestimmung dürfte wahrscheinlich zwischen dem frühesten Datum, nach dem Krieg mit Aristonikos und der Gründung der Provinz Asia, und etwa 80 v. Chr., nach dem Sieg über Mithridates liegen. Was vorher im Heiligtum stand, ist unbekannt.

Im Jahre 88 v. Chr. nahm *Mithridates* Stratonikeia mit Gewalt. Nach seiner Niederlage bestätigte der römische Senat die Freundschaft und das Bündnis mit Rom. Die Unverletzbarkeit des Heiligtums wurde auf der Mauer des Tempels von Lagina inschriftlich festgelegt. Zur gleichen Zeit wurde ein Fest mit dem Doppeltitel der Hekatesia Romaia eingerichtet. Im Jahre 40 v. Chr. mißlang zwar *Labienus* mit seinem Partheraufgebot die Eroberung von Stratonikeia, aber er plünderte die Tempel der Stadt, einschließlich dem der Hekate. Die Inschrift auf der Schwelle des noch stehenden Propylon bezieht sich in allgemeinen Formeln auf die Hilfe, die nach 27 v. Chr. *Augustus* mit der Wiederherstellung des Kultes nach dieser Katastrophe der Stadt und ihrem Hauptheiligtum zukommen ließ.

Seit 81 v. Chr. wurden Hekatesia-Romaia alle vier Jahre mit besonderem Glanz gefeiert; in der Zwischenzeit hielt man das Jahresfest der Hekatesia allein ab. Doch waren das nicht die einzigen Ehrungen für Hekate. Sehr wichtig war das siebentägige Fest des Schlüsseltragens, das jedes Jahr mit Spielen stattfand. Der Schlüssel des Tempels wurde in einer Prozession von Lagina nach Stratonikeia und zurück gebracht. Diese Feierlichkeit sollte die enge Verbindung zwischen dem Heiligtum und der Stadt symbolisieren. Der Schlüssel aber muß im Glauben der Verehrer sicherlich mehr bedeutet haben: Hekate hielt den Schlüssel für die Tür der Unterwelt. Bedeutsam war auch das Geburtstagsfest der Göttin am dreißigsten Tag des Monats März; es kann auch am 30. Tag jedes Monats, jedoch nicht so glanzvoll begangen worden sein. Am Jahresfest erhielt das Volk Geldspenden. Zu dieser Zeit teilte Hekate mit Zeus einen heiligen Schrein im Ratshaus von Stratonikeia; hier wurden an jedem Tag des Jahres wegen der von der Göttin vollzogenen Wunder Zeremonien abgehalten. Dies ganze Brauchtum ist für die Hekate von Lagina charakteristisch und unterscheidet sich wesentlich von der volkstümlichen Verehrung an den Kreuzwegen im Dunkel der Nacht.

Den Kult im Tempel versah ein Priester. Bis in das 3. Jh. n. Chr. hören wir nichts von einer Priesterin, und auch danach nimmt sie nicht die Rangstellung des Priesters ein. Sie ist gewöhnlich mit ihm verheiratet oder verwandt und dient unter ihm. Unter dem übrigen Priesterpersonal war am wichtigsten die Schlüsselträgerin, ein junges Mädchen, das den Tempel zu öffnen und zu schließen hatte; auch sie war meist mit dem Priester verwandt. In der Spätzeit wird auch ein Neokoros oder Tempelaufseher erwähnt, der Pflichten wie ein Sakristan hatte. Auch Eunuchen wurden zum Kult herangezogen. In der Frühzeit waren diese wie in allen orientalischen Religionen sehr wichtig, aber im 3. Jh. n. Chr. hören wir von ihnen nur, daß sie recht bedeutungslose Funktionen hatten wie beispielsweise die Aufsicht über die Bäume im Tempelbezirk.

Ein anderer dauernder Priester war der Vorsteher der Mysterien; doch über seine Pflichten erfahren wir ebensowenig wie über die Mysterien selbst, die regelmäßig spätestens seit dem 2. Jh. begangen wurden.

Der **Tempelbezirk** (Abb. 11) bestand aus einer großen, fast rechteckigen Umfassung von über 150×120 m. Er umschloß eine ebenerdige *Stoa* auf drei Seiten, während sie im Süden höher über einer F r e i t r e p p e verlief. Auf ihrer Ostseite stand ein monumentales *Propylon* **(B)** dessen Pfosten und Schwelle noch stehen – die einzige noch an ursprünglicher Stelle befindliche Ruine. Wie die Inschrift mitteilt, gehört es in die Zeit des Augustus, und wahrscheinlich stammt die Stoa aus derselben Periode. Die Treppen dienten vermutlich als Sitze für die Mysterienteilnehmer.

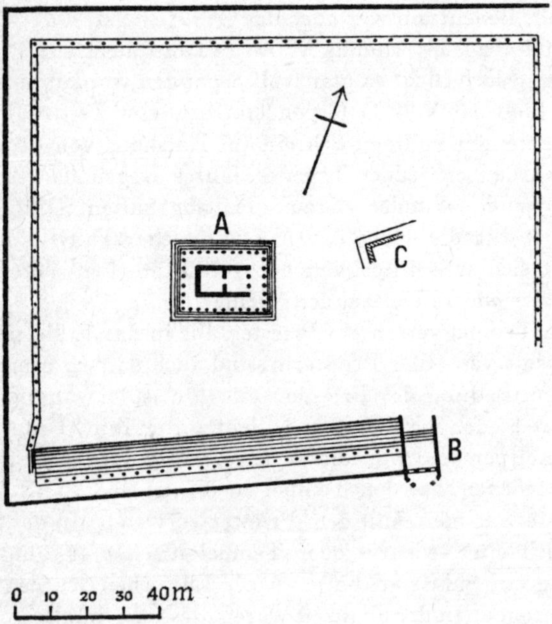

Abb. 11 Lagina. Plan des Tempelbezirks

A Tempel der Hekate **B** Propylon **C** Altar (?)

Fast im Zentrum der Umfriedung stand der **Tempel der Hekate (A).** Er wurde 1891/92 ausgegraben oder, besser, untersucht, aber die Forschungen wurden niemals vollkommen durchgeführt, so daß die Reste noch haufenweise durcheinander liegen und nicht leicht zu verstehen sind. Das Hauptergebnis war die Entdeckung von zahlreichen Friesblöcken, die in das Museum von Istanbul gebracht wurden. Damals und später wurden Inschriften gefunden, denen wir das meiste Wissen über den Kult verdanken. Der Tempel ist im Gegensatz zum jonischen Stil in korinthischer Ordnung erbaut. Es handelt sich um einen *Pseudodipteros* mit acht Säulen an der Schmal-, aber nur elf an den Längsseiten. Er umschließt eine tiefe Vorhalle *(Pronaos)* mit zwei Säulen zwischen den Anten und eine *Cella,* hat aber keinen *Opisthodomos.* Nur wenig also kann an Ort und Stelle ausgemacht werden.

Der Fries an der Ostfront zeigte Hekate als Gehilfin bei der Zeusgeburt, wobei sie den Stein trägt, den der Vater Kronos anstatt des Neugeborenen verschlingen wird. Auf der Westseite beobachtet sie die Schlacht zwischen den Göttern und Giganten. Die Nordseite zeigte eine Verbrüderungsszene zwischen Amazonen und griechischen Kriegern, während Hekate ein Trankopfer vollzieht; man hat dabei an eine Anspielung auf den 81 v. Chr. zwischen Stratonikeia und Rom geschlossenen Bündnisvertrag gedacht. Auf der Südseite findet sich eine Reihe meist nicht wiederzuerkennender Figuren, die augenscheinlich karische Gottheiten und Städte darstellen.

Es muß sich noch vieles in dem Bezirk neben dem Tempel befunden haben, aber davon ist heute wenig zu sehen. Vor der östlichen Schmalseite des Tempels würde man einen Altar erwarten, und in der Tat befindet sich an dieser Stelle **(C)** ein Ruinenhaufen. Doch ist er noch nicht ausgegraben und weicht von der Orientierung erheblich ab. Die Bestimmung ist daher unsicher.

Die Umfassung beherbergte eine beachtliche Zahl ständigen Personals, das in verschiedener Weise mit dem Kult zu tun hatte. Eine Inschrift des 2. Jh.s n. Chr. teilt uns mit, daß ein Priester auf seine eigenen Kosten drei Stoas »in dem heiligen Haus« errichten und die Stoa vor der Front des heiligen Hauses »nahe dem Lebensmittelmarkt« vollenden ließ. Dieses Haus war wahrscheinlich für die Priester bestimmt. Es befand sich im Bezirk auch ein heiliger Hain, für dessen Wartung die Eunuchen verantwortlich waren. Eine andere Inschrift verbietet das Weiden von Herden im Heiligtum. Alles – Altar, Häuser, Hain und Weidegrund – befand sich offensichtlich im Bereich der Umfriedung.

Wenige hundert Meter östlich vom Tempel liegt ein ansehnliches Becken, das von einer darübersprudelnden Quelle bewässert wird. Eine dort gefundene, noch nicht veröffentlichte Inschrift erwähnt die Anlage dieses Beckens[1]. Ein fragmentarischer Text aus dem Heiligtum berichtet von der Anlage eines Wasserkanals; er führte »zur Quelle vom . . .« Hier bricht die Inschrift ab, aber es ist sehr wahrscheinlich, daß der Wasserkanal von dem erwähnten Becken zu einem Brunnen im Heiligtum führte.

Lagina war ein *Demos* von Stratonikeia und mit der Stadt durch einen sechs Meilen langen Weg verbunden, von dem nur noch dürftige Spuren geblieben sind. Der Name Lagina begegnet niemals in den Inschriften, und es scheint, daß der Demos als Hierakome, »heiliges Dorf« bekannt war. Die nächste Stadt ist heute die *nahiye* (kleinster Distriktverwaltungsbezirk) von Turgut, über eine Meile südlich. Dieser Name ist neu; denn bis vor kurzem hatte der Ort seinen alten Namen in der Form Leyna behalten, den man tatsächlich noch hören kann. Er liegt neun Meilen von Yatağan entfernt, und die Straße ist gut befahrbar.

PANAMARA

Ein zweites zu Stratonikeia gehörendes Heiligtum, das mit dem der Hekate in Lagina rivalisierte, war das des Zeus Panamaros. Der 1886 entdeckte Ort liegt etwa sieben Meilen schnurgerade südöstlich von Eskihisar, aber man rechnet zu Fuß dreieinhalb oder vier Stunden. Die Ruinen liegen auf einem Hügel über dem Dorf Bağyaka, sind aber nicht ausgegraben, so daß es nicht sehr viel zu sehen gibt. Das Heiligtum besteht aus einer ummauerten Einfriedung mit etwa 45 m Seitenlänge und birgt ein Durcheinander von Blöcken zwischen Bäumen und Sträuchern. Es ist nur ein Teil einer größeren Umfassungsmauer mit fast 100 m Seiten-

[1] Der Stein soll nach seiner Auffindung in einem Haus mit nach innen gekehrter Inschrift verbaut worden sein, so daß der Verfasser sie nicht sehen konnte.

länge. Von der mächtigen Mauer ist der Westflügel auf einer Strecke von etwa 80 m erhalten. In einer Ecke befindet sich ein über 20 m langes zerfallenes Gebäude. Diese Außenmauer war im Südwesten mit Stratonikeia durch eine gepflasterte Straße verbunden, von der man eine lange Strecke von der gegenüberliegenden Höhe übersehen kann. Zahlreiche Inschriften sind an diesem Ort gefunden worden und geben uns Auskunft über den Kult.

Die beiden Hauptgebäude waren die **Tempel des Zeus Panamaros** und seiner Gemahlin Hera. Sie sind aber im Bereich Panamara noch nicht inschriftlich festgestellt worden. Aber auch andere Gottheiten wurden verehrt, vor allem Artemis und Sarapis. Wie in Lagina umfaßte die Einfriedungsmauer viele Kapellen und andere Bauten. Wir hören beispielsweise von einem Empfangsraum, einem Frühstücksraum und einem Ladengebäude.

Panamaros ist ein alter anatolischer Name. Der Kult könnte ebenfalls sehr alt sein, aber unsere Information hierüber beginnt erst nach der Gründung von Stratonikeia. Das Heiligtum wurde durch einen Besuch Philipps V. geehrt. Es dürfte unter Mithridates im Jahre 88 v. Chr. gelitten haben. Als aber Labienus mit seinem parthischen Aufgebot Stratonikeia nicht einnehmen konnte, griff er Panamara an, wo ihn die Verteidiger dank der starken Mauern und durch wunderbares Eingreifen der Gottheit selbst erfolgreich zurückschlugen. Die Einzelheiten der Kämpfe sind in einem langen Dekret im Heiligtum verzeichnet. Es wurden anscheinend drei Angriffe unternommen. Der erste fand bei Nacht statt, doch die Gottheit überschüttete die Angreifer mit Feuerflammen, so daß sie zurückprallten. Am nächsten Morgen wurde der Ansturm wiederholt; diesmal half der Gott mit dichtem Nebel, dem ein großer Sturm folgte, so daß die Angreifer wie von Furien verfolgt flohen. Nicht ein einziger Verteidiger wurde ernstlich verwundet. Ein dritter mit Verstärkungen durchgeführter Angriff ließ die mysteriöse Macht des Gottes besonders deutlich werden; man hörte Geschrei wie von einer Entsatztruppe, obwohl sich niemand zeigte, und ein Knurren wie von Hunden erschreckte die Angreifer, die aus unerklärlicher Ursache plötzlich von den Mauern geschleudert wurden. Es ergab sich, daß während dieser Ereignisse die Lampen im Tempel dauernd gebrannt hatten.

Die Feste in Panamara scheinen weniger besucht worden zu sein wie die von Lagina. Wir hören nur von drei Feierlichkeiten. Die größten waren die Panamareia, die jährlich begangen wurden und zehn Tage dauerten. Die Statue des Zeus wurde für diese Zeit nach Stratonikeia gebracht, wo die Festlichkeiten und die Spiele stattfanden. Zu Ehren der Hera wurden im nächsten Jahr in Panamara die Heraia gefeiert; sie blieben auf die Frauen beschränkt. Das Fest dauerte einen Tag und schloß Mysterien ein. Schließlich fand jedes vierte Jahr eine zweitägige Feier zu Ehren des Zeus unter dem Namen »Komyria« in einem Heiligtum von Panamara statt, das Komyrion genannt wurde. Diese Feier war vornehmlich für Männer bestimmt und schloß ebenfalls Mysterien ein.

Der Name Panamaros ist, wie oben erwähnt, anatolischen Ursprungs, wurde aber später in der Form Panemeros oder Panemerios graecisiert, d. h. in der Bedeutung »sehr sanft« oder »voller Tageslicht« im Gegensatz zur nächtlichen Hekate.

9. Halikarnassos

Von den »Sieben Wundern« der Alten Welt, von denen nur ein einziges in Griechenland selbst stand, hat mit Ausnahme der ägyptischen Pyramiden kaum eins bis heute überlebt. Der Leuchtturm von Alexandria, der Koloß von Rhodos, die »Hängenden Gärten« von Babylon und die Statue des Zeus von Olympia sind völlig verloren. Vom Tempel der Artemis von Ephesos sind einige Säulenfragmente im Britischen Museum, und die noch vorhandenen Fundamente sind im Schlammgrund versunken. Dem Maussolleion von Halikarnassos ist es von allen noch am besten ergangen. 1856 bestimmte Sir Charles Newton seine Lage, und eine Anzahl von Skulpturen befinden sich heute im Britischen Museum. Große Mengen der aus grünem Stein errichteten Basis kann man im Kreuzritter-Kastell von Bodrum sehen, auch geringe Skulpturfragmente. An Ort und Stelle dagegen findet man nichts mehr als einen langen Basisstein. Dieses berühmte Bauwerk hat den Namen Halikarnassos indes bekannter gemacht als den jeder anderen Stadt Kariens.

Daß Halikarnassos eine dorische Gründung war, stellen sowohl Herodot als auch Strabo fest. Die griechischen Siedler kamen nach der Überlieferung von Troezen an der Ostküste der Peloponnes unter der Führung eines gewissen *Anthes* oder eines seiner Abkömmlinge. Als im Jahre 26 n. Chr. Gesandte aus Halikarnassos nach Rom kamen, um sich um das Privileg mitzubewerben, einen Tempel für den Kaiser Tiberius zu errichten, betonten sie zu ihren Gunsten, daß seit 1200 Jahren ihre Stadt niemals von einem Erdbeben betroffen worden sei. Sie verlegten also die Gründung in die Zeit bald nach dem Trojanischen Krieg[1]. Doch ist es unwahrscheinlich, daß die Stadtgründung früher als die dorische Wanderung in Griechenland um 1100 v. Chr. erfolgt sein kann. Strabo vermerkt, daß zur Zeit des Todes von Kodros, dem letzten König von Athen, um das erste Viertel des 11. Jh.s v. Chr., weder Knidos noch Halikarnassos bestanden. Wir können daher wahrscheinlich die Gründung unter *Anthes* einige Zeit nach 1000 v. Chr. ansetzen. Doch muß berücksichtigt werden, daß nach dem heutigen Stand der Forschung Mykene spätestens um 1130 v. Chr. den Dorern zum Opfer fiel und es durchaus möglich ist, daß dorische Kräfte bereits im frühen 11. Jh. v. Chr. weiter ausgegriffen haben. Hier ist die Forschung gerade jetzt sehr im Fluß.

Zuerst war die Stadt Mitglied der dorischen Hexapolis[2], wurde aber später wegen ungebührlichen Verhaltens eines ihrer Bürger ausgestoßen. Die Geschichte wird uns von Herodot, dessen Heimat Halikarnassos war, wie folgt erzählt. Ein gewisser Agasikles erhielt nach einem Sieg bei den zu Ehren des Apollo vom Triopion bei Knidos gefeierten Spielen als Preis einen Dreifuß aus Bronze. In Mißachtung des Brauches, der den Preis an Ort und Stelle dem Apollo zu weihen forderte, nahm er ihn mit sich und hängte ihn zuhause auf. Es ist wahrscheinlich, daß dieser Vorgang lediglich reiner Vorwand war und daß der wirkliche Grund für die Ausschließung von Halikarnassos die wachsenden jonischen Strömungen innerhalb der Stadt waren. Jedenfalls erscheint die Stadt, die im 5. Jh. v. Chr. bekannter wurde, damals als rein jonisch. Herodot schrieb jonisch wie sein Onkel, der Epiker Panyasis, und selbst die ältesten Inschriften zeigen keine Spur von dorischem Dialekt. Es ist nicht klar, wieso es so kam. Kein besonderer Grund (wie beispielsweise für Iasos oder Smyrna) wird überliefert, abgesehen natürlich vom Ausschluß aus der Hexapolis. Wie dem auch sei, die Verbindung mit der Mutterstadt Troezen blieb bestehen, und Halikarnassos ließ dort einen Tempel der Aphrodite errichten.

Als die Perser nach der Eroberung von Sardes 546 v. Chr. die griechischen Küstenstädte überrannten, fiel natürlich auch Hali-

[1] Nach der Überlieferung 1194–1184 v. Chr. Moderne Forscher halten diese Datierung vielleicht um ein halbes Jahrhundert zu spät.

[2] Siehe S. 15

karnassos. Sechzig Jahre später, also zur Zeit der Perserkriege, wurde die Stadt in persischem Interesse von einer karischen Dynastie beherrscht, deren berühmtestes Mitglied die Königin *Artemisia* war. Ihr Name ist griechisch, doch der aus Halikarnassos stammende Vater führte den karischen (kimmerischen?) Namen *Lygdamis*, während die Mutter aus Kreta stammte. Als *Xerxes* seinen Angriff gegen Griechenland 480 v. Chr. vorbereitete, führte diese tapfere Frau ihre Schiffe aus Halikarnassos, Kos, Nisyros und Kalida persönlich, obwohl nach Herodot ein Sohn im Jünglingsalter vorhanden war und sie es gar nicht nötig hatte. Sie wurde von Xerxes unter allen Ratgebern am meisten geschätzt. Als bei Salamis der König Rat hielt, ob er eine Seeschlacht riskieren sollte, war Artemisia die einzige, die ihm davon abriet, indem sie unter anderem auf die Unzuverlässigkeit zahlreicher Teilnehmer in seinem Aufgebot hinwies. Xerxes war schon bereit ihr beizupflichten, als er sich dann doch besser dem Rat der Mehrheit fügen zu müssen glaubte. In der Seeschlacht selbst hatte Artemisia ein seltsames Glück und nutzte ihre Chance. Als die persische Flotte in arge Bedrängnis zu geraten begann, wurde auch das Schiff der Artemisia von einem attischen Schiff verfolgt. Sie konnte nicht entweichen, denn hinter ihr lagen andere befreundete Schiffe, und ihr eigenes stand den feindlichen am allernächsten. Da entschloß sie sich zu einem Streich, der ihr auch glückte. Sie rettete sich vor dem verfolgenden attischen Schiff, indem sie in ein Schiff ihres eigenen Aufgebotes hineinfuhr, das den König von Kalyndos, Damasithymos, an Bord hatte. Sie überrannte es und bohrte es in den Grund. Dieser glückliche, wenn auch brutale Einfall verschaffte ihr zwei große Vorteile. Denn als der Führer des attischen Schiffes sie ein feindliches angreifen sah, dachte er, Artemisias Schiff sei entweder ein griechisches oder es verlasse die persische Flotte und gehe zu den Griechen über; er ließ es fahren und wandte sich gegen andere.

So gelang es Artemisia, einerseits zu fliehen und dem Verderben zu entkommen, andererseits hatte sie das Glück, bei Xerxes trotz des Schadens, den sie angerichtet hatte, zu höchstem Ansehen zu kommen. Es wird nämlich berichtet, daß Xerxes beim Zuschauen auch das angreifende Schiff der Artemisia bemerkte und daß jemand aus seinem Gefolge zu ihm sagte: »Herr, siehst Du, wie

tapfer Artemisia kämpft und ein feindliches Schiff in den Grund bohrt?« Xerxes fragte, ob das wirklich Artemisia sei, und die, die das Zeichen ihres Schiffes genau kannten, bestätigten es. Das angegriffene Schiff aber hielten sie für ein feindliches, und Artemisia hatte zu allem noch das Glück, daß von dem Schiff aus Kalynda keiner gerettet wurde, der sie hätte verklagen können. Xerxes soll gesagt haben: »Meine Männer sind zu Weibern geworden, die Weiber zu Männern«.
Seitdem stand Artemisia beim Perserkönig in noch höherem Ansehen, und als sie ihm riet, nach dieser verlorenen Schlacht nach Persien zurückzukehren, befolgte er ihren Rat und vertraute ihr noch die Kinder seiner Nebenfrauen an. Die Athener andererseits setzten einen Preis von 10 000 Drachmen auf den Kopf der Artemisia, wenn man sie lebendig bekäme – eine Belohnung, auf die niemals Anspruch erhoben wurde.
Als der Delische Bund 478/77 v. Chr. unter attischer Vorherrschaft gegründet wurde, wurde Halikarnassos gleich oder später Mitglied. Die damaligen bescheidenen Verhältnisse der Stadt ergeben sich aus der Einschätzung der üblichen Abgabe, nämlich ein und zwei Drittel Talent, d. h. weniger als das, was die Lelegerstädte Termera und Pedasa bezahlten. Die Stadt hatte aber verhältnismäßig eine größere Bedeutung. Schließlich soll Artemisia über mehrere Inseln, darunter Kos, geherrscht haben. Diese Dynastie behauptete ihre Kontrolle bis in die Mitte des 5. Jh.s v. Chr., der Zeit, als Herodot herangereift war. Unter der Gewaltherrschaft des Tyrannen *Lygdamis II.* mußte der Geschichtsschreiber seine Heimatstadt verlassen; doch kehrte er später zurück und war am Sturz der Dynastie geistig mitbeteiligt.
Über den Verlauf der Geschichte berichtet auch eine interessante Inschrift die älteste in Halikarnassos gefundene; sie besagt, daß die Macht des Tyrannen nicht ganz ungezähmt war. Die Inschrift hat die Form eines Dekrets, das von dem »Rat der Halikarnassier und Salmakiter zusammen mit Lygdamis« erlassen wurde. Die persische Kontrolle war natürlich nach der Niederlage von Salamis beseitigt, und es scheint, als ob die ersten Stufen zu einer Art Demokratie genommen worden sind, wiewohl die letzte Entscheidung zweifellos dem Tyrannen vorbehalten blieb.
Interessant ist die Einbeziehung der Salmakiter in dieses Dekret.

Salmakis ist in der Tat etwas rätselhaft. Später finden wir es verschieden beschrieben als ein Vorgebirge, als Quelle und (weniger überzeugend) als karische Stadt. Seine Lage ist annähernd bestimmt an der Westseite des Hafens von Bodrum. Offensichtlich bildete es im 5. Jh. v. Chr. eine Art Unterstadt von Halikarnassos, die jedoch unabhängig genug war, im Rat getrennt vertreten zu sein; der geringere Status ergibt sich jedoch aus der Tatsache, daß an anderer Stelle der Inschrift nur Halikarnassos erwähnt wird. Die Quelle war berühmt oder ziemlich bekannt, da ihr ausgezeichnetes Trinkwasser auch gegen Geschlechtskrankheiten gewirkt haben soll. Der römische Architekt Vitruv, der ein besonderes Interesse für Halikarnassos zeigte, widerspricht scharf dieser Unterstellung und schreibt den Ruhm der Quelle einem edleren Grunde zu. Als die griechischen Kolonisten, so erzählt er, ankamen und die Karer in die Berge getrieben hatten, machten letztere ihnen durch Vorstöße und Räubereien arg zu schaffen. Aber nach einer Weile baute ein Grieche eine Schenke neben die Quelle von Salmakis wegen ihres hervorragenden Wassers, und die Karer wurden zu Einwohnern, indem sie die Schenke und die Quelle aufsuchten. So lernten sie durch Verschmelzung mit den Griechen gesellschaftliches Leben und entwöhnten sich dank Salmakis der Barbarei, um zur Zivilisation zu kommen.

Wieviel Wahrheit in dieser Geschichte steckt, vermag niemand zu sagen. Aber sicher ist, daß seit den ältesten Zeiten ein bedeutsames karisches Volkstum in der Stadt lebte. Diese Tatsache ergibt sich aus den Namen der Bürger. Unter den mehreren hundert Namen von Halikarnassiern, die uns aus Inschriften des 5. Jh.s bekannt wurden, sind griechische und karische Namen fast gleich verteilt. Sie treten häufig in einer Familie vermischt auf. Wir finden Söhne mit griechischen Namen, die Väter mit karischen Namen haben und umgekehrt. Der Vater des Herodot hatte den karischen Namen Lyxes. Die Annahme, daß Halikarnassos eine rein griechische Stadt war, wäre ganz falsch. Alle archäologischen Befunde zeigen, daß dieses starke karische Element absorbiert wurde, aber den griechischen Charakter der Stadt nicht minderte.

Im 4. Jh. erlebte Halikarnassos große Veränderungen. Karien war nun wieder unter persischer Herrschaft und wurde von einem durch den Großkönig bestimmten Satrapen beherrscht. Im frühen

4. Jh. war, wie oben erwähnt, ein gewisser Hekatomnos Satrap, auf dessen Tod 377 v. Chr. sein Sohn Maussollos folgte. Bis dahin war Halikarnassos eine verhältnismäßig kleine Stadt, doch Maussollos, der die natürlichen Gegebenheiten für Befestigung und Handel erkannt hatte, verlegte seine Hauptstadt von Mylasa nach Halikarnassos. Dabei verfuhr er durchaus nicht kleinlich und setzte alles daran, eine würdige Hauptstadt zu schaffen. Er war es, der die etwa dreieinhalb Meilen Mauerzüge errichten ließ, von denen heute noch Teile stehen. Als Bevölkerung für diesen großen Bereich verpflanzte er mit Gewalt die Einwohner von sechs der acht Lelegerstädte in der Nachbarschaft nach Halikarnassos. Diese waren von unterschiedlicher Größe, doch wenn wir nach den an Athen im 5. Jh. v. Chr. entrichteten Abgaben für den Delischen Bund urteilen dürfen, scheinen sie mit Halikarnassos vergleichbar zu sein; die Bevölkerung der neuen Stadt muß also vier- oder fünfmal größer gewesen sein als die alte.

Als Herrschersitz erbaute sich Maussollos eine Residenz aus Mauern aus getrockneten Ziegeln, die in allen Teilen mit Marmor vom Schwarzen Meer verkleidet waren. Nichts von diesem Palast ist übriggeblieben, und auch seine Lage ist immer noch Gegenstand zahlreicher Diskussionen[3].

Maussollos starb 353 v. Chr. Ihm folgte in der Herrschaft seine Schwestergemahlin, Artemisia die Jüngere. Sie regierte nur drei Jahre, wurde aber in dieser kurzen Zeit in zweifacher Hinsicht berühmt. Zunächst durch das glanzvolle Grab, das sie zur ständigen Erinnerung an ihren Gemahl errichten ließ, das **Mausoleum** (Maussolleion). Für die Form dieses Monuments sind wir auf die Beschreibung des Plinius angewiesen, die durch die von Sir Charles Newton 1857 ausgegrabenen ziemlich kargen Stücke ergänzt wird. Es ist hier nicht der Raum, das Denkmal in allen Einzelheiten zu erörtern[4].

[3] Siehe S. 116/118

[4] Der Leser findet eine hervorragende Behandlung bei B. Dinsmoor, Architecture of Ancient Greece (London 1950[3], S. 257–261). Dazu: K. A. Neugebauer, Das Maussolleion von Halikarnass und sein bildnerischer Schmuck. Neue Jahrbücher 5, 1942, 49–73. Fr. Krischen, Löwenmonument und Maussolleion. Athen. Mitteilungen 59, 1944, 173–181. Ders.,

Auf einem Quadratsockel von ca. 33 × 39 m Größe erhob sich die *Cella*, die von einer Ringhalle mit 36 jonischen Säulen umgeben war. Eine Pyramide bildete das Dach. Obenauf stand ein *Viergespann* mit Statuen des Maussollos und der Artemisia. Um Sockel und Cella liefen Relieffriese, zwischen den Säulen waren Statuen aufgestellt. An Ort und Stelle liegen heute nur noch Teile des Fundaments; die Friese und die Statue des Maussollos befinden sich im Britischen Museum. Eine Reliefplatte ist im Kreuzritter-Kastell des heutigen Bodrum ausgestellt. (Tafel 8). Nach Plinius betrug die Höhe 140 jonische Fuß, d. h. über 41 m nach moderner Berechnung. Von entscheidend kunstgeschichtlicher Bedeutung ist die Tatsache, daß am plastischen Schmuck des Grabdenkmals die berühmtesten Künstler der Zeit mitwirkten, nämlich Skopas, Timotheos, Bryaxis und Leochares, von denen Bryaxis einen karischen Namen hat.

Das **Maussolleion (H)**, Abb. 12, S. 117, stand 1500 Jahre. Im 12. Jh. vermerkt Bischof Eustathios in seinem Homerkommentar, daß es ein Wunder »war und ist«. Doch schon 1402 fanden es die Kreuzritter in Ruinen, zerstört wahrscheinlich durch eines der Erdbeben, von denen die Gesandten an Tiberius behauptet hatten, sie ereigneten sich so selten.

Die Kreuzritter suchten nach Bausteinen und nach Material zum Kalkbrennen. Sie fanden sie hier reichlich und verschleppten in ihr Kastell fast die ganze Basis, in deren Inneren sie die stattlich ausgeschmückte Grabkammer fanden und zerstörten. Newton fand nur die untersten Schichten der Basis, aus demselben grünen Granit, aus dem der größte Teil des Kastells errichtet ist. Er fand auch an der Westseite eine in den Felsen gehauene Treppe, die zu den untersten Fundamentschichten führte, und wenige Schritte vom Fuß dieser Treppe einen riesigen Türstein von zwei Tonnen Gewicht, der aller Wahrscheinlichkeit nach den Eingang zur Grabkammer verschloß. Doch von der Kammer selbst ist nichts mehr geblieben.

Artemisias zweiter Ruhmesanspruch ist von ganz anderer Art. Daß

Weltwunder der Baukunst in Babylonien und Jonien 1956, 72–86; 96 bis 101. E. Buschor, Maussollos und Alexander (1950), v. Lorentz, Maussollos und die Quadriga auf dem Maussolleion zu Halikarnass (1931).

eine Frau über Karien herrschen sollte, erschien den Rhodiern unwürdig. Zweifellos sahen sie jetzt die günstige Gelegenheit, eine Flotte auszurüsten und ihr das Königtum zu entreißen. Artemisia, die diese Absichten durchschaute, verlegte ihre Flotte in einen geheimen Hafen, den sie durch einen Kanal mit dem Haupthafen verband. Letzteren hatte Maussollos nahe unter seinem Palast anlegen lassen, so daß er die Schiffe ständig unter Aufsicht hatte und seine Entscheidungen ohne Einmischung treffen konnte. Die Rhodier segelten in den großen Hafen und schifften ihre Besatzung aus, um die Stadt zu erobern. Darauf führte die Königin ihre Schiffe schnell aus dem geheimen Hafen, bemächtigte sich der unbemannten rhodischen Flotte und schleppte sie aufs Meer ab. Die rhodischen Soldaten, ihres Rückzugs beraubt, wurden umzingelt und auf dem Marktplatz vernichtet. Artemisia bemannte dann die feindlichen Schiffe mit ihren eigenen Leuten und segelte gegen Rhodos. Die Rhodier nahmen an, daß ihre eigenen Schiffe siegreich zurückkehrten und ließen die Halikarnassier ein, die die Stadt leicht eroberten. Um diesen Sieg zu feiern, ließ Artemisia als Siegesmal an Ort und Stelle eine Statue von sich errichten, die sie zeigte, wie sie Rhodos in Brand setzte. Da dies eine Demütigung für Rhodos war und ein alter Brauch verbot, eine gesetzte Trophäe niederzureißen, verbargen die Rhodier schamvoll das Siegesmal durch eine Rundmauer und erklärten die Stelle als unbetretbar.

Nach Artemisias Tod 350 v. Chr. ging die Nachfolge der Reihe nach auf die Kinder des Hekatomnos über, deren letztes, *Pixodaros*, aufgefordert wurde, die Herrschaft mit einem persischen Satrapen namens *Orontobates* zu teilen. Dieser Satrap herrschte über Karien, als kurz nach dem Tode des Pixodaros *Alexander* 334 v. Chr. eintraf. Wir haben durch Diodor und Arrian sehr eingehende Berichte über die makedonische Belagerung von Halikarnassos, woraus der Ablauf der Ereignisse klar hervorgeht. Orontobates wurde bei der Verteidigung von dem Rhodier Memnon unterstützt, der auf persischer Seite focht. Die Stadt war gut vorbereitet und hatte genügend Flottenschutz. Alexander schlug sein Hauptquartier an der Nordseite nahe dem Mylasa-Tor auf und schritt nach einem erfolglosen Angriff auf Myndos zur Belagerung von Halikarnassos.

Er sandte eine Abteilung zur Umzingelung der Stadt auf der Westseite beim Myndos-Tor aus, die auch eine Verstärkung von diesem Viertel aus verhindern sollte, übernahm persönlich das Kommando im Nordosten. Nachdem der Graben aufgefüllt war, brachte er seine Belagerungsmaschinen in Stellung, mit denen ihm der Mauerdurchbruch glückte. Die Verteidiger kämpften tapfer und errichteten eine Innenmauer, um die Bresche zu schließen. Die Kämpfe dauerten mit zahlreichen Ausfällen der Perser an, die die Belagerungsmaschinen in Brand setzen wollten. Doch alle Versuche wurden unter blutigen Verlusten für beide Seiten zurückgeschlagen. Die Geschichtsschreiber betonen mit Nachdruck die Wildheit der Kämpfe und die entschiedene Tapferkeit der beiden Gegner. Eines Abends setzten es sich zwei angetrunkene Makedonier, prahlend, um ihre Tapferkeit zu zeigen, in den Sinn, selbst die Stadt anzugreifen. Die Verteidiger kamen heraus, um diese Anmaßung zu bestrafen; als andere Angreifer hinzukamen, ergab sich ein scharfes Treffen, und die Stadt wurde beinahe genommen. Alexander hoffte noch immer auf eine freiwillige Übergabe und untersagte das Vortreiben des Angriffs. Unterdessen brachte am Myndos-Tor ein unglücklicher Ausfall der Perser die Stadt an den Rand der Kapitulation, aber wiederum rief Alexander seine Truppen zurück. Schließlich sahen Orontobates und Memnon ein, daß sie angesichts ihrer schweren Verluste die Stadt nicht halten konnten und steckten die Oberstadt in Brand. Sie zogen sich mit den besten Truppen auf zwei Vorgebirge östlich und westlich des Hafens zurück und schickten den Rest nach Kos. Darauf ließ Alexander die Stadt plündern, schonte jedoch die Bevölkerung. Aber er machte keinen Versuch, die Vorgebirge anzugreifen. Er ließ dort ein Blockadeaufgebot unter dem Oberbefehl der Exkönigin Ada zurück und wandte sich nach Lykien. Die Plünderung von Halikarnassos war offensichtlich nicht vollständig; anscheinend blieben das Maussolleion und der Palast des Maussollos verschont. Die persischen Kräfte auf den Vorgebirgen ergaben sich kurz darauf, eher weil sie übermüdet waren als aus Zwang.

Ada wurde daraufhin zur Herrscherin des ganzen Landes bestimmt. Plinius berichtet ferner, daß Alexander Halikarnassos sechs der benachbarten Lelegerstädte, deren Namen er angibt, zuschlug. Hier handelt es sich nach Auffassung des Verfassers um einen schlichten Irrtum. Plinius hat die Aktion des Maussollos fälschlicherweise auf Alexander übertragen. Als Alexander Halikarnassos verließ, war die Stadt noch nicht vollständig erobert, und bis eine solche Regelung möglich wurde, war er schon mitten in seinen Feldzügen im Osten[5].

In den Wirren nach Alexanders Tod kam Halikarnassos im frühen dritten Jahrhundert v. Chr. unter die Kontrolle von *Ptolemaios II. Philadelphos* von Ägypten (285–246 v. Chr.), dem die Einwohner zusammen mit Apollo eine Stoa weihten. Im Jahre 196 v. Chr. wollte *Antiochos III.* von Syrien die Stadt den Ptolemäern wegnehmen, wurde aber von den mit den Ptolemäern verbündeten Rhodiern daran gehindert. Nach der Niederlage des Antiochos durch die Römer im Jahre 190 v. Chr. wurde Halikarnassos eine freie Stadt und blieb es, soweit wir wissen, bis zum Ende seiner Geschichte. 80 v. Chr. befand sie sich unter den von dem berüchtigten *Verres* ausgeplünderten Städten und scheint um 60 auf dem Trockenen gesessen zu haben. Ihr Schicksal besserte sich unter *Quintus Cicero*, dem Bruder des berühmten Redners, der zu dieser Zeit Statthalter von Asien war. Doch binnen kurzem brachten die Erpressungen durch die »Tyrannenmörder« *Brutus* und *Cassius*[6] die östlichen Städte wieder ins Elend. Halikarnassos dürfte am meisten gelitten haben, da Cassius eine Zeitlang sein Hauptquartier in Myndos hatte.

Die besseren Zeiten, die der Gründung des römischen Imperiums unter *Augustus* folgten, spiegeln sich in einer in Halikarnassos gefundenen Inschrift. Darin wird der Kaiser genannt:

> »Vater Zeus, Retter der ganzen Menschheit, dessen Vorsorge die Hoffnungen aller Menschen nicht nur erfüllte, sondern übertraf; denn zu Wasser und zu Lande herrscht Friede, die Städte blühen in guter Ordnung, Eintracht und Wohlstand und jeder Segen ist im vollsten Maße vorhanden.

Dieses Lob wirkt abstoßend, aber durch die Tatsachen nicht ungerechtfertigt.

[5] Diese Frage kann hier nicht voll erörtert werden. Dafür wird der Leser auf den entsprechenden Artikel von J. M. Cook und dem Verfasser in der Bibliographie verwiesen.

[6] Siehe S. 24/25

Als ausgezeichnete Halikarnassier erwähnt *Strabo* außer *Herodot* den Epigramm-Verfasser *Heraklit* und *Dionysios*, den Historiker und Literaturkritiker. Weniger von Dauer war die Auszeichnung des Boxers *Phormio*, der 392 v. Chr. in Olympia siegte, aber bei den nächsten Spielen vier Jahre später der Bestechung für schuldig befunden und zu einer ›Geldstrafe an Zeus‹ verurteilt wurde, d. h., daß er eine Bronzestatue des Zeus mit seinem Namen in Olympia weihen mußte. Sein Verstoß ist nicht genau bekannt, aber die gewöhnlichsten Verfehlungen bestanden darin, daß man durch Bestechung den Sieg verkaufte oder für eine Stadt meldete, zu der man nicht gehörte.

Wie es so oft an langbewohnten Stätten mit Resten aus dem Altertum steht, ist auch kaum etwas von Halikarnassos in Bodrum übriggeblieben. Bei der Rekonstruktion haben wir die Hilfe eines Abschnittes bei *Vitruv*, der nach der Erwähnung des Ziegelpalastes des Maussollos eine Beschreibung der Stätte gibt. Er wählt als Vergleich das Auditorium eines Theaters. Auf dem Grunde an der Küste, wo die Orchestra liegen würde, befindet sich die Agora, und mitten durch führt wie ein Diazoma (Umgang) eine breite Straße, in deren Zentrum das Maussolleion liegt. Auf der Höhe der Zitadelle ist in der Mitte der Tempel des Ares erbaut. Auf dem rechten Flügel befindet sich die Quelle Salmakis mit einem Tempel des Hermes und der Aphrodite nahebei. Den linken Flügel bildet der Palast des Maussollos, der nach seinen eigenen Angaben errichtet wurde. Dieser Palast erlaubt auf der rechten Seite einen Blick über Agora und Hafen und den gesamten Mauerring; auf der linken Seite liegt unter ihm der geheime Hafen.

Der Tempel des Ares ist nicht festgestellt. Nach *Vitruvs* Worten würde der Gipfel des Göktepe in Betracht kommen, der konische Hügel im Mittelpunkt der Umfassungsmauer. Dort befindet sich in der Tat eine über 40 m lange Plattform, doch keine Spur einer Gebäudeanlage. Am Ostfuß des Göktepe erstreckt sich eine andere Plattform, auf der Newton einige Spuren eines im Stil dem Maussolleion ähnlichen Gebäudes fand; er und andere haben diesen Platz für den Arestempel vorgezogen. Aber eine so tiefe Lage entspricht nicht Vitruvs Angabe »auf dem Gipfel der Zitadelle in der Mitte«.

Die genaue Lage der **Agora** ist heute nicht mehr festzustellen, da sie seit langem durch die Stadt Bodrum überlagert und damit ausgelöscht ist. Auch im Bereich des Maussolleion gibt es nicht viel zu sehen[7]. Salmakis mit seiner Quelle und dem Tempel ist ebenfalls verschwunden. Es lag sicherlich auf und um das Vorgebirge, welches das alte türkische Arsenal trug. Scherben der archaischen und klassischen Zeit wurden zwar gefunden, aber keine Spur eines alten Gebäudes entdeckt. Etwas über eine halbe Meile hinab zur Küste befindet sich eine kleine Quelle und in ziemlich kürzerer Entfernung nach Norden liegt ein von den Türken Eski Çesme genannter Springbrunnen. Beide Quellen liegen aber zu weit entfernt, um für eine Identifizierung mit der Fontäne Salmaki in Betracht zu kommen. Andererseits entsendet eine Quelle gerade neben dem Arsenal reichlich Frischwasser in den Hafen, und es scheint sich hier um die Fontäne Salmakis zu handeln. Möglicherweise entsprang sie im Altertum auf dem Land, denn die Westküste hat sich in den letzten zweitausend Jahren 1,50 bis 2 m gesenkt[8].

Der Ostflügel war augenscheinlich die ursprüngliche Siedlung. Die Halbinsel, auf der das Kastell St. Peter steht, war ursprünglich eine Insel, wahrscheinlich mit dem Namen *Zephyrion.* Doch das große Kastell der Kreuzritter hat alle älteren Spuren verlöscht. In der Nachbarschaft befanden sich der Palast des Maussollos, der geheime Hafen und der Kanal. Daß der Palast ganz verlorengegangen ist, ist nicht zu verwundern, doch ist das Verschwinden des kleinen Hafens überraschend. Einige Mauerreste unter Wasser in dem großen Hafen (L) ließen vermuten, daß sie die Reste des kleinen Hafens seien. Aber die Lage rechtfertigt diese Ausdeutung nicht. Der Palast des Maussollos überschaute nämlich rechts den großen Hafen und die Stadtmauern, links den kleinen Hafen. Wenn er auf der »Insel« stand mit einem Blick nach Westen, würde die Stadt auf der rechten Seite liegen, aber der geheime Hafen würde dann zu nahe an der Spitze der Insel liegen, was offensichtlich nicht in Frage kommt. Die Halbinsel,

[7] Eine kleine jüngst durchgeführte Grabung brachte eine kurze Mauerstrecke zu Tage sowie eine Anzahl von Kleinfunden, die sich jetzt im Museum befinden.

[8] Siehe Bean, Kleinasien I, S. 105 und 140

auf der das Kastell steht, ist gediegener Fels, und ein damals in den Felsen geschlagener Hafen müßte auch später offen sichtbar sein. Der Palast muß sich daher auf der Landseite des Isthmos befunden haben; aber eine Lage, in der sich der Hafen und die Stadt zur Rechten und die Unterwasser-Mauer zur Linken befanden, konnte nicht irgendwo nahe dem östlichen »Horn« bestanden haben. Ferner muß berücksichtigt werden, daß Artemisia ihre Schiffe durch einen Kanal in den großen Hafen führte, während

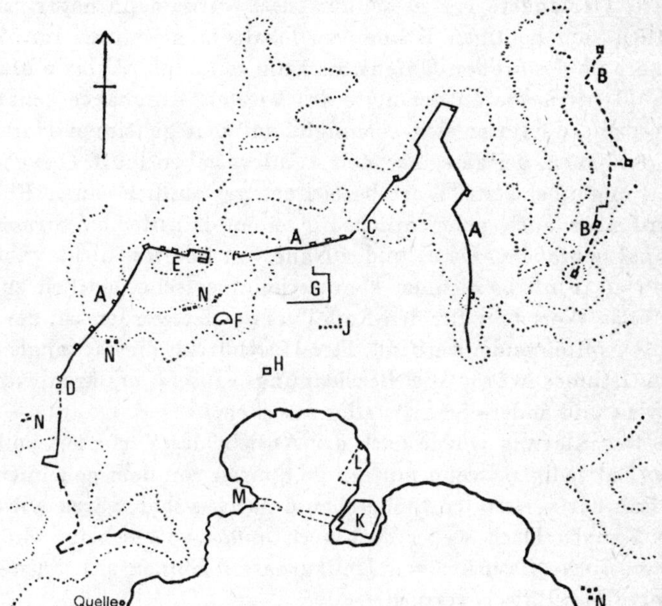

Abb. 12 Plan von Halikarnassos

A, A Mauerring **B, B** Außenbefestigungen **C** Tor **D** Myndos-Tor **E** Göktepe **F** Theater **G** Große Plattform **H** Lage des Maussolleions **J** Kolonnade **K** Kreuzritter-Kastell **L** Mauer unter Wasser **M** Arsenal (Salmakis?) **N, N** Gräber

Umrisse nur annähernd

sich doch die Unterwasser-Mauern gerade im Großen Hafen befinden. Es scheint also unausweichlich, daß der geheime Hafen auf der Ostseite des Isthmos gelegen haben muß mit einem Kanal, der westwärts hindurchführte. Diese Auffassung dürfte mit der Überlieferung bei Skylax übereinstimmen, der als Geograph um die Zeit des Maussollos oder kurz darauf schrieb. Als er auf Halikarnassos zu sprechen kommt, sagt er, daß die Stadt »einen geschlossenen Hafen und einen anderen Hafen bei der Insel sowie einen Strom« hatte. Unter »geschlossen« versteht er eine übliche Sperrkette. Der andere Hafen bei der Insel würde dann natürlich eher östlich vom heutigen Isthmos zu lokalisieren sein als im Westen innerhalb des großen Hafens. Es kann sein, daß Skylax einfach an die offene Reede an der Seite des Viertels Kumbahce denkt; andererseits dürfte er sich ebensogut auf den geheimen Hafen bezogen haben, der zu seiner Zeit existiert haben muß. Das oben als »Strom« übersetzte Wort bezeichnet gewöhnlich einen Fluß, es wird aber auch gelegentlich für einen künstlichen Strom oder Kanal gebraucht. Da es in der Nähe von Bodrum nichts gibt, was man als Fluß bezeichnen kann, scheint es sehr deutlich zu sein, daß das Wort hier für den Kanal verwendet worden ist, der beide Häfen miteinander verband. Der Durchbruch dieses Kanals durch den Isthmos würde die Bezeichnung »Insel« erklären, von der Skylax und andere Schriftsteller sprechen.

Diese Erklärung würde nach der Ansicht des Verfassers vollkommen befriedigen, wenn nur einige Spuren von dem geheimen Hafen an der verlangten Stelle ebenso nachweisbar wären wie Reste des Kanals. Doch weder dort noch anderswo erscheint ein Rest. Interessierte Besucher von Halikarnassos können sich an der Lösung dieses Rätsels versuchen.

Andere Reste der alten Stadt sind kärglich. Das **Theater (F)** lag am Hang des Göktepe, ist aber heute völlig entblößt. Geblieben ist nur die Mulde des Zuschauerraumes am Hang, Sitzreihen und Bühnengebäude sind verloren.

Gräber (N,N) kann man an verschiedenen Stellen sehen, vor allem eine Felsgräber-Gruppe unter dem Gipfel des *Göktepe* **(E)**. Und die moderne Stadt ist reich an alten Steinen; überall stößt der Besucher auf Reste aus dem Altertum.

Das hervorragende **Kreuzritter-Kastell (K)** – Tafel 9 – ist heute zweifellos der Hauptanziehungspunkt Bodrums; doch kann es hier nicht im Detail beschrieben werden. Es wurde im 15. Jh. groß angelegt, als sich die Kreuzritter auf Rhodos festgesetzt hatten; das Baumaterial nahm man vom Maussolleion und anderen antiken Gebäuden. Es birgt ein kleines *Museum* in drei Abteilungen, darunter eine Auswahl von Funden während der letzten Unterwasserforschungen in der Nachbarschaft. Von besonderem Interesse sind die Kupferbarren, deren Form grob an ausgespannte Ochsenhäute erinnert; man entdeckte sie 1960 in einem gesunkenen Schiffswrack bei Kap Gelidonya an der Ostspitze der Bucht von Finike, dessen Erforschung unsere Kenntnis bronzezeitlichen Schiffsbaues im östlichen Mittelmeer sehr erweitert hat. Ähnliche Barren sind auch schon vorher bekannt gewesen und lassen sich bis in das 2. Jtsd. v. Chr. vor allem auf der Kupferinsel Cypern nachweisen. Man vermutet, daß sie in der Zeit vor Erfindung des Geldes eine Art Währung bildeten, und daß jeder Barren ein Talent Gewicht oder den Wert eines Ochsens darstellte, womit sich die Ochsenhautform erklären würde. Doch heute kann diese Auffassung nicht mehr vertreten werden. Die 1960 gefundenen 40 Stücke unterscheiden sich im Gewicht von 35 bis 95 Pfund, und kaum zwei haben dasselbe Gewicht. Der größte Teil, doch nicht

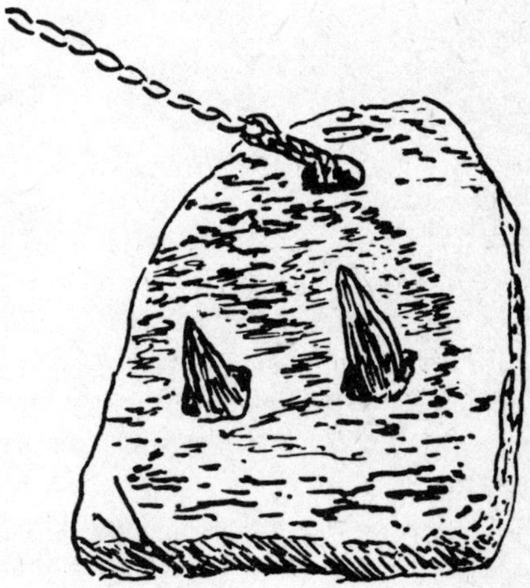

Abb. 13 Bodrum. Steinanker im Museum

alle, trägt Markierungen, die ebenfalls sehr voneinander abweichen. Es kann sich kaum um Buchstaben handeln, eher hat man an Gießerei-Marken gedacht. Wahrscheinlich waren die Barren nicht direkt Zahlungsmittel sondern einfache Ware, wobei die »Henkel« an jeder Ecke, die die »Ochsenhaut« ergeben, lediglich für ein leichteres Tragen bestimmt sind. Nach den Keramikfunden wird die Zeit des Wracks um 1200 v. Chr. angesetzt, eine Datierung, die gut zu ähnlichen Barrenfunden auf der Kupferinsel Cypern und zu Darstellungen in ägyptischen Gräbern paßt.

Andere interessante Einzelheiten in der Sammlung des Kastells sind prähistorische und dorische Gefäße von einer Grabung bei Dirmil nahe Myndos. Mykenische Keramik und andere Objekte, darunter ein Halsband aus Stein, wurden bei Müsgebi gefunden. Eine kopflose archaische Bronzestatuette hält man für Apollo. Reizvoll ist die Bronzefigur eines Negerjungen, der in die Ptolemäerzeit gehören dürfte. Aus dem Meer bei Bodrum stammt der Kreuzschaft eines mächtigen Ankers mit einem Gewicht von über einer halben Tonne. Eine Anzahl von Steinankern, die anscheinend hölzerne Flügel hatten, soll nicht unerwähnt bleiben, siehe Abb. 13, S. 119. Ebensowenig schließlich eine ausgezeichnete byzantinische Schnellwaage.

10. Die Halbinsel Myndos

Die Halbinsel zwischen Halikarnassos und Myndos ist hügelig, kahl und im Sommer fast ohne Wasser. Doch weist sie eine Anzahl kleiner Küstenebenen auf. Dieses Gebiet war in der Frühzeit von den Lelegern bewohnt, die dort nach Strabo acht Städte gründeten. Zuerst waren die Leleger volkreich, aber später starben sie aus und sechs der acht Städte wurden von Maussollos in seine neue Hauptstadt Halikarnassos einbezogen. Die beiden übrigen, Syangela und Myndos, blieben bestehen. Die Namen der anderen sechs erfahren wir aus Plinius[1]. Es handelt sich mit einigen Variationen in der Rechtschreibung um Termera, Side, Madnasa, Pedesa, Uranion und Telmissos. Syangela lag etwas entfernt östlich von Halikarnassos, die übrigen alle westlich. Maussollos siedelte die Einwohner der sechs Städte um und verlegte die beiden anderen an neue Stellen, so daß sie in größerem Umfang ihre Rolle als vollgriechische Städte in seinem neu hellenisierten Karien spielen konnten. Die entvölkerten Orte blieben verlassen, doch ihre Ruinen sind noch vorhanden. Man erkennt sie an ihrer Hügellage und dem allgemeinen Plan sowie an dem charakteristischen lelegischen Mauerwerk. Sie sind insgesamt ziemlich abgelegen und können lediglich zu Fuß und mit beträchtlicher Mühe erreicht werden.

1 Siehe S. 113 und 114, Anm. 5. Der in diesem Kapitel gegebene Bericht macht sich die Ergebnisse jenes Artikels zu eigen, der die zahlreichen Probleme breit diskutiert.

MYNDOS

Die klassische Stadt Myndos ist mit völliger Sicherheit bei Gümüşlük festgestellt. Es gibt eine direkte Straße von Bodrum aus sowie eine längere und etwas bessere von Karatoprak. Beide Wege sind für Wagen geeignet. Doch Gümüşlük ist nicht der Ort der Legerstadt Myndos. Diese war viel kleiner und zahlte im 5. Jh. an den Delischen Bund nur ein Zwölftel Talent; später erinnerte man sich an sie als Alt-Myndos; es dürfte zuverlässig mit den Ruinen auf dem Hügelgipfel bei Bozdağ über zwei Meilen südöstlich von Gümüşlük identifiziert werden. Nichts ist über die Ringmauer und die Fundamente eines großen Turmes hinaus auf dem Gipfel geblieben. Aber die Scherbenfunde bezeugen eine Besiedlung von prähistorischer Zeit bis in das frühe 4. Jh. v. Chr.

Die Neugründung des *Maussollos* bei Gümüşlük hatte einen viel größeren anspruchsvollen Umfang. Das neue Myndos besaß einen

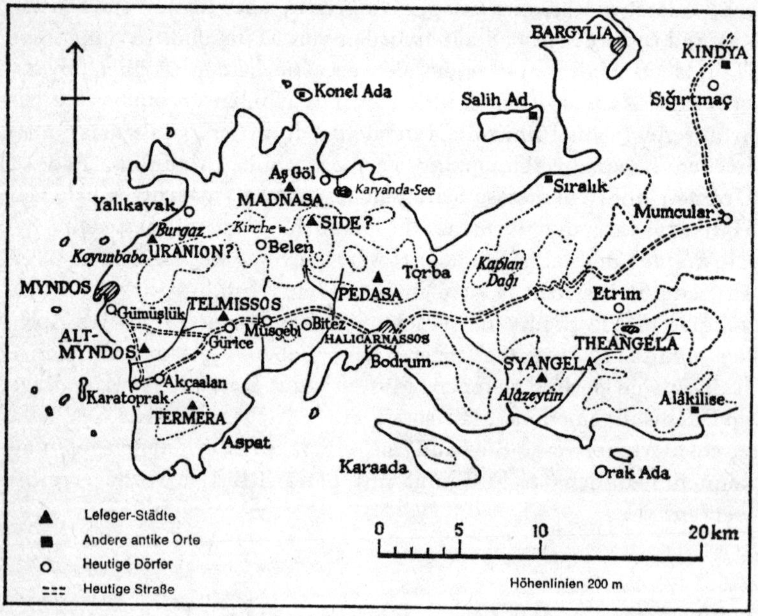

Abb. 14 Karte der Halbinsel Myndos

Abb. 15 Myndos. Hafen und Halbinsel vom Akropolis-Hügel aus gesehen

gut geschützten Hafen und eine über zwei Meilen lange Stadtmauer. Das Problem war nur, die Stadt zu bevölkern. Die lelegischen Bewohner der Halbinsel waren meist nach Halikarnassos verpflanzt worden, und für eine lange Zeit blieb Myndos recht unterbevölkert; ganze Gebiete innerhalb der Stadtmauer waren nicht bewohnt. Der Philosoph Diogenes soll einmal Myndos besucht und dabei beobachtet haben, daß die Tore groß, aber die Stadt klein sei; so gab er den Myndiern den Rat, ihre Tore geschlossen zu halten oder die Stadt würde ihnen davonlaufen. Nach späterer Überlieferung soll Myndos angeblich von den Nachfahren des Aëtios, des Königs von Troezen, zur selben Zeit wie Halikarnassos kolonisiert worden sein. Hier handelt es sich um eine klare Fiktion.

Alexanders halbherziger und nicht erfolgreicher Angriff auf die Stadt wurde oben erwähnt; aber die Perserherrschaft behauptete sich nur bis zum nächsten Jahr und endete mit der Niederlage des *Orontobates*.

Im 3. Jh. befand sich Myndos meist in der Hand der Ptolemäer, und so blieb es noch bis 197 v. Chr., als es die Rhodier als Freunde Ägyptens unternahmen, ihre »Verbündeten« gegen *Antiochos III.* von Syrien zu unterstützen. Sie gaben Myndos und anderen Städten die Freiheit. Offensichtlich danach begann Myndos die erste eigene Münzprägung. Die Stadt wurde für kurze Zeit von dem Rebellen *Aristonikos* um 131 v. Chr. beherrscht, und nach der Ermordung Caesars im Jahre 44 v. Chr. unterhielt der »Tyrannenmörder« *Cassius* hier seine Flotte; die Stadt scheint unter seinen Eintreibungen leicht Schaden genommen zu haben.

Nach dem Sieg über Brutus und Cassius bei Philippi übergab *Marc Antonius* Myndos an die Rhodier; aber die Stadt wurde Rhodos bald wieder weggenommen wegen der übertriebenen Härte der Herrschaft.

Die kaiserzeitliche Münzprägung in Myndos ist bekanntlich knapp und es scheint, daß die Stadt in der Kaiserzeit nicht besonders blühte. Die Silberminen, von denen sich Arbeitsspuren in der Nachbarschaft gefunden haben und die dem Dorf Gümüşlük den Namen gaben, werden in keiner antiken Quelle erwähnt. So ist in der Tat das einzige myndische Erzeugnis, von dem wir hören, der Wein, der keinen guten Ruf hatte. Es war eine Sorte, die mit Meerwasser gemischt wurde, eine nicht ungewöhnliche Geschmacksvariante im Altertum. Man schrieb ihm Reinigung des Magens, Beseitigung von Blähungen und Katzenjammer zu. Dieses wenig anziehende Gebräu führte dazu, daß die Bewohner von Myndos »Salzwassertrinker« genannt wurden.

Die Lage von Myndos (Abb. 16) ist sehr anziehend; es gibt kaum eine bessere an der ganzen Küste. Der Hafen ist eingeschlossen und gut gegen Wind geschützt, vor allem gegen den vorherrschenden Nordwestwind, den *meltem*. Die Befestigungsmauer **(A,A)** auf dem Festland kann in ihrer ganzen Länge verfolgt werden und ist am besten im Südosten erhalten, der verwundbarsten Stelle, wo sie mit zahlreichen Türmen verstärkt ist. Sie ist über 3 m stark, aus regelmäßigem Quaderwerk erbaut, teilweise aus dem grünen Granit, der auch beim Maussolleion verwendet worden ist. Die Steinbrüche dafür kann man an der Küste von Koyunbaba über zwei Meilen im Norden sehen.

Die Befestigung schloß auch die Halbinsel ein. Noch vor hundert Jahren konnten die Spuren des Mauerverlaufs rundherum verfolgt werden, die jedoch heute verschwunden sind. Doch ist noch eine andere Mauer in Resten geblieben, die von Norden nach Süden bis zum Rücken des Hügels verläuft **(B,B)**. Sie hat dieselbe Stärke wie die Festlandmauer, ist aber aus größeren, weniger regelmäßig gefügten Blöcken errichtet. Sie wird die »lelegische Mauer« genannt, aber diese Bezeichnung stammt von der alten Vorstellung, daß das lelegische Myndos an dieser Stelle lag; auch ist diese Art Mauer überhaupt nicht dem Mauerwerk der ursprünglichen lelegischen Städte ähnlich. Diese Mauer war immer

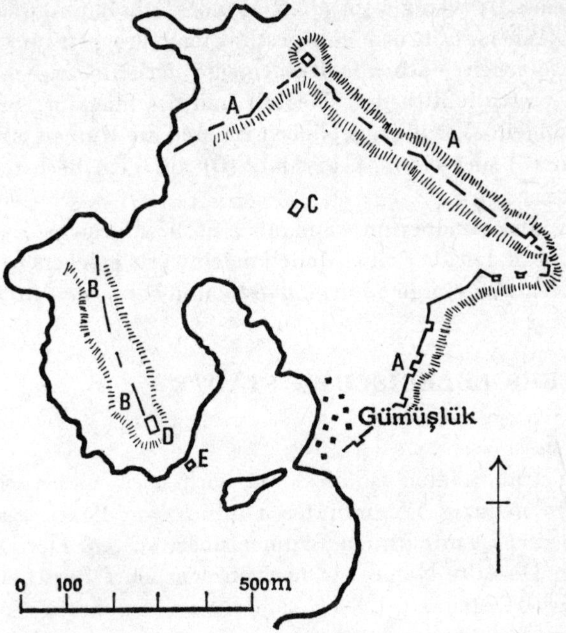

Abb. 16 Plan von Myndos

A, A Stadtmauer **B, B** »Lelegische Mauer« **C** Basilika **D** Kirche? **E** Turm

schon ein Rätsel. Wie sie steht, scheint sie sinnlos zu sein. Wenn die Halbinsel ringsum von einer Mauer umschlossen war, was konnte der Grund dafür sein, die innere Stadt in der Mitte mit einer solchen Gediegenheit zu teilen? Sie hat nur Sinn als Verlängerung einer Festlandsmauer und muß (nach der Meinung des Verfassers) der Anfang eines älteren Befestigungssystems gewesen sein, das man fast unmittelbar darauf zugunsten der die ganze Halbinsel umschließenden Mauer aufgab. Ihre Lage kann man mit der der Mauer an der Westausdehnung des Akropolis-Hügels von Kaunos vergleichen. Sie und die Festlandmauer dürften vergleichsweise in die früheren und späteren Jahre der Herrschaft des Maussollos gehören.

Andererseits ist wenig vom alten Myndos erhalten. Auf der Hügelseite kann man in den Fels geschnittene Treppen und Häusergrundrisse sehen; doch alle Ruinen, die noch im frühen 19. Jh. standen, einschließlich des Theaters und des Stadions, sind völlig verschwunden. Was übriggeblieben ist, sind die Ruinen einer Basilika **(C)** und einer Kirche **(D)** auf dem höchsten Punkt der Halbinsel.

Im Dorf und rundherum kann man noch zahlreiche alte Steine sehen, und in der über eine Meile landeinwärts gelegenen Schule befinden sich einige *Säulenkapitelle* und *römische Mosaiken.*

DIE SECHS LELEGISCHEN STÄDTE

Pedasa

Von den acht Städten ist diese am leichtesten zu besuchen. Sie liegt etwa neunzig Wegminuten nördlich von Bodrum an einer Paßhöhe und ist mit Pinien-Bäumen überwachsen. Der Ort heißt Gökçeler. Der alte Name lebt noch in dem Dorf Bitez, etwa eine Meile nach Westen.

Pedasa hat eine eigene kleine Geschichte und war im 6. u. 5. Jh. v. Chr. anscheinend bedeutender als die Nachbarstadt Halikarnassos. Herodot, der ja aus Halikarnassos stammt, teilt mit, daß Pedasa, als die Perser nach dem Fall von Sardes 546 v. Chr. unter der Führung des Feldherrn Harpagos Karien überrannten, eine Zeitlang Widerstand leistete und Harpagos durch die Befestigung des Berges von Lide Schwierigkeiten machten[2]. Herodot berichtet gelegentlich, daß jedesmal, wenn Pedasa von einem Mißgeschick betroffen wurde, die Priesterin der Athena sich einen langen Bart wachsen ließ, was dreimal vorkam[3]. Später, zur Zeit des jonischen Aufstandes nach 499 v. Chr., rückte ein anderes persisches Heer zur Unterdrückung der Karer vor, die sich an der Erhebung beteiligt hatten. Sie wurden zwar bei Labraynda besiegt, aber die Karer machten ihre Niederlagen wieder gut und blieben in einem

[2] Lide ist identifiziert mit dem hohen Berg im Nordosten, der auf türkischen Karten als Kaplan Dagi oder Tirman Dagi erscheint.

[3] Oder zweimal, da Herodot die Geschichte zweimal erzählt.

dritten Kampf Sieger. Denn auf die Kunde, daß die Perser sich gegen die karischen Städte in Bewegung setzten, lauerten sie ihnen bei der Straße von Pedasa auf und rieben das persische Heer, das die Stelle bei Nacht passierte, auf. Auch die Feldherren Daurises, Amorges und Sisamakis fielen, mit ihnen ferner Myrsos, der Sohn des Gyges. Der Leiter dieses Überfalls war Herakleides, der Sohn des Ibanollis aus Mylasa. So war dieser Teil des persischen Heeres vernichtet. Die Perser hatten offensichtlich einigen Respekt vor den Leuten von Pedasa, und verpflanzten nach der Eroberung von Milet mit dem Ziel, die unruhigen Leleger zu ermüden, einige von ihnen in die Hügel über Milet. Diese neue Niederlassung trug ebenfalls den Namen Pedasa. In der Delischen Liga zahlte Pedasa eine Abgabe von zwei Talenten (im Gegensatz zu Halikarnassos von ein und zwei Drittel Talente), die später auf ein Talent verringert wurde.

Nach den Scherbenfunden in Gökçeler ist es offenkundig, daß der Ort nach seiner durch Maussollos veranlaßten Verschmelzung mit Halikarnassos nicht ganz aufgegeben worden war. Er wurde als nützlicher Außenposten gehalten. Wahrscheinlich wurde er von Philipp V. während seines karischen Unternehmens erobert, denn wir erfahren, daß Pedasa einer der Orte war, von denen er 196 v. Chr. seine Truppen abziehen mußte. Polybios sagt uns nicht, welches Pedasa das war, aber die Wahrscheinlichkeit spricht für Pedasa bei Gökçeler[4].

Die **Ruinen** von Gökçeler (Abb. 17, S. 128) sind beachtlich und zeigen das charakteristische Bild einer Lelegerstadt. Die Hauptzitadelle **(A)** ist etwa 160 m lang mit einer hohen Mauer aus unregelmäßigem Steinwerk. An ihrem oberen Ende im Osten befindet sich eine innere Einfriedung oder ein Bergfried **(B)**, den man über eine Rampe und durch ein Tor erreicht, mit einer Treppe in einer Ecke. Der 2,50 m breite Haupteingang **(C)** liegt im Westen. Im Inneren sind zahlreiche Gebäudereste nachweisbar, besonders nahe bei der inneren Einfriedung der Stadtmauer. Denn unter dieser Zitadelle verläuft im Süden und Osten eine größere äußere Umfassungsmauer **(D)** aus

[4] Der Leser sei daran erinnert, daß vieles in diesem Kapitel strittig ist. Siehe oben S. 121, Anm. 1

trockenen Schuttmassen, die mit Türmen verstärkt sind. Letztere zeigen, wie so oft, mehr regelmäßiges Mauerwerk.
Auf den Bergrücken nach Süden und Südosten findet sich eine Anzahl bemerkenswerter »Kammer-Hügel«, die für das Land der Leleger charakteristisch sind. Sie bestehen aus einer gewölbten runden Kammer, die man durch einen Zugang erreicht; die **Grabanlagen** sind von einer Ringmauer umschlossen, die mit lockeren Steinen überhäuft ist. Einige dieser Gräber müssen nach der darin gefundenen Keramik in die Zeit um 700 v. Chr. oder früher datiert werden.

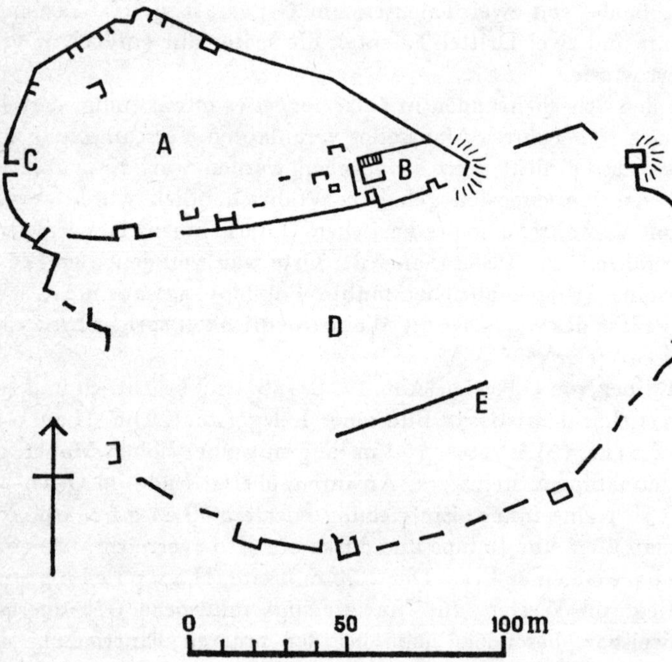

Abb. 17 Plan von Pedasa (Gökçeler)

A Zitadelle **B** Bergfried **C** Haupttor **D** Äußere Umfassung mit Türmen **E** Terrassenmauer

ben: Bodrum.
astell und Hafen

ten: Bodrum.
mpe des Kastells

10

Oben: Syangela (Alâzeytin). Lelegische Häuser

Unten: Theangela. Grab (des Dynasten Pigres?)

11

Oben: Knidos. Rundtempel, wahrscheinlich der Aphrodite (ausgegraben 1969)

Unten: Amos. Blick von der Akropolis

Oben: Kauno
Felsgräber

Unten: Idyma
Felsengrab

Telmissos (Telmessos)
Zwei Städte dieses Namens gibt es im Südwesten von Kleinasien. Die andere liegt zweifellos bei Fethiye in Lykien. Vom karischen Telmissos ist überliefert, daß es sechzig Stadien (etwas weniger als sieben Meilen) von Halikarnassos entfernt in einem außergewöhnlich fruchtbaren Gebiet lag. Der Ort hatte einen *Apollotempel*. Der Gott gab Orakel aus und wurde als Ahnherr eines Priestergeschlechtes von Weissagern betrachtet. Telmissos blieb auch nach der Verpflanzung der Bevölkerung nach Halikarnassos durch Maussollos als religiöse Gemeinschaft um den Tempel. Die weissagenden Priester von Telmissos standen in beachtlichem Ansehen. Sie wurden bei mehr als einer Gelegenheit beispielsweise von den Königen von Sardes befragt. Arrian erzählt uns die Geschichte von dem armen phrygischen Bauern Gordios. Ein Adler hatte sich eines Tages auf seinen Pflug gesetzt und verblieb bis zum Abend dort. Um den Sinn des Wunders zu erfahren, wandte sich Gordios nach Telmissos. Dort traf er in einem Dorf ein Mädchen, das Wasser holte und teilte ihr den seltsamen Zwischenfall mit. Sie gehörte zur priesterlichen Familie und wies ihn in Orakelform an, dem Zeus zu opfern. Er handelte nach ihren Weisungen und heiratete sie später; ihr Sohn war der spätere König der Phryger, Midas.
In einiger Entfernung von Bodrum liegt auf einem Hügel über dem Dorf Gürce eine Lelegerstadt, die nach der Auffassung des Verfassers mit Telmissos identifiziert werden muß. Die Stadt hat die charakteristische Form einer inneren Zitadelle und einer äußeren Umfassung mit einem Eingang im Südosten; das Mauerwerk besteht aus trockenem Schutt. Auf der Höhe befindet sich ein großer viereckiger Turm aus gutem Quaderwerk, das noch etwas über 3 m hoch steht. Drei Gräber sind dort bemerkenswert: eine in den Fels gehauene Kammer innerhalb der Einfriedung, ein zerstörtes gewölbtes Kammergrab außerhalb des Haupteingangs und ein stattliches Felsgrab im Nordwesten. Das fruchtbare Gebiet ist das Ackerland rund um Müsgebi im Süden. Müsgebi *(Misgibi)* ist die türkisierte Form des alten Namens Episkopi, und es bietet sich die anziehende Vermutung an, daß das christliche Bistum, wie so oft, an das alte religiöse Zentrum im Tempel des Apollo von Telmissos anschloß. Eine byzantinische Kirche stand bis ins 19. Jh. 1/2 Meile von Müsgebi entfernt; sie ist jetzt verschwunden.

Termera

Vor der Neugründung von Myndos durch Maussollos war Termera die führende Stadt im Südwesten der Halbinsel. Ihr Beitrag an den Delischen Bund betrug zuerst zweieinhalb Talente oder dreißigmal mehr als der des lelegischen Myndos. Gegen Ende des 6. Jh.s v. Chr. wurde die Stadt von einem gewissen Tymnes beherrscht, der das ganze Land von Telmissos bis zur Südspitze der Halbinsel kontrolliert zu haben scheint. In seinem Namen wurden Münzen geprägt wie von den Herrschern von Syangela. Auf Tymnes folgte sein Sohn Histiaios und dann sein Enkel Tymnes, der um 447 v. Chr. vertrieben wurde, aber seine Besitzungen schließlich noch für zwanzig Jahre behielt. Nach der Verpflanzung der Bevölkerung nach Halikarnassos durch Maussollos soll Termera den »Tyrannen« als Gefängnis gedient haben. Diese Bezeichnung dürfte sich auf die Hekatomniden-Herrscher beziehen; die Angabe kann sehr wohl historisch sein. Die gewaltsame Verpflanzung von Einwohnern wird immer übelgenommen, und die Herrscher dürften es wahrscheinlich als notwendig empfunden haben, Polizeiposten einzurichten, um Versuche der Bevölkerung zu unterbinden, nach Hause zurückzukehren.

Im Altertum gab es einen sprichwörtlichen Ausdruck »Termerische Leiden«, wofür zwei ganz verschiedene Erklärungen gegeben werden. Eine versteht darunter die Nöte, die von Termera aus operierende Räuber brachten. Die andere ist malerischer. Ein gewisser Termeros, so lesen wir, hatte die ›liebenswürdige‹ Gewohnheit, diejenigen durch Schläge auf den Kopf zu töten, die seinen Weg kreuzten, vielleicht zahlte ihm Herakles mit gleicher Münze heim und erledigte ihn auf dieselbe Weise. Das Sprichwort richtet sich gegen die, die mit ihrer eigenen Münze bezahlt wurden.

Über die Lage von Termera besteht kein Zweifel. Strabo sagt, daß die Stadt auf dem Gebiet von Myndos gegenüber der Insel Kos und über dem Vorgebirge Skandaria lag; in diesem Bereich kommt nur ein einziger Ort in Frage. Er befindet sich auf dem Hügel über dem Weiler von Çeşmebaşi *(Aspat).* Die Anlage ist typisch, wie die innere Zitadelle und eine äußere Umfassungsmauer bekunden, die an den anderen Orten oben schon beschrieben wurden. Die Zitadelle hat Tore im Osten und Westen sowie im Inneren Häusergrundrisse und eine große Doppelzisterne, die ausgepflastert

war. Die äußere Umfassung ist mit Ausnahme der Südecke sehr schlecht erhalten, wo eine Strecke massiven Polygonalmauerwerks bis zu 5 m hoch steht. Darin befindet sich ein 2 m breites Tor, dessen Seiten sich nach innen neigen und einen Bogen bilden, doch ist der Oberteil jetzt verloren.
Es gibt am Orte selbst zwei große lelegische Gräber sowie zahlreiche andere auf den Hügelrücken in der Umgebung.

Madnasa

Mit Ausnahme der Erwähnung durch Plinius und Stephanos von Byzanz, der sich auf Hekataios beruft, ist unser Wissen um Madnasa beschränkt auf die Tatsache, daß die Stadt an die Delische Liga eine Abgabe von zwei Talenten zahlte, die später um ein Talent ermäßigt wurden. Das genügt als Nachweis dafür, daß Madnasa zu den bedeutenderen Städten der Leleger gehörte. Die Lage ist ziemlich sicher identifiziert mit den beachtlichen Ruinen über Türkbükü Bay und dem unteren Gölü. Die äußere Umfassung beträgt über 300 m mit einer fast 2 m dicken Mauer aus Trockenschutt. Auf der Höhe im Südosten befindet sich ein Turm mit regelmäßigem Mauerwerk und zahlreichen um ihn gruppierten Gebäuderesten. Innerhalb der Mauer finden sich zahlreiche Gebäudespuren und ein halbes Dutzend Zisternen. Das Haupttor befand sich anscheinend im Norden. Im Nordwesten liegt ein zweiter Turm, und in der nahen Felswand befindet sich eine Gräbergruppe.

Side

Diese Stadt ist die rätselhafteste der Leleger. Abgesehen von Plinius wird sie überhaupt nicht erwähnt, es sei denn, daß sie identisch ist mit der von Stephanos genannten »Sibda, einer Stadt Kariens«. Auch ist sie außer Telmissos die einzige, die nicht in den attischen Tributlisten begegnet. Aber ihre Lage kann mit einiger Wahrscheinlichkeit bestimmt werden.
Vom Dorf Göl führt ein Paß nach Belen am Weg nach Müsgebi. Auf dem Hügel befinden sich Ruinen einer Kirche und in kurzer Entfernung nach Süden eine Befestigungsanlage aus viereckigen Blöcken, ein steiler Aufstieg von eineinhalb Stunden von hier nach Osten auf dem Karadağ-Gebirge führt zu der am meisten in die

Wildnis zurückgezogenen lelegischen Siedlung. Sie ist wie die anderen in zwei Teilen angelegt. Der nördliche ist lang und schmal mit einer Kurvenmauer im Süden und einer Klippenlinie im Norden, wo man einen wundervollen Ausblick über Tal und See gewinnt. Die Mauer ist aus langen, roh behauenen Blöcken errichtet, die einen charakteristischen Einblick in lelegisches Mauerwerk gewähren. Die Höhe wird auf fast 600 m geschätzt. Außerdem besteht wie gewöhnlich eine innere Einfriedung, in der sich ein über 15 m langes Gebäude befindet.

Die südliche Ansiedlung ist sehr reizvoll. Sie hat eine Ringmauer von derselben Bauweise wie die andere und umfaßt dicht gegeneinander gebaute Häuser, fast einhundert insgesamt, von denen noch viele 2,50 m oder 3 m hoch stehen. Einige Häuser haben mehrere Räume, andere nur einen einzigen; in einzelnen Fällen scheint ein Obergeschoß bestanden zu haben. Dieser Teil der Siedlung scheint allein das Wohngebiet gewesen zu sein. Auf diesen kahlen Berghängen mußten die Bewohner vorwiegend von Herdenwirtschaft leben, und die gewaltsame Verpflanzung in das städtische Leben mußte sie verwirrt haben. Es gibt keine Spur der Besiedlung nach dem 4. Jh. v. Chr.; die Häuser haben seitdem immer leer gestanden.

Die Gründe, diesen Ort mit dem Lelegischen Side zu identifizieren, sind recht kompliziert und umständlich. Der einzige andere Ort auf der Halbinsel außer den bisher beschriebenen, der leidlich Anspruch auf eine Stadt der Leleger machen kann, liegt nahe an der Westküste von Burgaz[5]. Daher bietet sich hier die einzige Alternative. Doch ein so küstennaher Ort konnte sich wahrscheinlich kaum dem Beitritt zur Delischen Liga entziehen; denn wir können uns leicht vorstellen, daß die attischen Tribut-Sammler durchaus abgeneigt waren, zu versuchen, eine exakte Bezahlung von den Ziegenhirten des Karadağ herauszuholen.

Eine Zeitlang hatte man geglaubt, daß dieser Ort vermutlich Telmissos war. Die Entfernung von Halikarnassos in gerader Linie beträgt über 60 Stadien, wiewohl es sich um keinen eigentlichen Weg handelt. Doch der Hauptgrund für die Identifizierung war die Kirche am Paß unten. Sie soll auf den Ruinen eines karischen

[5] Siehe auch die nächste Seite

oder hellenistischen Gebäudes errichtet worden sein (obwohl der Verfasser nicht imstande war, dies zu bestätigen). Ferner soll im Dorf Belen eine Inschrift gefunden worden sein, von der eine lokale Autorität behauptete, sie stamme von dieser Kirche; die Aussage ehrt den Mann, der »fromm dem Apollo von Telmissos zugeneigt war und fromm die Opfer im Namen der Telmessier und der Stadt (Halikarnassos) leistete«. Man nahm übereinstimmend an, daß die Kirche wahrscheinlich die Position des Apollotempels einnimmt, die nächste Siedlung liegt auf dem Karadağ darüber. Diese Beweisführung ist nicht ohne Zweifel. Die Kirche scheint dem Verfasser aus den viereckigen Blöcken des benachbarten Forts erbaut zu sein, was den falschen Eindruck von Altertümlichkeit erweckt. Und, wie jeder Reisende in der Türkei weiß, kann man sich nicht immer auf bäuerliche Information verlassen. Aber ein peinlicher Einwand ergibt sich aus dem Charakter des Karadağ-Ortes. Wo ist in diesen trockenen Bergen die außergewöhnliche Fruchtbarkeit, die nach Cicero Telmissos besaß? Es gibt keinen Ort auf der ganzen Halbinsel, auf den solche Beschreibung weniger zutreffen würde. Die lelegische Stadt bei Gürice war bis vor kurzem nicht bekannt. Da wir jetzt wählen können, dürfte man kaum fehlgehen, wenn man Gürice als Telmissos vorzieht.

Uranion

Der Geschichtsschreiber Diodor berichtet, nach dem Trojanischen Krieg sei die Insel Syme von den Karern besetzt worden, die sie aber später wegen anhaltender Dürre wieder verließen. Sie flohen von der Insel auf das Festland und ließen sich an einem Ort »Uranion« nieder. Die Stadt erscheint auch in der Delischen Liga mit einem bescheidenen Beitrag. Mehr ist von ihr nicht bekannt. Der Lage nach kommt der noch allein verbleibende lelegische Ort auf der Halbinsel in Betracht, nämlich bei Burgaz. Er hat die übliche Anlage mit Zitadelle und äußerer Umfassung und zwei Türmen. Die Keramik gehört in archaische und klassische Zeit. In der Umgebung gibt es mehrere »Kammer-Hügel«, darunter ein besonders stattliches Grab auf dem nächsten Hügel gegen Norden.

KARYANDA

Karyanda gehörte nicht zu den lelegischen Städten, und die Lage war lange rätselhaft. Es ist hier nicht der Ort, allen ziemlich verwirrenden Beweisführungen nachzugehen. Wir bescheiden uns hier mit dem Ergebnis des Verfassers.

Strabo berichtet, daß zwischen Myndos und Bargylia ein See Karyanda und eine gleichnamige Insel lag, die die Karyander zu bewohnen pflegten. Wir müssen also dementsprechend Ausschau halten nach zwei Orten, einem auf einer Insel und einem späteren auf dem Festland. Es gibt aber keine Inschrift, die uns dabei hilft.

Für den älteren Ort, der als Bewerber in Betracht kommt, bietet sich die Insel Salihadasi in der Bucht von Bargylia an. Hier findet sich eine ummauerte Stadt in schöner Lage aus offensichtlich klassischer Zeit, obwohl sie in so unbetretbarem Waldgebiet und Gestrüpp liegt, daß man gegenwärtig keine klare Vorstellung gewinnen kann. Von ihrer Inselheimat siedelten die Bewohner in hellenistischer Zeit auf das Festland über, und seitdem erscheint der Name Karyanda nirgends mehr als in den Texten antiker Geographen. Die Stadt auf dem Festland kann mit einiger Sicherheit identifiziert werden. Der See von Karyanda kann schwerlich ein anderer sein als der zwischen Myndos und Bargylia, nämlich der, der dem heutigen Dorf Göl (›See‹) den Namen gegeben hat. Der See ist noch vorhanden, aber heute bis auf eine kleine Marsch versandet. Im 3. Jh. lag diese Region auf dem Gebiet von Myndos. Hier siedelten sich die Karyander an, wurden Bürger von Myndos, und ihr alter Name lebte nur in der Bezeichnung des Sees weiter. An der Küste unter dem Dorf Göl liegen die Ruinen einer beachtlichen byzantinischen Stadt. Sie liegt über der Siedlung Karyanda, von der heute keine Reste mehr zu sehen sind.

11. Syangela-Theangela

Von den acht Lelegerstädten lag als einzige Syangela östlich von Halikarnassos. Sie wurde ebenso wie Myndos von Maussollos nicht mit seiner neuen Residenzstadt Halikarnassos verschmolzen. Das besagt aber nicht, daß die beiden Städte unberührt blieben. Wir haben schon gelesen, daß Myndos an einem neuen Ort unter griechischen Bedingungen gegründet wurde. Dasselbe geschah mit Syangela. Durch eine leichte Veränderung des Stadtnamens erhielt es die mehr griechisch klingende Form Theangela. Auf diese Weise schuf Maussollos im Lelegerland drei neue Städte von griechischem Typus, eine in der Mitte (Halikarnassos), eine am äußersten Westen (Theangela) und eine im äußersten Osten (Myndos).
Abgesehen von der Erhaltung der Stadt durch Maussollos wissen wir von Syangela nur, daß an die Delische Liga zusammen mit dem von Syangela abhängigen Amynanda eine Abgabe von einem Talent entrichtet wurde. Die Stadt wurde in dieser Zeit von einem Dynasten namens *Pigres* beherrscht, der manchmal in seinem Namen zahlte. Eine Generation vorher oder noch früher, sicherlich im Jahre 480 v. Chr. hatte ein anderer Karer namens Pigres noch als Schiffskapitän in der persischen Flotte gedient und war an der Schlacht von Salamis beteiligt; er gehörte zweifellos zur gleichen Dynastie von Syangela. Eine interessante Reihe von Silber-Münzen mit einem Greifenkopf aus der Zeit um 500 v. Chr. wurde sicherlich von denselben Herrschern von Syangela geprägt. Ein solcher Münzhort mit über 20 Stück wurde 1955 an der Küste von Alâkilise gefunden, und einige wurden dem Verfasser in Theangela im gleichen Jahr gezeigt. Wie Tymnes in

Termera, so kontrollierte Pigres in Syangela offensichtlich einen beachtlichen Bereich des Landes.

Etwa vier Stunden östlich von Halikarnassos über dem Dorf Alâzeytin liegt eine vollständige lelegische **Stadtanlage,** die sehr wohl **Syangela** sein könnte. Der Ort kann zu Fuß in über drei Stunden von Etrim aus erreicht werden oder etwas kürzer von einem Punkt an der Hauptstraße von Bodrum nördlich von Kizilağaç. Ein Führer ist natürlich notwendig. Von allen Lelegerstädten ist sie am anziehendsten. Die Ringmauer besteht aus trockenem Steinschutt und ist mit Türmen aus gleichmäßigem Mauerwerk ausgestattet. Das Innere ist dicht besetzt mit gediegen errichteten Häusern, die oft noch zu einem guten Teil ihrer Höhe stehen (Tafel 10 oben). Auf der Höhe befinden sich die Fundamente eines großen Turmes, in dessen Nähe eine abgetreppte Basis liegt. Die Keramik gehört, wie gewöhnlich, der archaischen und klassischen Zeit an.

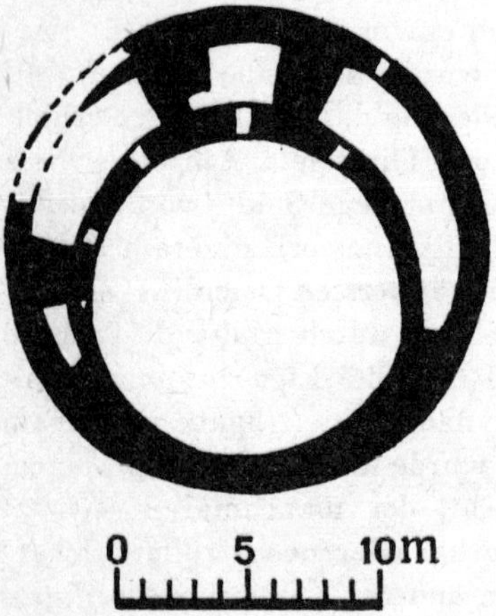

Abb. 18 Lelegischer ›Compound-Bautypus‹

Wenige hundert Meter nach Süden findet sich auf einem Hügelrücken eine interessante Gruppe von einem halben Dutzend Gebäuden. Eins ist rechteckig, während die anderen rund gebaut sind. Letztere gehören, obwohl sie Abweichungen im Grundriß zeigen, zu einem im ganzen Lelegerland bekannten Typus, dem der Name ›Compound-Bautypus‹ gegeben wurde. Er ist mit zwei exzentrischen Mauern erbaut, die auf einer Seite sich zu einer einzigen Mauer vereinigen. Auf der Gegenseite, wo sie auseinandergehen, ist der Zwischenraum durch Zungenmauern in Einzelkammern mit gewölbtem Dach geteilt. Der Plan eines außergewöhnlich gut erhaltenen Beispiels[1] ist in Abb. 18 wiedergegeben. Alle Innenmauern

[1] Die Anlage befindet sich nicht in Alâzeytin, sondern in dem an ›Compounds‹ reichen Bergland, eine Stunde östlich von Bodrum.

kurven ein, und einige Forscher haben auf Grund dieses Befundes vermutet, daß die ganze Anlage überdacht war. Das aber kann kaum der Fall gewesen sein. Der Durchmesser beträgt durchschnittlich 12 bis 16 m, in einem Falle sogar fast 40 m, und in keinem Befund findet sich eine genügende Anhäufung von Steinen im Inneren, die eine zusammengebrochene Wölbung vermuten lassen. Diese Anlagen wurden zunächst als Gräber angesehen, doch dürfte es sich nach den eingehenden Untersuchungen von Wolfgang Radt bei den ›Compounds‹ um Zweckbauten handeln, die einer Bevölkerung von Hirten-Bauern bei der Haltung ihrer Herden dienten. Außer dem Schutz gegen klimatische Einflüsse wie die Sonnenhitze und die Kälte der Winterstürme, dienten diese Hürden der Abwehr wilder Tiere und feindlicher Menschen. Sie mußten deshalb auch den Charakter von Festungen haben. Als solche mußten sie neben dem Pferch auch die wichtigsten Wohn- und Wirtschaftsräume mit ihrem Mauerring einschließen[2].

Die neue Stadt **Theangela** (Abb. 20, S. 39) war völlig anders angelegt. Ihre eindrucksvollen Ruinen stehen auf der Hügelhöhe über dem Dorf Etrim und umfassen drei Gipfel. Die volle innere Umfassungslänge beträgt über dreiviertel Meilen, und der Bereich ist mit dem von Myndos vergleichbar. Die zwei Meilen lange Stadtmauer ist meist im lelegischen Stil gebaut mit dem Haupttor im Süden nahe der Westseite. Seine Stärke beträgt 2–3 m. An der verwundbaren Südseite sind zahlreiche Türme. Wie sich zeigt, war dieses Gebiet schon etwas bewohnt, als die Mauer gebaut wurde.

Auf dem Gipfel des westlichen Hügels führt die Mauer hinauf zu einer sehr schönen und mächtigen **Befestigungsanlage (D),** die an jeder Ecke einen Turm besaß (Abb. 19, S. 138). Sie wurde von der Stadt her durch eine schmale Passage mit einer rechteckigen Abbiegung erreicht. Unmittelbar außerhalb führt ein kleines Hintertor durch die Südmauer. Die außergewöhnliche Stärke der Befestigung ist offenbar gegen schweren Beschuß bestimmt. Kleinere Forts finden sich am Süd- und Westende, wo die Mauern in Spitzen auslaufen **(C)** und **(E).**

Bei **(P)** ist eine von Norden nach Süden verlaufende Innen-

[2] W. Radt, Siedlungen und Bauten auf der Halbinsel von Halikarnassos unter besonderer Berücksichtigung der archaischen Epoche (1970) 171

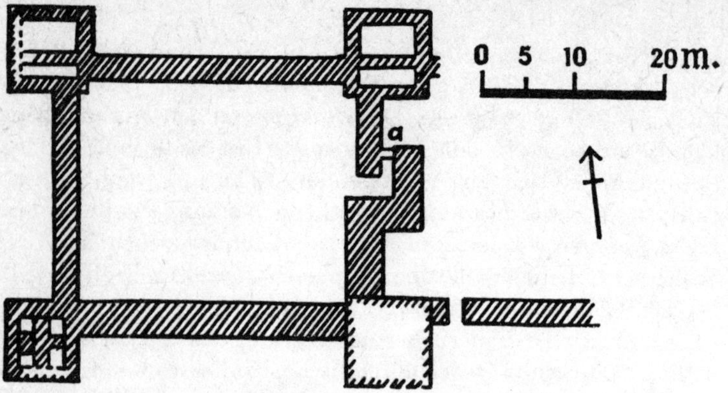

Abb. 19 Theangela. Plan der Befestigung bei D (Abb. 20) – Tetrapyrgon

m a u e r errichtet, die die Stadt in zwei Teile schneidet. Die meisten Gebäude liegen auf der Ostseite der Mauer. Der mittlere Gipfel **(A)** trägt eine befestigte Umfassung, doch das H a u p t - w o h n v i e r t e l befand sich an und unter der östlichen Höhe **(B)**. Offensichtlich war wie in Myndos Maussollos nicht in der Lage, seine neue Stadt zu bevölkern, und er fand es ratsam, sie durch die durchlaufende Kreuzungsmauer auf weniger als die Hälfte zu verkleinern.

Auf der Höhe des östlichen Hügels **(B)** ist ein Turm in lelegischem Stil; er kann auch an anderen Gebäuden dieser Seite beobachtet werden und zeigt die konservativen Tendenzen der Erbauer. Unterhalb gegen Osten liegen zwei sehr gut konstruierte Z i s t e r - n e n **(S,S)**, und auf einer Terrasse fand sich ein Schwarz-Weiß-M o s a i k f u ß b o d e n **(T)**. Dieser Gipfel ist wie eine Zitadelle ummauert und mit der Haupt-Umfassungsmauer durch Zungenmauern im Norden und Süden verbunden.

Die öffentlichen Gebäude standen am unteren Hang des Mittelhügels, sind aber im einzelnen nicht zu identifizieren. Bei **(F)** ist ein stattliches l e l e g i s c h e s H a u s ausgezeichnet erhalten; es besitzt drei Räume mit Kraggewölbe, d. h. jede Mauerschicht springt etwas vor, so daß sie sich an der Spitze treffen. In der Senke zwischen den beiden Hügeln sind andere Z i s t e r n e n **(S,S)** in gleicher Sorgfalt angelegt. Eine von ihnen versorgt den

Feuerwächter, der während des Sommers in einer Hütte auf dem Westhügel **(D)** lebt, mit Trinkwasser.

Theangela besaß kein Theater. Andererseits befindet sich bei **(M)** auf dem Plan eine Anlage in Form eines **Stadions,** doch ist sie nur wenig über 50 m lang oder kaum größer als ein Viertel der gewöhnlichen Länge. Zweifellos wurde sie für athletische Übungen verwendet.

Doch das Glanzstück des ganzen Ortes ist wohl das **Grab (Q)** am Hang des östlichen Hügels. Es besteht aus einer 8 m langen, schmalen Kammer mit einer Vorkammer im Osten; sie verläuft parallel zur Hügelseite. Das Dach besteht aus einem falschen Gewölbe und die Ecken sind weggeschlagen, so daß ein glattes Aussehen erreicht wird. Das Dach ist überaus gediegen. Als der Befund 1955 von Fräulein Akarca und dem Verfasser geklärt

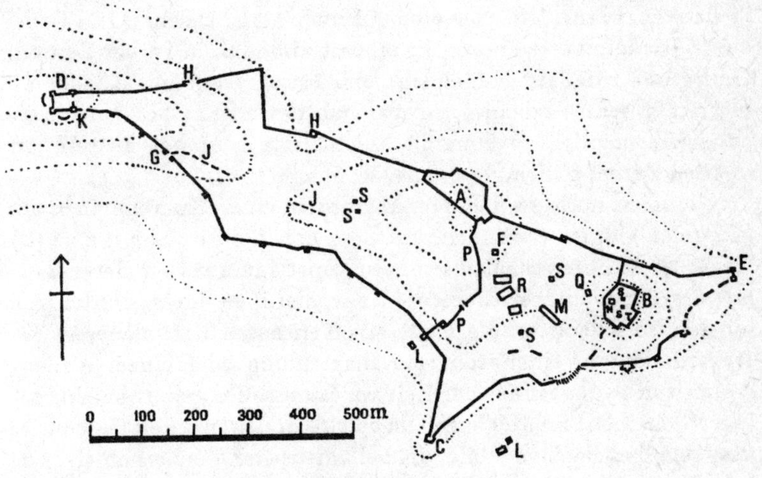

Abb. 20 Plan von Theangela

A, B Befestigte Hügelgipfel **C, D, E** Befestigte Posten (Forts) **F** Lelegischer Haustyp **G** Haupttor **H, H** Vermutete Tore **J, J** Verlauf der antiken Straße **K** Hintertor **L, L** Außengebäude unbestimmten Zwecks **M** Stadionartige Anlage **N** Turm **P** Innere Zwischenmauer **Q** Frühe Grabkammeranlage **R** Öffentliche Gebäude **S, S** Brunnen und Zisternen **T** Mosaikfußboden

Umrisse annähernd

wurde, fanden sich nicht weniger als vierzig Steinballen mit einem Durchmesser von über 20 cm. Dabei handelt es sich offensichtlich um Kanonenkugeln, und es scheint, daß das Dach eine Zeitlang als Artilleriestand gedient hat. Vorher wurden im Innern des Grabes zusammen mit einer großen Anzahl von Knochen Scherbenfragmente des späten 5. Jh.s v. Chr. gefunden. Dieses außergewöhnliche Grab (Tafel 10 unten) muß einem hervorragenden Mann gehört haben, sehr wahrscheinlich Pigres selbst. Wir wissen, daß er nach einer Herrschaft von mehreren Dekaden 427 v. Chr. starb.

Zu dieser Zeit existierte die Stadt Theangela noch nicht, doch gibt es Anzeichen dafür, daß das Grab nicht ganz isoliert auf dem Hügel stand. Es haben sich an dieser Stelle archaische griechische Statuen gefunden, die anscheinend zu einem Athena-Heiligtum gehört haben. Der Verfasser sah 1955 eine zerbrochene archaische Figur, die von einem Fundort nahe dem Ostfort bei **(E)** gekommen sein soll. Es scheint also, daß in früher Zeit ein Heiligtum auf dem Hügel lag, und es ist verständlich, daß ein Herrscher sein Grab in der Nähe haben wollte. Der Wunsch, so nahe wie möglich an einer heiligen Stätte begraben zu sein, ist in allen Zeiten üblich gewesen.

Wir müssen noch zwei kurze Abschnitte einer Kurvenmauer am Fuße des Hügels erwähnen, auf dem die Befestigung **(D)** stand. Diese unterscheiden sich sehr vom Mauerwerk anderer Bauten des Ortes und erscheinen in der heutigen Lage sinnlos. Sie müssen, so scheint es, die Reste einer früheren Ringmauer gewesen sein, dic zu einer isolierten Befestigung oder einem Außenposten von Syangela aus der Zeit vor Maussollos gehört haben.

Die schöne neue Stadt Theangela spielte in der späteren Geschichte eine sehr bescheidene Rolle. In hellenistischer Zeit erhob sie, wie Myndos den Anspruch auf Gründung durch Troezen in der Peloponnes, und die Bevölkerung von Troezen erkannte ihn an. Im Hinblick auf die geringe Bevölkerungszahl der Stadt kann die Siedlung, wenn sie wirklich bestand und nicht nur eine Kopie von Halikarnassos war, nur sehr klein gewesen sein. Im späten 4. Jh. v. Chr. herrschte ein Dynast namens *Eupolemos* über diesen Teil Kariens. Wie wir aus einer Inschrift erfahren, belagerte er Theangela. Es gelang ihm zwar nicht, die starken neuen Mauern zu brechen, doch erreichte er die Übergabe der Stadt. Unter der Bedingung, die Bevölkerung und ihre Verbündeten nicht zu drangsalieren, wurde ihm die Erlaubnis zur Besetzung »der Stadt und der Befestigungen« gegeben, d. h. der Forts **(A, B, C, D u. E)**. Früher glaubte man, daß Theangela eine Zeitlang während des 2. Jh.s v. Chr. die Unabhängigkeit verloren hatte und mit Halikarnassos verschmolzen wurde. Doch hat sich diese Annahme als irrig erwiesen. Es gibt Grund zur Vermutung, daß die Stadt zur frühen römischen Kaiserzeit »frei« war. Überraschend ist, daß Theangela niemals Münzen geprägt zu haben scheint. Als Gebiet beherrschte sie nicht nur das Çiffliktal im Süden, sondern auch die weite Ebene von Karaova im Norden. Von ihren Erzeugnissen kennen wir nur den Honig, der weithin geschätzt wurde. Die späteren Nachkommen der alten Bienenzüchter gaben ihren Namen der *nahyie* von Mumcular (Wachskaufleute), etwa sechs Meilen gegen Norden.

Zusatzbemerkung: Die wichtige Monographie von Wolfgang Radt über die ummauerten Siedlungen, Rückzugsanlagen und Burgen der Leleger auf der Halikarnassos-Halbinsel erreichte den Verfasser zu spät, als daß er die Ergebnisse noch hätte berücksichtigen können. Der baugeschichtliche Vergleich der ummauerten lelegischen Anlagen im Rahmen der umliegenden Kulturkreise ergibt, daß »nur mit der Entwicklung des ›Compound-Bautypus‹ (siehe S. 136 f.) die lelegischen Baumeister eine ziemlich eigenständige Leistung vollbracht zu haben scheinen«. Für die Gesamtanlage und Einzelheiten der ummauerten Siedlungen zeigt Radt »Bezüge nach vielen Richtungen: Die Form der Befestigungen wurzelt in prähistorisch-ostmediterranen Traditionen, die sich letztlich alle aus dem Orient herleiten. Spezifisch griechisches Erbe ist im Gesamtbild der Siedlungen nicht bestimmend, wohl aber machen sich griechische Einflüsse in mancher Einzelheit bemerkbar. Griechische städtebauliche Ideen werden teils zaghaft aufgegriffen, ohne wirklich streng durchgeführt zu werden (Systematisierung der Stadtanlage), teils als ganze übernommen, aber der anders gearteten gesellschaftlichen Situation angepaßt[3].«

[3] W. Radt, Siedlungen und Bauten auf der Halbinsel von Halikarnassos (1970) 143 mit eingehender Behandlung des ›Compound-Bautypus‹, S. 145 ff.

12. Knidos

Knidos war das zweite Mitglied der dorischen Hexapolis auf dem Festland und das einzige nach der Verstoßung von Halikarnassos. Der gutbekannte Bereich an der Westspitze der langen Halbinsel Reşadiye wurde in den Jahren 1857/58 von Sir Charles Newton ausgegraben, der mehrere hundert antike Skulpturen und Architekturfragmente nach London in das Britische Museum schickte. Doch handelt es sich dabei nicht um die ursprüngliche Lage der Stadt. Bis um die Mitte des 4. Jh.s v. Chr. lag Knidos halbwegs auf der Halbinsel, nahe der heutigen *kaza* von Datça, und alle Hinweise griechisch-klassischer Schriftsteller beziehen sich darauf[1].
Der Grund für den Ortswechsel war zweifellos die wachsende Bedeutung des Seehandels in dieser Zeit. Die Lage der neuen Stadt bei Tekir ist felsig, beinahe wasserlos und bis auf sechs Meilen ohne Ackerland; doch für Handelszwecke konnte Neu-Knidos nicht besser liegen. Die ganze Schiffahrtszeit hindurch weht ein heftiger Nordwestwind, der *meltem*, bei Tag und Nacht über das Vorgebirge, und die von Süden kommenden Segelschiffe haben große Schwierigkeiten, das Vorgebirge zu umfahren. Sie sind, heute wie damals, oft gezwungen im Hafen von Knidos auf bessere Wetterbedingungen zu warten. Wenige Warenschiffe konnten die Küste ohne Besuch in Knidos passieren.
Die Lage von Datça andererseits zeigt völlig verschiedenen Cha-

[1] Der Beweis für diesen Wechsel ist in dem Artikel von J. M. Cook und dem Verfasser gegeben, der im bibliographischen Verzeichnis aufgeführt ist. Die antiken Schriftsteller unterscheiden nicht zwischen Alt- und Neu-Knidos.

rakter. Die Halbinsel Resadiye ist von Tekir bis zum engen Isthmos von Bencik vierzig Meilen lang, wo sie sich mit dem Festland vereint. Auf dieser ganzen Strecke gibt es, abgesehen von kleinen Landflecken an der Küste, nur zwei fruchtbare Gegenden. Die ganze östliche Hälfte ist kahl, gebirgig und völlig unbewohnbar. Auch die Westseite wird von Bergen beherrscht, die bis über 1000 m hoch sind, aber sie besitzt am Westende auf der Südseite einen beachtlich ausgedehnten, gut bewässerten Landbereich, der sich bis zur Küste der Palamutbucht erstreckt. Er deckt heute den Lebensunterhalt einer Gruppe von Dörfern, die allgemein als Betçe (die fünf Dörfer) bekannt ist. In der Mitte der Halbinsel, südwestlich vom Isthmos, erstreckt sich innerhalb von fünfzig Meilen der beste und größte fruchtbare Landbezirk. »Die Ebene und das Tal von Datça«, sagt Spratt, »sind sehr fruchtbar mit schönen Olivenhainen und verschiedenen Obstbaumanlagen, mit einem Überfluß an Wasser, der reichlich genutzt werden kann.« Er spricht von einer Art Parklandschaft und von vielversprechenden Zukunftsaussichten. (Letztere sind jedoch nur langsam gewachsen, wie zugegeben werden muß. 1950 hatte der Verfasser während eines Aufenthaltes von mehreren Wochen die größten Schwierigkeiten, genügend Lebensmittel zu bekommen.)

In diesem Zentralgebiet wurde Knidos später als Rhodos und Kos von dorischen Kolonisten aus der Peloponnes gegründet. Herodot erzählt, die Knider seien aus Sparta gekommen. Wenn diese Angabe zutreffen würde, würde es sich fast um die einzige spartanische Kolonie handeln; doch wollen wir Tarent nicht vergessen, das von Sparta aus gegründet wurde. Andere Berichte schreiben die Gründung dem argivischen Heros Triopas zu. Wenn auch seine Existenz bezweifelt werden mag, eine Ansiedlung von Argos her ist wahrscheinlicher als von einer anderen Mutterstadt.

Zur selben Zeit fast wurde auf der Halbinsel eine zweite Ansiedlung in Triopion geschaffen. Sie lag auf knidischem Boden. Hier befand sich das Heiligtum des Triopischen Apollo, wo das große dorische Fest der Dorieia von sechs Städten in Hexapolis gefeiert wurde. Der *Apollotempel* ist noch nicht entdeckt, obwohl seine annähernde Lage kaum zweifelhaft ist; mehr darüber soll unten gesagt sein.

Vom 8. Jh. v. Chr. an wurden von den Dorern und anderen Griechen in Sizilien und Großgriechenland zahlreiche Kolonien gegründet, ebenso von Milet aus am Bosporus und Schwarzen Meer. Im frühen sechsten Jahrhundert machten die Knidier einen eigenen bescheidenen Versuch. Eine Schar knidischer Aussiedler siedelte an der Nordküste Siziliens und gründete eine Stadt. Aber die einheimischen Sikuler und die Phönizier machten ihnen das Leben so schwer, daß sie nach kurzer Zeit auf die Insel Lipara überwechselten. Die anderen Inseln der Gruppe einschließlich Strongylos (Stromboli) bebauten sie nur, aber bewohnten sie nicht. Hier fanden sie neue Gegner in etruskischen Seeräubern, die sich jedoch als weniger schwierig erwiesen. Die Knider waren häufig siegreich und schickten Weihegaben von ihren Siegen nach Delphi. Unterdessen hatten die Perser 546 v. Chr. das lydische Königreich gestürzt und die Griechenstädte Westkleinasiens unterworfen. Als ihre Truppen unter dem Feldherrn Harpagos sich allmählich nach Süden wandten, hatten die Knider vor, den schmalen Isthmos, der ihre Halbinsel mit dem Festland verband, zu durchstechen und ihr Gebiet zu einer Insel zu machen. Als sie an die Arbeit gingen, wurden sie durch Steinsplitter des felsigen Bodens besonders im Gesicht und an den Augen mehr verletzt, als daß es mit rechten Dingen zuzugehen schien. Sie sandten Boten nach Delphi und ließen nach der Ursache dieser Widerwärtigkeit fragen. Der Gott antwortete nicht in den gewöhnlichen Hexametern, sondern in einem jambischen Vers:

Durchstecht den Isthmos nicht! Zieht keine Mauer hoch!
Zeus machte Euer Land zur Insel, wollt' er's selbst.

Als die Knider diesen Orakelspruch empfingen, stellten sie den Grabenbau ein und ergaben sich ohne Kampf, als Harpagos mit seinen Truppen heranzog.

Bevor man die Geographie der Halbinsel richtig erkannt hatte, glaubte man, daß die östliche Hälfte zu Bybassos gehörte, und entsprechend nahm man an, daß der Isthmos, den die Knider beseitigen wollten, der Landnacken nahe Datça war. Dieser ist anderthalb Meilen breit mit einem Hügelrücken weniger als 30 m hoch. Daß das eine harte Arbeit war, als die Perser sich näherten, ist keine Frage. Die wahre Situation, wie sie Herodot verdeutlicht,

Oben: Kaunos. Kürzlich ausgegrabenes Gebäude

13

Unten: Alabanda. Rathaus

14

Oben: Alabanda. Aquädukt

Unten: Alinda. Markthalle und Agora

15

Oben: Alinda. Das Theater

Unten: Alinda. Aquädukt

16

Oben: Alinda. Grab jetzt als Haus bewoh

Unten: Alinda. Tur in der Stadtmauer

ist die Lage des viel engeren Isthmos am äußersten Ende der Halbinsel über der kleinen Bucht von Bencik. Diese Landenge ist über eine halbe Meile breit, so daß Herodot fünf Stadien angeben kann. Man sprach mehr von einer lokalen als von einer natürlichen Kuriosität. Die Türken nennen die Landenge Balikaşiran (»die Stelle, wo Fische hinüberspringen können«). Im letzten Jahrhundert benutzte man sie oft zum Transport von kleinen Booten. Auf der Südseite kurvt eine über 30 m breite Mulde von der Küste her stets in Seehöhe ein und verringert die Landenge, die man durchschneiden würde, auf wenig über 250 m. Die Höhe wurde auf 16 m geschätzt, scheint aber beträchtlich höher. Spratt glaubte 1838, daß man Spuren des alten Einschnittes sehen könne. In der Hoffnung, diese Angabe zu bestätigen, überredeten 1950 Professor Cook und der Verfasser den Busfahrer, sie bis Marmaris zu bringen und dort zu halten, während sie die Stelle untersuchten. Obwohl die anderen Mitfahrer keine Ungeduld und keinerlei Empfindlichkeit zeigten, verlief die Untersuchung notwendigerweise hastig, und sie waren nicht imstande, die von Spratt verzeichneten Spuren zu finden.

Im Verlauf des 7. Jh.s v. Chr. hatte eine Anzahl von griechischen Kaufleuten bei Nebira am früheren kanopischen Nilarm im Nordwesten des Deltas zur Zeit des *Pharao Psammetich II.* die Handelsstadt Naukratis gegründet. Der Pharao Amasis räumte dort den einzigen Freihandelsplatz in Ägypten ein. Eine große Umfassung umschloß zahlreiche griechische Tempel, darunter Tempel für den milesischen Apollo, für Hera von Samos, ein Dioskuren-Heiligtum, weiter einen Athena- und einen Aphroditetempel. Das Hauptheiligtum war das von den acht Gründerstädten, darunter Knidos und Halikarnassos, unterhaltene »Hellenion«.

In der Delischen Liga entrichtete Knidos an Athen eine zwischen fünf und zwei Talenten schwankende Abgabe. Die Stadt diente dem athenischen Feldherrn Kimon als Stützpunkt für sein Unternehmen gegen die Südküste von Kleinasien (468 v. Chr.). 412 v. Chr. wurde die Stadt von dem persischen Satrapen Tissaphernes überredet, sich auf die Seite Spartas zu schlagen, sich von Athen zu lösen und das Bündnis aufzugeben. Die Spartaner planten sofort, das neue Bündnis zu ihrem Vorteil zu nutzen. Ein Geschwader von zwölf Schiffen erreichte Knidos und wurde in zwei gleiche

Einheiten geteilt. Die eine Hälfte hatte die Aufgabe, Knidos zu überwachen, die andere erhielt den Befehl, um Triopion herum zu warten und die Schiffe, die Korn von Ägypten nach Athen bringen sollten, zu kapern, sobald sie das Vorgebirge umfahren hatten. Nach dieser Information stach eine athenische Flotte auf Samos sofort in See nach Knidos, kaperte die sechs Schiffe bei Triopion, deren Mannschaft sich an Land retten konnte. Dann segelte sie zum Angriff nach Knidos und eroberte die unbefestigte Stadt. Am nächsten Tag mußte sie den Angriff wiederholen, denn die Knider hatten während der Nacht Verteidigungsstellungen eingerichtet; außerdem waren die spartanischen Seeleute von Triopion eingetroffen. Daher verzichteten die Athener schnell auf den entscheidenden Ansturm und kehrten nach schwerer Verheerung knidischen Gebietes nach Samos zurück.

Wenn man diesen Bericht des Thukydides liest, muß man berücksichtigen, daß die Stadt Knidos damals noch bei Datça lag, nicht bei Tekir. Die eroberten spartanischen Schiffe müssen entweder bei Tekir auf Lauer gelegen haben, wenn es damals einen günstigen Hafen gab, oder wahrscheinlicher in der Bucht Palamut einige sechs Meilen östlich. Von hier bis zur Stadt bei Datça sind es etwas mehr als sieben Fußstunden; von Tekir aus nach Datça noch etwa eine Stunde länger. Wenn die spartanischen Mannschaften etwas nach Mittag sich auf den Weg begeben haben, dürften sie gegen Sonnenuntergang oder bald darauf Knidos erreicht haben. Diese Berechnung fügt sich zu dem Bericht des Thukydides von den Athenern, daß die bereits eroberte Stadt in der anschließenden Nacht neue Verteidigungsmaßnahmen einleitete, zweifellos durch die eingetroffene spartanische Mannschaft ermutigt.

Als Dorer dürften die Knider natürlich mehr einem Bündnis mit Sparta als mit Athen zugeneigt gewesen sein; aber sie blieben nicht lange in dieser Lage. Im Jahre 394 v. Chr. beendete der athenische Admiral Konon, nunmehr auf seiten der Perser, die spartanische Kontrolle in diesem Bereich durch den Seesieg bei Knidos. Um diese Zeit schlossen eine Gruppe griechischer Städte, einschließlich Knidos, ein Bündnis mit dem Ziel, von Athen, Sparta oder anderer Herrschaft unabhängig zu sein[2]. Doch im Jahre 387

[2] Siehe S. 19/20

v. Chr. brachte sie der sog. Königsfrieden wieder unter die Botmäßigkeit des persischen Großkönigs (*Artaxerxes II.*, 404–359 v. Chr.) bis zum Eintreffen Alexanders im Jahre 334.

Noch während des 4. Jh.s kam das große Ereignis, daß die Stadt Knidos von Datça nach Tekir verlegt wurde. Das genaue Datum dieser Umsiedlung ist unbestimmt, aber wahrscheinlich fand sie in den sechziger Jahren des 4. Jh.s v. Chr. statt. Die Verlegung brachte natürlich sehr viel Aktivität und viel Störung mit sich. Eine große neue Umfassungsmauer wurde errichtet, Straßen und Häuser nach rechteckigem Plan angelegt, Tempel, Theater und andere Bauten geschaffen. Anscheinend war damals das Festland von Deveboynu (Kap Krio) eine Insel; die Knider verbanden sie dort, wo jetzt ein Isthmos ist, mit dem Festland durch einen Damm und bauten auf der anderen Seite einen künstlichen Hafen. Damit beherrschte die Stadt sowohl das gegenüberliegende Festland wie einen großen Teil der Halbinsel. Die öffentlichen Gebäude befanden sich auf dem Festland und die Halbinsel wurde für Privatwohnungen terrassiert. Das konnte natürlich nicht an einem Tage geschehen, und eine Inschrift gibt uns einen flüchtigen Einblick in die Bedingungen kurz danach. Es ist ein öffentliches Dekret, das jedem verbot, im Heiligtum des Dionysos Wohnung zu nehmen. Offenkundig herrschte große Wohnungsnot, so daß ein solcher Erlaß für Siedler ohne Rechtstitel notwendig war.

Es ist wahrscheinlich, freilich nicht bewiesen, daß der Ortswechsel von einer Verfassungsreform begleitet war. Im frühen 6. Jh. waren nach Diodor die Knider, die nach Sizilien und Lipara ausgewandert waren, »voller Ekel gegenüber der Strenge der Könige«, was bedeutet, daß die Städte, wie so viele andere, von einem Tyrannen beherrscht wurden. Später wurde die Herrschaft der Tyrannen durch die Oligarchie abgelöst, denn Aristoteles vermerkt, daß Knidos ein Beispiel dafür sei, daß die Oligarchen von den Demokraten wegen der Strenge ihrer Herrschaft gestürzt wurden. Demokratie wurde also spätestens um 330 v. Chr. eingeführt, die annähernde Zeit, in der Aristoteles schrieb. Aber der Wechsel kann viel eher stattgefunden haben.

Der berühmteste Bürger von Knidos war der als Mathematiker, Astronom und Geograph berühmte *Eudoxos*, (400 – ca. 347 v. Chr.) der 22jährig in Athen *Platon* kennenlernte und dann von König

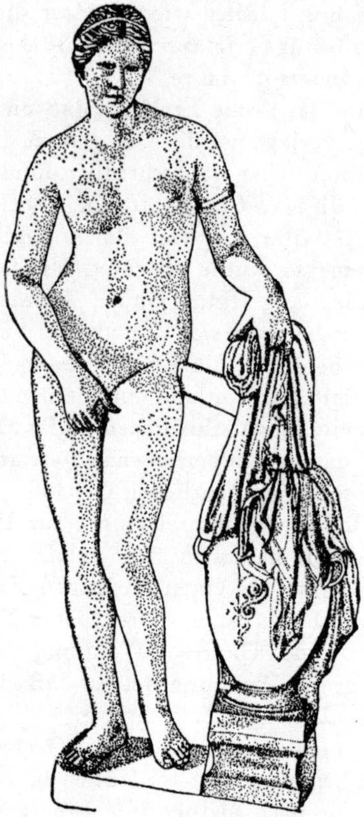

Abb. 21
Die Knidische Aphrodite

Agesilaos II. an den ägyptischen Pharao *Nektabenos* empfohlen, eine sechzehnmonatige Ägyptenreise unternahm, wo er an einem Observatorium in der Nähe von Heliopolis astronomische Beobachtungen anstellte. Danach leitete er mit großem Erfolg eine Schule in Kyzikos. Um 368 v. Chr. ging er nach Athen zurück und scheint dort während Platons zweiter Sizilien-Reise (367/65) und bei Aristoteles' Eintritt in die Akademie stellvertretender Vorsteher der Akademie gewesen zu sein. Später kehrte er in seine Heimatstadt zurück, wo er in hohen Ehren starb.
Eine Datierung des Ortswechsels von Knidos in den sechziger Jahren des 4. Jh.s v. Chr. wird auch durch andere Überlegungen na-

hegelegt. Die neuen Tempel in der Stadt bei Tekir erforderten neue Kultstatuen, und diese wurden von den hervorragenden Künstlern der Zeit erworben. Außer der wohlbekannten Demeterstatue, die Newton fand und in das Britische Museum brachte, hören wir um diese Zeit von einem Dionysos des *Bryaxis*, einer Athena und einem anderen Dionysos von *Skopas*, und vor allem von der berühmten Aphrodite des *Praxiteles*. Alle diese Künstler waren Zeitgenossen. Praxiteles' »Blüte« wird zwischen 365 und 360 angesetzt. Das würde bedeuten, daß er die Aphrodite um diese Zeit arbeitete. Als die Knider die neue Statue dieser Göttin in Auftrag gaben, taten die Leute von Kos dasselbe, und der Zufall wollte es, daß Praxiteles um diese Zeit zwei Aphroditeskulpturen in seiner Werkstatt fertig hatte, die eine bekleidet, die andere nackt. Die Koer hatten die Wahl und nahmen die erstere, so daß dementsprechend die nackte Aphrodite den Knidern zufiel, was ihnen später größeren Ruhm als Kos einbrachte, denn die nackte Aphrodite erlangte höheres Ansehen als die bekleidete, so daß viele Reisende, wie Plinius erzählt, nur nach Knidos fuhren, um sie zu sehen. Nun hatten auch die Koer ihre Stadt im Jahre 365 v. Chr. verlegt, und es fällt schwer, sich dem Schluß zu entziehen, daß sich Koer und Knider gleichzeitig in derselben Notlage befanden, ihre Tempel neu auszustatten.

Ein anderer Punkt weist in dieselbe Richtung der Datierung der Stadtverlegung von Knidos in die sechziger Jahre des 4. Jh.s v. Chr. Eudoxos hatte auf Knidos ein Observatorium, von dem aus, obwohl es sich nur leicht über dem Häuserniveau befand, man den für die Seefahrt sehr wichtigen Stern Kanopus am südlichen Himmel beobachten konnte. Diese Beobachtung erfordert eine gewisse Höhe, die von den terrassierten Neubauten von Neu-Knidos ermöglicht wurde. Wenn sich das Observatorium in der Tat bei Tekir befand, muß der Ortswechsel vor dem Tod des Eudoxos um 347 (355) v. Chr. vollendet gewesen sein.

Die Gründung des neuen Knidos beendet die individuelle Geschichte der Stadt. Die neue Lage mußte ein wirtschaftliches Aufblühen mit sich bringen. Bis zum Ende der rhodischen Herrschaft im Jahre 167 ist die knidische Münzprägung überreich. Danach wird sie seltener, Silberprägungen gehen zurück und in der römischen Kaiserzeit werden sie ganz selten. Wenn der Wohlstand einer

Stadt an ihrem Münzwesen gemessen werden kann, ist das ein genügender Beweis für den wirtschaftlichen Abstieg von Knidos. Geschichtlich gesehen hat Knidos seine besten Tage an dem ursprünglichen Ort bei Datça erlebt. In der frühen Kaiserzeit ist es als »freie Stadt« bezeugt und wurde später Bischofssitz.

Bisher ist wenig über **Triopion** gesagt worden, das stets eng mit Knidos verbunden war und einen Teil seines Gebietes bildete. Der Name erscheint in den verschiedenen Überlieferungen etwas unterschiedlich und meint nicht immer dasselbe. Nach Herodot erstreckt sich das Gebiet von Knidos bis ans Meer und heißt Triopion. Es beginnt bei dem der Stadt Bybassos gehörigen Teil der Chersonnes. Seine Auffassung ist ganz klar: Das Gebiet der Knider beginnt am Isthmos von Bencik, aber die östliche Hälfte bis zum Datça-Isthmos ist ein wertloser Gebirgszug, und das einzige Gebiet, das den Namen verdient, liegt westlich der Stadt bis ans offene Meer. Das ist nach seinen Worten das sog. Triopion. Wie dieser Name entstand, ist unsicher. Einige leiten ihn von dem mythischen Heros Triopas ab, aber wahrscheinlicher ist die Bedeutung »auf drei Wege blickend« wegen seiner dreieckigen Gestalt. Andererseits spricht Herodot vom »Triopischen Vorgebirge«, und Thukydides nennt es »ein vorspringendes Vorgebirge des knidischen Gebietes«. Für andere als die Knider war die bedeutende Erscheinung von Triopion das Vorgebirge Deveboynu, ein unübersehbares Wahrzeichen und der schwierigste Punkt bei einer Küstenfahrt. Für einen Knider andererseits bedeutete Triopion die westliche Hälfte der Halbinsel und insbesondere den fruchtbaren Teil um Betçe.

Gleichzeitig gibt es auch Belege für eine Stadt Triopion. Triopas soll das nach ihm benannte Triopion »gegründet« haben. Schwerlich kann er eine Halbinsel oder ein Vorgebirge geschaffen haben. Bezeichnender noch ist ein Abschnitt bei Arrian über die 333 v. Chr. von *Orobantes*, dem Nachfolger der Hekatomniden, durchgeführten Unternehmungen. Er beherrschte in persischem Interesse Myndos, Kaunos, Thera und Kallipolis; »und er gewann darüber hinaus auch Kos und Triopion«. Trifft diese Aussage zu, dann muß Triopion eine von Knidos getrennte Verwaltung gehabt haben, die bald nach der Verlegung der Stadt beseitigt wurde. Solche Verhältnisse können nur kurzfristig gewesen sein. Es gibt keine faßbaren Beweise wie Münzen oder städtische Dekrete für ein unabhängiges Triopion, und niemand nannte sich, soweit wir wissen, einen Trioper.

Irgendwo auf der Westhälfte der Halbinsel lag der Apollotempel, wo das Fest der sechs (später fünf) dorischen Städte gefeiert wurde; bei diesem Fest fiel *Agasikles* von Halikarnassos durch sein schimpfliches Verhalten in Ungnade, was zum Ausschluß von Halikarnassos führte.

Vom Tempel selbst wurden, wie schon erwähnt, keine Spuren gefunden, doch kann seine allgemeine Lage nach Auffassung des Verfassers nicht bezweifelt werden. Nur in der Region von Betçe liegt ein für die Feier von Spielen geeigneter Bodengrund. Wir wissen, daß die Spiele nicht allein die normalen athletischen und musischen Wettkämpfe einschlossen, sondern auch Pferderennen. So lange man glaubte, daß Knidos immer bei Tekir lag, nahm man an, daß der Tempel auf dem Vorgebirge Deveboynu lag, und man erklärte das Fehlen aller sichtbaren Reste mit der Vermutung, daß sie in das Meer gestürzt sind. Tatsächlich kann aber bei Tekir weder ein Stadion noch eine Pferderennbahn gelegen haben. Bei Betçe andererseits befindet sich eine reiche weite Ebene, und darüber hinaus liegen hier zwischen Alt- und Neu-Knidos die Ruinen einer beachtlichen Stadt. Auf einem steilen Hügel über dem Dorf Kumyer befindet sich eine mit Mauern frühen Datums schwer befestigte Akropolis mit einer ergiebigen Brunnenquelle an der Südseite. Gefunden wurden Scherben von archaischer Zeit bis in die römische Epoche sowie eine Inschrift in archaischer knidischer Schrift, und eine andere Inschrift erwähnt eine Umfriedung für Asklepios. Hier muß es sich um das Triopion handeln.

Aus dem Bericht des Thukydides geht deutlich hervor[3], daß das Triopion einen von Knidos getrennten Hafen besaß. Im Jahre 468 v. Chr. machte Kimon mit einer Flotte von 200 Schiffen Knidos und Triopion zu seinen Stützpunkten. Dieser Hafen kann kaum ein anderer gewesen sein als die Palamutbucht unterhalb Kumyer. Es handelt sich um eine offene Reede mit einer kleinen, eine halbe Meile von der Küste gelegenen Insel, Baba Ada. Die Bucht ist etwas exponiert, jedoch nicht dem beherrschenden Nord-

[3] Siehe S. 145/146

westwind. Aber es ist deutlich, daß die Knider sie zu einem erstrangigen Hafen machten, indem sie eine Seemauer von der Insel zum Festland bauten. Alles, was heute noch gesehen werden kann, ist eine Linie seichter Gewässer, die vom Südende der Insel vorspringt mit einer entsprechenden Anlage auf dem gegenüberliegenden Festland. Doch der dort stationierte Küstenwart berichtete 1956, daß an dieser Stelle tatsächlich eine Mauer unter dem Wasser verläuft, die er mit Hilfe seiner Schnorchelvorrichtung gesehen hat; er befestigte dort oft seine Angelschnur. Eine solche Mauer, oder vielleicht zwei Molen mit einer Durchfahrt, würden einen geräumigen Ankerplatz ergeben haben, der auf allen Seiten geschützt war. Wenn die Mitteilungen zutreffen, sind sie ein schlüssiger Beweis, daß es sich um den Hafen Triopion handelt. Auch auf der Seekarte der Admiralität ist hier ein Ankerplatz ohne Mauer verzeichnet.

Das Fest des Triopischen Apollo war wahrscheinlich in früher Zeit von einiger Bedeutung für Versammlungen der dorischen Städte; später scheint es an Gewicht verloren zu haben, denn man erfährt sehr wenig davon. *Ptolemaios II.* zeigte einiges Interesse und dürfte eine Wiederbelebung versucht haben, die jedoch ohne bemerkenswerte Wirkung blieb. Unter den hunderten von Inschriften, die Siege von Athleten in der ganzen hellenistischen und römischen Zeit verzeichnen, erwähnen nur zwei die Spiele von Knidos; beide Sieger sind einheimische Männer, einer von Kos und einer von Kedreae. Ein alter Kommentator zu Theokrit trifft die erstaunliche Feststellung, daß diese Spiele zu Ehren der Nymphen, des Apollo und des Poseidon gefeiert wurden. Anderswo wird allgemein nur Apollo erwähnt, und die Meinung des Kommentators wird übereinstimmend abgelehnt.

Der Triopische Apollo war nicht die Hauptgottheit der Knider, es war Aphrodite. Vom 7. Jh. an bis in römische Zeit zeigen fast alle M ü n z e n von Knidos den Kopf der Göttin auf der Vorder- oder Rückseite. Sie führte den offiziellen Beinamen »Euploia«, d. h. »die gute Seefahrt leiht«, und nach der Verlegung der Stadt nach Tekir wird diese Eigenschaft auf den Münzen durch das Bild eines Schiffs-Bugs symbolisiert. Tempel und Statue waren, wie schon erwähnt, ein erstrangiger Anziehungspunkt für Massenbesuche. Die Form der Statue ist durch zahlreiche, in späterer Zeit angefertigte Kopien bekannt. Die Form des Tempels war ungewöhnlich und scheint weniger für öffentliche Verehrung als für die Betrachtung des von Praxiteles geschaffenen Meisterwerks bestimmt gewesen zu sein. Zuerst war der Tempel an der alten Stelle nicht rechteckig, sondern rund. Rundtempel sind in griechischen Gebieten sehr selten, andererseits sieht man sie oft auf römischen Wandmalereien, und in einigen Fällen begegnen sie besonders im Zusammenhang mit Aphrodite[4] (Venus). Auf einem riesigen Schauboot, das unter *Ptolemaios IV.* erbaut wurde, soll sich ein Rundtempel der Aphrodite mit einer Marmorplastik der Göttin befunden haben. In der Villa Hadriana bei Tivoli lag ein Rundbau mit offener dorischer Säulenstellung, in dem kürzlich eine Kopie der Knidischen Aphrodite gefunden wurde. Dieses Bauwerk ist wahrscheinlich eine Nachbildung des Tempels von Knidos, denn es war des philhellenischen Kaisers Hadrian Absicht, seine Villa mit mehr oder weniger gelungenen Kopien berühmter Kunstwerke der griechischen Welt auszuschmücken.

Nach der Verlegung von Knidos hatte der Tempel mindestens zwei, wenn nicht mehr Türen. Plinius bemerkt, daß »der ganze Tempel geöffnet ist, so daß man die Statue von allen Seiten sehen konnte«. Er scheint zu meinen, daß an allen Seiten Türen waren. Die unter dem Namen des Lucian im 2. Jh. n. Chr. verbreitete Schrift »Liebesaffären« gibt einen Bericht über einen Besuch von Knidos. Nach Bewunderung der Gärten, die in der Umfassung angelegt waren, betrat die Gesellschaft den Tempel und war voller Staunen über die Schönheit der Statue in der Mitte. Dann wünschten sie auch die Rückseite zu sehen, weil die Statue lieblich von allen Seiten anzuschauen war, und gingen rundherum zur Rückseite des Tempels, wo die Tür von einer alten Schlüsselhalterin geöffnet wurde. Der Rücken der Statue erwies sich in keiner Weise weniger vollkommen als die Vorderansicht. Die Gesellschaft bemerkte einen dunklen Fleck auf der Innenseite des Oberschenkels. Zuerst vermuteten sie einen Fehler im Marmor, den die Geschicklichkeit des Künstlers für eine so unauffällige Stelle planvoll verwendet habe; doch die alte Frau erklärte, daß dem nicht so sei. Sie habe einen Jüngling beobachtet, der sich in die Göttin verliebt und von einer

[4] Man findet sie beispielsweise als Wandgemälde in Schlafzimmern.

Hochzeit mit ihr geträumt habe. Alle Tage verbrachte er von morgens bis abends im Tempel. Um seine Aussichten abzuschätzen, warf er Knöchel (die antiken Würfel) in der Hoffnung, den Wurf nach der Göttin benennen zu können, wenn alle vier Würfel verschiedene Seiten zeigten. Schließlich verbarg er sich in seinem verzweifelten Verlangen im Tempel und plante, heimlich bei der Göttin zu bleiben, wenn die Türen für die Nacht geschlossen würden. Am Morgen war das Zeichen seiner leidenschaftlichen Umarmungen deutlich auf dem Marmor zu sehen, es blieb seitdem.
Nach diesen Berichten vermutete man, daß der Tempel keine Cellawand hatte sondern daß die Zwischenräume zwischen den Säulen mit Barrieren geschlossen waren, von denen zwei oder mehr Türen hatten. Diese Barrieren reichten nur zur Hälfte unter das Dach, so daß ein offener Zwischenraum blieb. Es braucht kaum betont zu werden, wie sehr dieser Bau von einem normalen Tempel abwich. Aber es gibt tatsächlich eine Darstellung eines solchen Tempels. In der Villa Julia Felix in Pompeji zeigt eine Wandmalerei einen Rundtempel mit Füllungen zwischen den Säulen bis zu halber Höhe. Über einem Zwischenfeld erhebt sich der Oberteil einer weiblichen Statue. Bei dem Tempel von Knidos ist die Inneneinrichtung unsicher. Aber offensichtlich muß es auch dort Barrieren gegeben haben, da Lucians Gesellschaft nicht einfach um die Statue herumgehen konnte, sondern sich die Hintertür öffnen lassen mußte.
1969 entdeckten die Amerikaner in Knidos einen Rundtempel, der nach allen Eigenheiten der berühmte **Tempel der Aphrodite** gewesen sein kann[5]. Ihre nächste Hoffnung ist, die Statue selbst zu finden, von der Plinius sagt, sie sei nicht nur das berühmteste Werk des Praxiteles sondern der ganzen Welt. König Nikomedes von Bithynien soll die Bezahlung aller Schulden der Stadt zum Tausch für die Statue angeboten haben; doch das Angebot wurde abgelehnt. Diese Schulden müssen beträchtlich gewesen sein, sie bestätigen in einem gewissen Ausmaß den Niedergang städtischen Wohlstands. Ein alter Schriftsteller behauptet, die Statue sei später nach Konstantinopel gekommen und dort durch Feuer zerstört worden; aber diesem Bericht wird jetzt allgemein mißtraut.

[5] Siehe S. 159/160

Unter den Einwohnern von Knidos war *Eudoxos* der berühmteste. Am besten ist er als Astronom bekannt. Im frühen 4. Jh. hatte gerade die wissenschaftliche Entwicklung der Astronomie begonnen, die im Glanz der Alexandrinischen Epoche ihren Höhepunkt fand. *Eudoxos* fühlte sich imstande zu erklären, daß der Durchmesser der Sonne neunmal größer sei als der des Mondes und dreimal größer als der der Erde. Knider war auch der Architekt *Sostratos*, der Erbauer des Leuchtturms von Alexandria, der zu den Sieben Weltwundern gerechnet wurde. Aus Knidos stammt der Historiker *Ktesias*, der Indien und Persien beschrieb; er kam aus einer erblichen Arztfamilie, denn Knidos war ein berühmtes medizinisches Zentrum. Ktesias soll als Hofarzt in Persien gedient und den Großkönig Artaxerxes II. (404–359 v. Chr.) von einer im Kampf erlittenen Verwundung geheilt haben.
Ein oder zwei knidische Erzeugnisse verdienen gastronomisches Lob, besonders der Wein. Dieser soll nahrhaft sein, das Blut bereichern (Blutarmut verhindern) und leicht die Bewegungen der Eingeweide anregen, doch im Übermaß getrunken den Magen erschlaffen. Knidischer Weinessig wurde mit dem ägyptischen als beste Sorte angesehen. Erwähnt werden soll auch eine besondere Art von Kohl, der merkwürdigerweise »salzig« genannt wurde. Was darunter zu verstehen ist, wissen wir nicht; sicher ist nur, daß der beste Kohl dieser Art auf Knidos wuchs.

Alt-Knidos liegt unmittelbar nördlich vom Iskele von Datça, wo das jetzige Verwaltungszentrum der *kaza* liegt. Die **Akropolis** befindet sich auf einem stumpfen Vorgebirge über eine Meile von der Iskele entfernt, etwas südlich von dem Punkt, wo der Datça Cay ins Meer mündet. Der Gipfel wurde von einer Befestigungsmauer verteidigt, die ein Gebiet von einer Viertelmeile Länge umschließt. Das Mauerwerk besteht aus einer Vermischung von Quadern und Polygonalsteinen. Seewärts steht die Mauer nicht auf dem Felsen sondern mit der untersten Schicht auf der Ebene des Meeresspiegels; doch müssen wir berücksichtigen, daß sich das Meer seit dem Altertum gehoben hat. Es handelt sich um den am besten erhaltenen Teil, der noch sechs Schichten hoch steht, der Typ des Mauerwerks deutet auf eine Datierung um 400 v. Chr. Ob diese Mauer zur Zeit des athenischen Angriffs im Jahre 412 v. Chr.[6] noch voll bestand, ist unsicher. Thukydides nennt die Stadt »unbefestigt«, vermerkt aber weiter, daß die Knider während der Nacht »ihre Verteidigung verbesserten«. So meint er vielleicht, daß die Mauern in Verfall geraten oder teilweise geschleift waren; in diesem Falle kann die Mauer eine Wiederherstellung sein. Innerhalb der Mauer steht nichts, aber der Boden ist dicht bedeckt mit Scherben vom 7. Jh. bis in hellenistische Zeit. Die Stelle wird heute Dalacak genannt. An ihrer Südseite kann man Reste eines kleinen Hafens im Wasser sehen.

Das war natürlich nicht die ganze Stadt; es gibt Anzeichen für eine äußere Verteidigungslinie, die einen recht beachtenswerten Bereich umfaßt. Nördlich der Akropolis liegen beträchtliche Mengen von großen Viereckblöcken im Wasser, die offensichtlich zu einer zusammengestürzten, bis an die Mündung des Datça Cayi reichenden Mauer gehörten. Am Südufer des Flusses verläuft ein deutlich geneigtes Riff, das über eine Meile lang westlich und dann südlich landeinwärts führt. Diese Klippe scheint eine Mauerlinie zu markieren, von der heute noch wenige verstreute Quaderblöcke und etwas Schuttfüllung gesehen werden können. Diese Außenmauer endete zweifellos bei oder nahe dem Iskele und würde einen Bereich von fast zwei Quadratmeilen umfassen.

In diesem weiten Gebiet, besonders im Norden von Dalacak, wurden in der Vergangenheit bedeutende Funde gemacht, doch heute ist wenig zu sehen. Vor allem führte zu Beginn unseres Jahrhunderts ein Grieche von Syme Grabungen an einer Stelle nahe der Mündung des Datçaflusses durch und fand ein archaisches Heiligtum mit »sehr reichen Weihegaben von größter Bedeutung« sowie ein anderes archaisches Gebäude. Nichts davon ist jetzt zu sehen. An der Küste nahe der Flußmündung liegen die gediegenen Fundamente eines Gebäudes, das nach der darin gefundenen Ölpresse eine Ölfaktorei gewesen sein kann.

Südlich vom Iskele liegt eine um 20 m lange Plattform, die von Terrassenmauern aus schweren Polygonalsteinen gestützt ist; hier befand sich vielleicht ein kleines Heiligtum. Mauerwerk dieser Art begegnet an zahlreichen Orten auf knidischem Gebiet und scheint hellenistisch zu sein. Die meisten Funde in Alt-Knidos

[6] Siehe S. 145

sind in beachtlicher Tiefe zutage gekommen; so besteht kein Zweifel, daß die archaischen und klassischen Reste tief verschüttet sind.

Aus den Scherben und anderen Resten ergibt sich, daß der Platz von Alt-Knidos auch nach der Verlegung der Stadt nach Tekir nicht ganz aufgegeben worden ist; handelt es sich doch um den fruchtbarsten Teil der Halbinsel. Plinius nennt Stadia als Wahlnamen für Knidos. Dieser Name erscheint später in den Bistumslisten und lebt in der modernen Bezeichnung Datça weiter. Er kann sicherlich als der Name der alten Stadt nach der Verlegung angenommen werden.

Im Nordwesten von Dalacak befindet sich auf der Nordseite der Halbinsel ein zweiter Hafen, der heute unter dem Namen Körmen Limani bekannt ist; in eine Moschee, eine halbe Meile von der Küste entfernt, ist ein *archaisches Kapitell* verbaut; es war als Grenzstein wiederverwendet worden und ist mit einer Inschrift des 4. Jh.s v. Chr. versehen, die »Grenze des Hafens« lautet. Körmen Limani wird heute wenig benutzt, muß aber im Altertum für Schiffe sehr beliebt gewesen sein, die vom Norden bis Alt-Knidos kamen, um die schwierige Rückfahrt um das Kap zu vermeiden.

Von Alt-Knidos bei Datça nach Triopion bei Kumyer muß immer eine Straße geführt haben, und tatsächlich kann man ihrem Verlauf nachspüren; sie führt nahe der Linie des heutigen Pfades und scheint eine Breite gehabt zu haben, die auch für Gegenverkehr bestimmt war. Nach Gründung der neuen Stadt wurde die Straße bis Tekir verlängert. Unmittelbar unterhalb Kumyer überquerte eine Brücke einen Wasserlauf, von der der größere Teil noch steht; es handelt sich um ein bemerkenswertes Beispiel für alte griechische Brücken. Auf der einen Seite führt ein langer Strebepfeiler zur eigentlichen Brücke, die den Wasserlauf in Form eines dreieckigen oder trapezförmigen Bogens überspannte; die Bogenhöhe fehlt leider. Der Stil des Mauerwerks legt eine Datierung um 300 v. Chr. nahe. Als die Straße sich der neuen Stadt näherte, legte man zu beiden Seiten Gräber an, die eine regelrechte **Nekropole** bilden.

Neu-Knidos (Abb. 22) bei Tekir muß eine sehr anziehende Stadt gewesen sein. Strabo beschreibt sie als »eine Art Doppelstadt«, da ein großer Teil von ihr die außenliegende Insel einnahm, die die Knider mit dem Festland durch einen Damm verbunden hatten. Er schätzt den Umfang dieser »Insel« auf sieben Stadien, was eine leichte Unterschätzung bedeutet. Der Hauptteil lag auf dem Festland und war nach dem ›Hippodamischen‹ Plan angelegt, mit Straßen, die sich rechtwinklig kreuzen[7]. Die steile Steigung (stellenweise 33%) machte es erforderlich, daß einige Nord-Süd-Straßen Treppen erhalten mußten. Die Befestigungen umfassen über zwei Drittel der »Insel« und auf dem Festland einen kaum weniger als eine Meile Länge und eine halbe Meile Breite umschließenden Bereich. Dennoch war die neue Stadt kleiner als die alte; sie war aber dichter angelegt. Die aus Quaderwerk errichtete Mauer ist am besten auf der Nordseite erhalten, wo sie zur **Akropolis (A)** im Osten verläuft. Dort befinden sich drei Tore, zwei im Norden und eine im Osten. Die Türme sind rechteckig mit Ausnahme eines an der Einfahrt des nördlichen Hafens erbauten, der noch in vorzüglichem Zustand ist.

Dieser nördliche Hafen **(B)** wird von Strabo als der »Hafen der Dreiruderer« bezeichnet und soll für zwanzig ankernde Kriegsschiffe geplant worden sein. Er war wie üblich mit einer Kette geschlossen. Der Handelshafen im Süden **(C)** ist viel größer und hatte eine teilweise durch zwei Molen geschützte Einfahrt. Reste der Molen sind noch unter Wasser sichtbar und bilden ein Wagnis für ein einlaufendes Fahrzeug. Der Hafen muß beständig voll von den aus Süden kommenden, von Winden zurückgehaltenen Schiffen gewesen sein.

Hoch oben an der Nordseite liegt ein großes **Theater (D)**, doch ist es schlecht erhalten und die Osthälfte völlig zusammengestürzt. Östlich davon am Fuß einer steilen Böschung liegt die Umfriedung des **Demetertempels (E)**, den Newton ausgegraben hat; dabei fand er die herrliche Sitzstatue der Demeter, die sich jetzt im Britischen Museum befindet.

Die amerikanischen Ausgrabungen haben viel dazu beigetragen, die

[7] Diese Stadtplanung wird Hippodamos von Milet (5. Jh. v. Chr.) zugeschrieben, ist jedoch bereits vor ihm bekannt.

vorher bekannten, aber dann wieder verschütteten Gebäude zu klären und neue Entdeckungen hinzugefügt. Unter ihnen ist am erregendsten der Rundbau, der aller Wahrscheinlichkeit nach der **Tempel der Aphrodite (H)** war. Er befindet sich am Hang, der den Isthmos im Norden überschaut. Die Lage der Stätte ist hervorragend, doch ist sie durch die rückwärtige Felswand und den Felsabsturz vorn räumlich beschränkt, was sich auf die reizvollen Gärten, die die Bewunderung von Lucians Gesellschaft hervorriefen, ausgewirkt haben muß. Der Tempel stand auf einem über 1,50 m hohen, runden Podium, das oben zwei Stufen hatte. Zur Zeit der Drucklegung ist der Tempel nur teilweise geklärt aber die Statuen-Basis wurde gefunden. Es handelt sich um einen Block aus dunkelgrauem Stein mit einer Oberfläche von 150 × 132 cm; sie wird größtenteils von einer 6 cm tiefen D-förmigen Vertie-

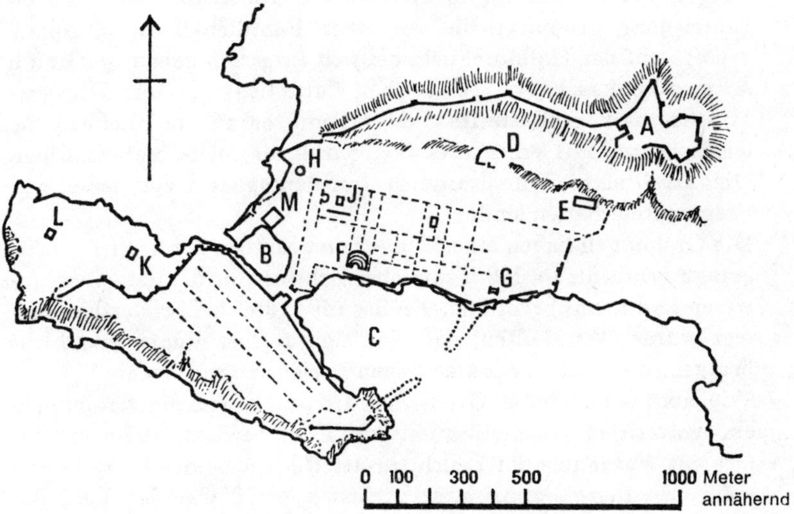

Abb. 22 Plan von Neu-Knidos

A Akropolis **B** Triremen-(Dreiruderer-) Hafen **C** Südhafen **D** Oberes Theater **E** Heiligtum der Demeter **F** Unteres Theater **G** Odeion **H** Tempel der Aphrodite **J** Korinthischer Tempel **K** Römisches Grab **L** Leuchtturm **M** Agora

fung eingenommen, die die Basis der Statue selbst hielt. Tafel 11 oben zeigt den Zustand des Bauwerks Ende der Grabungszeit 1969.

Das untere **Theater (F)** ist freigelegt und zeigt sich in gutem Zustand. Es weist fünfunddreißig Sitzreihen auf, zwei Umgänge *(Diazomata)* und einen überwölbten Zugang auf beiden Seiten. Vom Bühnengebäude ist nur wenig oder nichts zu sehen. Das Fassungsvermögen des Theaters wird auf 8000 Besucher geschätzt. Auch das *Odeion* **(G)** war ein stattliches Gebäude, von dem jedoch wenig übriggeblieben ist.

Die **Nekropole** außerhalb der Stadtmauer im Osten ist ausgedehnt und enthält eine große Zahl verschiedener Grabformen. Im Nordostbereich liegen zwei Felsenkammern, die man durch einen Dromos oder gemauerten Zugang erreicht; der Eingang ist in einem Falle dreieckig, bei dem anderen Grab trapezförmig. In einigen Fällen sind die Gräber an der Rückseite einer offenen Einfriedung gruppiert, die auf einen Familien-Bestattungsplatz deutet. Auf der Halbinsel befindet sich ein schön gebautes Grab aus römischer Zeit **(K)**. Vorn liegt ein mit Schwarz-Weiß-Mosaik gepflastertes Vestibül und daran anschließend die Grabkammer mit einer rückwärtigen Apsis sowie Seitennischen. Dies Grab enthielt ursprünglich drei Sarkophage, von denen nur Fragmente erhalten sind.

Die Grabungen haben eine Menge von Scherben des 5. Jh.s v. Chr. zutage gebracht, so daß Tekir offensichtlich nicht unbewohnt gewesen sein kann, bevor Neu-Knidos im 4. Jh. v. Chr. dorthin verlegt wurde. Wir hoffen, daß künftige Ausgrabungen ans Licht bringen, was dort in der klassischen Periode zu sehen war.

Wie auch an anderen Orten der Türkei, haben die Grabungen ein Anwachsen der Zivilisation von Tekir bewirkt. 1950 war der Ort mit Ausnahme des Leuchtturmes **(L)** und seines Wärters und einer Abteilung Polizei ganz verlassen. 1970 war der Verfasser überrascht, dort drei Restaurants zu finden; zahlreiche Besucher treffen ein. Der Ort kann zu Schiff von Bodrum erreicht werden (wobei man bei rauher See bis zu sechs Stunden braucht) oder von Marmaris. Die Autostraße führt bis Datça, und der weitere Weg von dort ist nur mit einem Jeep zu überwinden.

Zusätzliche Bemerkung.

Die Identifizierung des vor kurzem entdeckten Rundtempels der Aphrodite wurde 1970 durch die Auffindung eines großen Marmorblocks mit einem Inschriftenbruchstück bestätigt, das mit den Namen Prax(iteles) und Aph(rodite) beginnt. Der Sinn der Inschrift ist nicht klar. Vielleicht war es eine namentliche Bezeichnung der Statue, was ungewöhnlich wäre, denn das Meisterwerk des Praxiteles wurde von den Knidern mehr als Schaustück für die Besucher denn als Kultstatue behandelt.

Mehr Gelehrtenstreit rief der Anspruch der Ausgräberin Miß Iris Love hervor. »Unter dem Staub der Jahrhunderte« fand sie im Magazin des Britischen Museums unter den Steinen, die von Sir Charles Newton 1859 in das Museum gebracht worden waren, einen Marmorkopf, den sie sofort als den der Praxitelischen Aphrodite erklärte; mehr als hundert Jahre hatte er im Museumskeller unerkannt gelegen. Es ist aber unwahrscheinlich, daß dieser Anspruch begründet werden kann. Die Forscher im Britischen Museum weisen nämlich darauf hin, daß Newton den Kopf nicht an der Stätte des Aphroditetempels gefunden hat, der von ihm nicht angegraben worden ist, sondern an der Stätte des Heiligtums der Demeter und Persephone, über eine halbe Meile entfernt am anderen Ende der Stadt. Der Kopf selbst ist zu zerstört, als daß er unmittelbar erkannt werden könnte, doch glaubt man im Museum, daß er aller Wahrscheinlichkeit nach zu einer Statue der Persephone als Gefährtin der wohlbekannten Demeterfigur gehörte, die nahe demselben Heiligtum gefunden wurde. Die Kontroverse dürfte noch eine Menge Staub aufwirbeln, ehe sie geschlichtet ist.

13. Die rhodische Peraia

Um die Wende vom 2. zum 1. Jtsd. v. Chr. wurde Rhodos zum Hauptstützpunkt des *dorischen* Ausgriffs nach Südwestkleinasien. Die wichtige, von einer mittelmeerischen Urbevölkerung bewohnte Insel war um 1500 v. Chr. von *minoischen* Handelskolonisten aus Kreta erreicht worden, denen um 1400 v. Chr. *mykenische* Griechen (Achäer) folgten. Diese gründeten die im Homerischen Epos genannten Burgsiedlungen Lindos, Ialysos und Kamiros, die nach dem Abzug der achäischen Herren von den Dorern zum Mittelpunkt selbständiger Kleinstaaten gemacht wurden und nach der dorischen Landnahme auf der hafenreichen südwestkleinasiatischen Chersones, in der »Peraia«, zusammen mit Kos, Knidos und Halikarnassos den dorischen Schutzbund der *Hexapolis* (Sechsstadt) bildeten.

Als 408 v. Chr. unter attischem Einfluß der rhodische Einheitsstaat geschaffen und an alter Stätte die neue große Hauptstadt Rhodos gegründet wurde, wurde auch die »Peraia« in das Staatsgebiet einbezogen. Die Bewohner erhielten rhodisches Stadtrecht. Die »Peraia« umfaßte zunächst die Halbinsel südwestlich von Marmaris, gewöhnlich die Loryma-Halbinsel genannt und etwas später das Land nördlich und nordwestlich bis zum Golf von Keramos.

Mit der Zeit erwarb Rhodos, ständig oder vorübergehend, beträchtliches anderes Gebiet auf dem Festland als souveränen Besitz; er wurde von rhodischen Beamten verwaltet, aber die Bewohner waren nicht rhodische Bürger. Das Land um den Golf von Keramos und nördlich von seinem Ostende wurde wahrscheinlich im frühen

3. Jh. annektiert, der Erwerb von Stratonikeia folgte bald darauf. Um 190 v. Chr. kauften die Rhodier Kaunos von *Ptolemaios V. Epiphanes* für 200 Talente. 189 v. Chr. erhielten sie von den Römern ganz Lykien und Karien südlich des Mäander als Geschenk. Dieses wurde 167 aufgehoben, und Stratonikeia wurde niemals wieder rhodisch. Doch behaupteten die Rhodier die Kontrolle über das Gebiet zwischen Stratonikeia und dem Golf von Keramos bis in das 2. Jh. v. Chr. Die Lykier hatten sich geweigert, die rhodische Herrschaft anzuerkennen und wurden niemals wirklich annektiert. Auch gewann Rhodos niemals das zentrale Karien wieder. Lykien ausgenommen, hieß die ganze Region, solange sie unter rhodischer Herrschaft war, die rhodische Peraia. Ihr Kern war stets die felsenreiche gebirgige Halbinsel Loryma.

Wenn man auf der Hauptstraße südlich von Aydin nach Cine fährt, erreicht man das rhodische Gebiet bei Muğla. Heute Hauptstadt eines großen Verwaltungsdistriktes *(vilâyet)*, war Muğla im Altertum nur ein kleiner Ort namens **Mobolla.** Der Name lebt mit kleiner Veränderung weiter; auch die Zwischenform Mogola ist bezeugt. Einige hier gefundene Inschriften bezeugen die rhodische Herrschaft. Außer einigen unbedeutenden *antiken Resten* auf dem flachen Hügel hinter der Stadt ist nichts mehr übriggeblieben.

Südwestlich von Mobolla liegen die Städte **Pisye** und **Thera.** Erstere hat ihren alten Namen in »Pisiköy« bewahrt. Sie wird gelegentlich in der Überlieferung und in Inschriften genannt, hatte aber niemals Bedeutung. Die Akropolis liegt etwa eine Meile südlich des Dorfes; nordöstlich vom Ort finden sich an einer Stelle in gleicher Entfernung einige alte Steine. Thera zeigt einen ähnlichen Befund. Die Stadt erscheint einmal in der Geschichte als Stützpunkt des Hekatomniden-Nachfolgers *Orontobates* im Jahre 333 v. Chr., bevor sie in rhodischen Besitz überging. Die Lage bei Yerkesik ist inschriftlich gesichert, doch ist an Ort und Stelle nichts mehr zu sehen.

Interessanter sind für den Besucher die **Ruinen von Idyma.** Wenn die Straße von Muğla nach Marmaris die Höhe von Sakarkaya in Sichtweite des Golfs von Keramos erreicht, eröffnet sich ein herrlicher Ausblick. Im Westen liegt das Meer. Im Süden sieht man die Marmaris verbergenden Hügel, die vom spitzen Gipfel des Altinsivrisi überragt werden. Im Südosten erstreckt sich in der Ferne der See von Köyceğiz. Unmittelbar unter der Aussicht liegt etwa 600 m tief die kleine Ebene, die Idyma ernährte. Steigt man die Straße schräg hinunter, so gelangt man links an eine ovale antike Mauerflucht, die sich wie ein am Berghang gescheitertes riesiges Schiff ausnimmt. Es ist die Akropolis von Idyma. Man kann sie leicht von oben erreichen, während der Aufstieg von der Ebene her ein hartes Unterfangen ist. Das grobe Mauerwerk zeigt hier und da Quadern. In der Mitte befindet sich ein festes Gebäude mit mehreren Räumen. Die Mauer ist am besten an der Nordseite erhalten. Eine sehr zerstörte Außenmauer dehnt sich abwärts am Hang.

Weiter unten führt die Straße an einer anderen und größeren Befestigung aus dem Mittelalter vorbei. Nach Erreichen der Ebene verläuft die Straße ostwärts neben einem kurzen, aber reichen Wasserlauf, wahrscheinlich dem alten *Idymos*. Bevor sie sich nach rechts wendet, um die Ebene zu durchqueren, führt sie an einer Gruppe von Felsgräbern vorbei. Drei von ihnen sind flach, während zwei dem *Tempelgrab-Typus* mit jonischer Fassade angehören, von denen die eine mit zwei Säulen – eine ist zerstört –, die andere überraschenderweise mit einer Mittelsäule ausgestattet ist. Die erstere ist ganz aus dem Felsen herausgearbeitet, so daß man das Grab umgehen kann (Tafel 12 unten). Diese Gräber gehören wahrscheinlich in das 4. Jh. v. Chr. Sehr ähnlich in Form und Zeitstellung ist ein anderes Grab unter einer Gruppe von flachen Kammergräbern an der Hangseite über dem Dorf Kozlukuyu und unterhalb der Akropolis. Zahlreiche im Dorf gefundene Inschriften lassen keinen Zweifel an der Identifizierung des Ortes. Idyma war eine der verhältnismäßig wenigen Städte in der rhodischen Peraia, die früher Mitglied des Delischen Seebundes gewesen waren; sie wurde damals von einem Dynasten namens *Paktyes* beherrscht, der Münzen im Namen der Bürger von Idyma prägen ließ. Die Stadt gehörte vor 200 v. Chr. zu Rhodos, ging später verloren und wurde von dem rhodischen Feldherrn *Nikagoras* wieder erobert.

In enger Nachbarschaft von Idyma lag **Kallipolis.** Der Name lebt offenkundig in dem des Dorfes Gelibolu weiter, das an der Küste etwa sechs Meilen südwestlich liegt. Dort befinden sich mehrere

Befestigungen aus dem Altertum und dem Mittelalter sowie andere Siedlungszeugnisse einschließlich zwei oder drei Amphoren-Töpfereien und eine rhodische Inschrift. Nichtsdestoweniger geht aus dem Befund deutlich hervor, daß es sich nicht um die hellenistische und römische Stadt Kallipolis handeln kann. Die Reste weisen nicht auf eine Stadt, da eine solche hier niemals gelegen haben kann. Die richtige Lage wird durch eine Inschrift bezeugt, die bei der über sechs Meilen landeinwärts gelegenen, Duran Çiftlik genannten Stätte gefunden wurde; es handelt sich um eine Weihung der Bevölkerung von Kallipolis an die *Kaiserin Domitia*. Die Überreste bei Duran Çiftlik deuten auf ein Heiligtum, dem später eine Kirche folgte. Die Stadt selbst lag auf dem etwa 250 m hohen Hügel über dem etwa eine Meile östlich entfernten Dorf Kizilyaka. Nur noch wenig ist von ihr vorhanden. Die Hänge sind mit Keramikresten und verlorenen Bausteinen wie übersät. Auf dem Gipfel befindet sich ein schlechtgebauter Turm. Die Ringmauer ist verschwunden, aber ihre Spuren können rund um den Hügel verfolgt werden. An der Ostseite liegt eine Gruppe von Steinkistengräbern. Der Name Kallipolis muß während des Mittelalters von dieser Stätte an die Küste bei Gelibolu übertragen worden sein; der Grund für diese Namensverschiebung kann nur vermutet werden.

Eine Wegstunde über den Hügel von Gelibolu nach Westen erreicht man das kleine Dorf Taşbükü mit der nicht weit entfernt liegenden kleinen Insel, die Şehir Ada, Şehiroglu oder Sedir Ada genannt wird. Ein Boot erhält man in Taşbükü oder in Gelibolu. Auf der Insel befinden sich die **Ruinen von Kedreae,** einer der bedeutendsten Gemeinden der rhodischen Peraia. Die durch eine Landenge in der Mitte in zwei Teile gegliederte Insel hat eine Länge von nahezu einer halben Meile; die Ruinen liegen ausschließlich auf der östlichen Hälfte. Hier verläuft eine mächtige Quadermauer mit zahlreichen Türmen dicht über der Küste. Nahe dem Zentrum liegen die Grundmauern des dorischen Apollotempels auf einer von einer festen Mauer gestützten Plattform. Auch hier folgte dem Tempel eine christliche Kirche. In der Nähe befindet sich am Nordhang ein gutgelegenes, ausgezeichnet erhaltenes Theater, das jetzt mit Gestrüpp überwachsen ist; es ist eins der drei Theaterbauten in der Peraia. Die unteren Teile einschließlich *Bühne* und *Orchestra* sind verschüttet, während oben noch fünfzehn oder sechzehn Sitzreihen zu sehen sind. Der Zuschauerraum ist durch Treppen in neun keilförmige Abschnitte geteilt *(Cunei)*. Ein Anzeichen für einen Umgang *(Diazoma)* gibt es nicht. Auf beiden Seiten des Theaters schließen sich Terrassenmauern an; die stattliche Bossenmauer im Westen ist besonders gut erhalten. Östlich vom Theater kann man im dichten Gestrüpp zahlreiche Hausruinen ausmachen.

Die Agora (Markt) scheint gegen Westen gelegen zu haben, gestützt von einer schönen Quadermauer mit horizontalen Randleisten. Hier fanden sich zahlreiche für den Marktplatz typische *Inschriften*. Sie enthalten Hinweise auf drei in Kedreae gefeierte Athleten-Festspiele, so daß man auf ein Stadion schließen muß, das noch nicht entdeckt ist.

Auf dem Festland gegenüber der Insel erstreckt sich eine Nekropole. Es handelt sich vorwiegend um große Sarkophage und gebaute Gräber mit gewölbter Decke und manchmal mehreren Kammern.

Obwohl der Name Kedreae offensichtlich griechisch und von »Zeder« abgeleitet ist, war die Stadt ursprünglich rein karisch. In der Delischen Liga entrichtete sie einen Beitrag von einem halben Talent oder eher weniger. Gegen Ende des Peloponnesischen Krieges griff im Jahre 405 v. Chr. der spartanische Feldherr *Lysander* die mit Athen verbündete Stadt an, nahm sie im zweiten Ansturm und verkaufte die Einwohner als Sklaven. *Xenophon*, der über dieses Ereignis berichtet, bezeichnet die Bewohner von Kedreae als »halb-barbarisch«. Unbestimmte Zeit danach wurde Kedreae von den Rhodiern übernommen und als Gemeinde *(Demos)* des rhodischen Staates ganz hellenisiert. Von der unabhängigen Stadt sind keine Münzen bekannt, und nach der Eingliederung in den rhodischen Staat kam eine selbständige Münzprägung überhaupt nicht in Frage.

Das Land westlich der Linie von Kedreae nach Marmaris ist heute sehr dünn bevölkert. Im Altertum bildete es den »Apeiros« (Festland) genannten Teil der Peraia, der, soweit bekannt, zwei rhodische Gemeinden *(Demen)* besaß. Die bedeutendere von beiden lag auf dem hohen und steilen Gipfel des Altinsivrisi (Goldgipfel), der höchsten Erhebung dieses Gebietes. Auf der Höhe, etwa 600 m über dem Meeresspiegel, lag die Burg; wesentliche Reste der Stadt sind an den Hängen nachweisbar. Es handelt sich sicherlich um **Euthena,** eine der größeren Gemeinden der Peraia. Die andere lag auf einem Vorgebirge nahe dem Dorf Söğüt. Hier ist eine befestigte Anlage mit einer stattlichen bis 6 m hohen *Mauer* und einem Nord*tor* gesichert. An der Küste der Bucht unten befindet sich noch ein kurzes Stück der antiken *Kaimauer* in gutem Quaderwerk mit Bossen. Es handelt sich sehr wahrscheinlich um den Demos **Amnistos.**

Weniger Unsicherheit herrscht bei der Bestimmung von **Marmaris,** dessen antiker Name reichlich durch die hier gefundenen Inschriften bewiesen ist. Hier lag **Physkos,** die wichtigste Gemeinde (Demos) in der Peraia, die als einzige von der Gouverneursanweisung für sich allein genannt wird. Als Demos war Physkos der Stadt Lindos zugeordnet. Nach Inschriftenausweis wurde Physkos spätestens zur Zeit *Alexanders des Großen* dem rhodischen Staat einverleibt, zweifellos aber schon viel früher. Strabo trifft die ungewöhnliche Feststellung, daß Physkos der Hafen von Mylasa war; der Irrtum überrascht um so mehr als er anderswo die wahre Lage angibt. Am Südrand der Stadt liegt ein kleiner Hügel mit einem mittelalterlichen Kastell, das sich malerisch in die heutigen Häuser einfügt. Es handelt sich aber nicht um die Akropolis von Physkos, die auf einem höheren, Asar Tepe genannten Hügel, etwas über eine Meile nördlich lag. Auf diesem Hügel sind nur noch Mauerreste der klassischen und hellenistischen Zeit nachweisbar. Marmaris selbst besitzt außer Inschriften und einigen Plastiken in der Schule keine antiken Reste mehr; bei den Skulpturen handelt es sich um einen Löwen ohne Kopf, ein Steinrelief mit einem Mann und einem Pferd, und einen schönen Marmorkopf einer jungen römischen Frau vom Beginn der Kaiserzeit.

Oben wurde die Loryma-Halbinsel das Herz der Peraia genannt. Sie ist gebirgig, felsig und steil, im nördlichen Teil bewaldet und im Süden kahl. Es gibt eine leidliche Straße von Marmaris nach Bozburun. In Marmaris kann man Boote für einen Ausflug auf die Halbinsel mieten; sonst muß man Erkundungen zu Fuß unternehmen.

Wenn man nach Süden durch die schöne Bucht von Marmaris segelt und den engen Zugang hinter sich hat, bekommt man bald das kleine Vorgebirge »Hisarburnu« zu sehen. Nahe über dem Landeplatz an der Küste liegen die **Ruinen von Amos,** einem anderen bedeutenden Demos der rhodischen Peraia. Die Stätte heißt Asarcik. Der Hügel ist oben von einer 2 m dicken Mauer umschlossen, die noch bis zu 3 oder 4 m hoch steht. Das Mauerwerk verläuft polygonal und ist charakteristisch frühhellenistisch. In die gleiche Zeit gehören die übrigen Reste. Die Mauer ist mit Türmen und einem Tor an der Nordseite ausgestattet. Am Westende der Akropolis befinden sich die dürftigen Ruinen eines kleinen, über 15 m langen Tempels mit mehreren Statuenbasen ohne Inschrift. Nur schwer läßt sich der Bau als Antentempel ausmachen. Am Nordost-Hang liegt ein kleines Theater, das zweite der drei bekannten in der Peraia. Es ist ziemlich gut erhalten; die Sitzreihen sind teilweise geblieben, und die Stützmauern *(analemmata)* stehen noch bis zu 5 m hoch. Das Bühnengebäude war in drei Räume unterteilt, die man noch unterscheiden kann. In der *Orchestra* liegt, in zwei Teile zerbrochen, der Altar für das Opfer an Dionysos, das vor jeder Aufführung stattfand. Am Nordabhang des Hügels fand der Autor 1948 auf einer kleinen Terrasse vier Inschriftenreste mit Landpacht-Angaben um 200 v. Chr. Die Pachtbestimmungen sind sehr detailliert mit genauen Angaben für die Pachtzahlung, für die Bürgschaftsprovision und die Entwicklung des Anwesens; der Pächter muß eine Mindestzahl von Schuppen bauen, eine Mindestzahl von Weinreben und Feigenpflanzen, mit einem Mindestraum für Getreide dazwischen, und einen Drainage-Graben anlegen. Außerdem sind Bußen festgelegt für Verstöße gegen diese Bedingungen, für Holzfällen auf dem Grundstück, für das Bestatten eines Leichnams und für Übergreifen auf die öffentlichen Wege. Es ist klar, daß diese Verpachtungen von Grundstücken im Rahmen eines landwirtschaftlichen Entwicklungsplanes aus dem frühen 2. Jh. v. Chr. zu verstehen sind, der offensichtlich vom rhodischen Staat ausgegangen ist. Der Besucher von Amos dürfte sich in diesem rauhen Hügelland über die Grundstücke wundern; wahrscheinlich lagen sie in der flachen Ebene bei dem heutigen Dorf Gölenye, das zweifellos zu Amos gehörte, einem der wenigen Flachlandgebiete auf der Halbinsel. Der Hauptgott von Amos war *Apollo* mit dem anderenorts unbekannten Beinamen

Samnaios. Ein Tempelinventar und eine Weihung von einem Priester wurden auf derselben Terrasse gefunden wie die Landpacht-Inschriften. Sehr wahrscheinlich gehörte das fragliche Land dem Tempel. Ob der kleine Tempel auf der Akropolis (s. Tafel 11 unten) dem Gott geweiht war, ist nicht zu entscheiden.

Weiter hinab zur Küste liegen bei dem Gerbekilise oder Gerbekse genannten Platz die Ruinen einer kleinen byzantinischen Handelsstation mit mehreren kleinen Kirchen; von hier führt ein Pfad nach anderthalb Stunden hinauf zu dem Dorf Bayir. Dieses ist inschriftlich mit der Stadt **Syrna** identifiziert, die kein rhodischer Demos war, jedoch ausgezeichnet durch ihr Heiligtum des Asklepios. Nach der Überlieferung soll Podalirios, der Sohn des Asklepios und Arzt des Griechenheeres vor Troja, Syrna, die Tochter eines karischen Königs, geheiratet und die Chersones (d. h. die Loryma-Halbinsel) als Geschenk erhalten haben; hier gründete er zwei Städte, die er nach seiner Braut benannte. Im Fußboden der Vorhalle der Moschee in Bayir befindet sich ein großer Marmorblock mit der Inschrift einer Beitragsliste aus der Zeit um 200 v. Chr. für bestimmte Bauarbeiten im Heiligtum.

Im äußersten Süden der Halbinsel liegt die geschützte Bucht von Bozuk mit einigen Häusern an der Küste. Sie war früher bekannt als Oplosika Bükü, »*Arsenal-Bucht*«, und das Arsenal (*hoplotheke*) wird von Konstantinos Porphyrogenitos im 10. Jh. erwähnt. Hier lag die Stadt **Loryma** (Abb. 23, S. 170). Wie Syrna war sie kein rhodischer Demos, sondern gehörte zu dem von Kasara etwas weiter im Nordosten. Nahe der Küstenwacht-Station kann man an der Küste ein paar antike Steine sehen; doch die Hauptsehenswürdigkeit der Stätte ist die eindrucksvolle und gut erhaltene Festung auf dem engen Vorgebirge über dem Zugang zur Bucht. Sie bildet eine langgezogene Umfriedung von etwa 350 m Länge und 30 m Breite mit einer 2,50 m starken, guten *Mauer* aus fast regelmäßigem leicht geboßten Quaderwerk von zweifellos rhodischer Konstruktion; einige Blöcke sind bis zu 6 m lang. Die Ruinen von neun Vierecktürmen finden sich an beiden Längsseiten, während die beiden Schmalseiten durch je einen Rundturm geschützt sind; von ihnen ist der östliche zerstört. Fünf kleine Tore **(A)** führten durch die Mauer, davon zwei auf der Ostseite. Man sieht keine

Spur von Gebäuden im Inneren der Anlage, die rein militärisch war. In der Nähe der beiden Rundtürme waren zwei *Zisternen* **(B)** in den Felsen geschlagen. Bei **(C)** hat die Mauer einen Wasserdurchlaß. Außerhalb des Tores an der Südostseite zeigen Felsinschriften, daß der Platz dem Zeus Atabyrios geweiht war, einer auf Rhodos seltenen Gottheit.

Der Akropolis-Hügel am östlichen Ende des Landestegs weist einige *Befestigungsreste* in Quader- und Polygonalmauerwerk auf. Am Meeresufer zu Fuß des Akropolis-Hügels liegt eine kleine Höhle mit einer Wandinschrift, die die Entfernung von Opfern aus dem Heiligtum verbietet; die Höhle war also ein heiliger Ort. Auf einem Hügel, den man nach zweistündigem Anstieg nach Norden erreicht, befindet sich eine andere Befestigungsanlage mit einer inneren und äußeren Umfassung; auch diese sind gut erhalten.

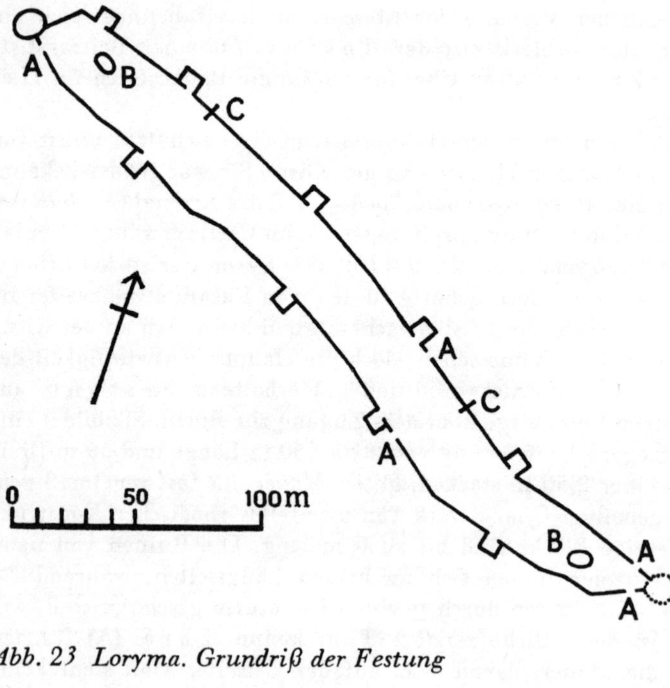

Abb. 23 Loryma. Grundriß der Festung

Abb. 24 Loryma. Stufenpyramide

Der H a f e n von Loryma ist außergewöhnlich gut gegen jedes Wetter geschützt. Er diente athenischen Schiffen während des Peloponnesischen Krieges als Zufluchtort und im Jahre 395 v. Chr. dem Oberbefehlshaber *Konon* als Treffpunkt kurz vor der Schlacht von Knidos. 305 v. Chr. sammelte *Demetrios*, der Sohn des Antigonos, hier seine Flotte für seinen glücklosen Angriff auf Rhodos. Eine bemerkenswerte Sehenswürdigkeit dieser Gegend sind die zahlreichen drei- und vierseitigen abgestuften Steinsetzungen, die wie kleine S t u f e n p y r a m i d e n aussehen (Abb. 24). Sie scheinen nur im südlichsten Teil der Loryma-Halbinsel zu begegnen. Allgemein vermutet man in ihnen Basen für Weihegaben, aber leider trägt keine eine Inschrift, die etwas über die Bestimmung aussagen würde.

Wenn man das gebirgige und oft stürmische Vorgebirge von Kizilburun umfährt, gelangt man in die reizende und verhältnismäßig dicht bevölkerte **Bucht von Syme.** Die Insel selbst sieht man bei völliger Sicht einige Meilen gegen Westen. Im östlichen Winkel der Bucht liegt über dem Dorf Saranda die Akropolis des Demos **Thyssanos** mit einer Polygonalmauer; am Nordende befindet sich der bewundernswerte **Hafen von Bozburun.** Hier lag der Demos **Tymnos,** von dem nur wenige R u i n e n r e s t e , aber zahlreiche I n s c h r i f t e n künden. Eine von ihnen bezieht sich auf den Kult des Zeus und der Hera und weist eine Halle (Stoa) den Priestern für die Verfügung über die Opfer nach dem Sakralakt zu; sie enthält auch das Verbot, in der Stoa für andere Zwecke Holz zu verbrennen sowie einen Gegenstand an das Dach oder Epistyl zu nageln. Das Bußgeld ist mit 100 Drachmen angesetzt.

Nördlich der Bozburun-Halbinsel liegt die Bucht von Selimiye, die im Altertum Sinus Schoenus (Rote Bucht) hieß. Selimiye selbst entspricht dem alten **Hyda** oder **Hyla.** Weiter nördlich in der Tiefe des Golfs stoßen wir auf die Stadt **Bybassos** mit der gleichnamigen Bucht, einem wichtigen rhodischen Demos. Zwischen der Küste und dem Dorf Hisarönü lag auf dem steilen Felshügel die A k r o p o l i s, von deren Befestigung noch Reste vorhanden sind. Hisarönü war früher als Erine oder Rina bekannt; man glaubte, damit den Namen des inschriftlich bezeugten rhodischen Demos Erine verbinden zu können. Die Identifizierung schien überzeugend, aber tatsächlich leitet sich die Bezeichnung Erine sicherlich von einer Kirche der Heiligen Irene ab. Die richtige Identifizierung der Stätte wird dem Scharfsinn von Professor J. M. Cook verdankt und verdient eine detaillierte Erörterung.

Auf dem Berg Eren Daği südlich über Hisarönü war an einer ›Pazarlik‹ benannten Stelle, seit langem eine Tempelstätte bekannt. 1886 vermutete Spratt einen Tempel der Leto, aber seine Begründung war nicht überzeugend. Er stützte sich auf einen von Strabo erwähnten Hain der Leto bei oder nahe Physkos und auf eine weibliche Statue, die er an der Stätte gesehen hatte. Professor Cook argumentierte anders. Der Historiker Diodorus berichtet von einem Heiligtum der Hemithea bei Kastabos auf der Chersones; dann erzählt er von den Schwestern Molpadia und Parthenos, die von Apollo gerettet und auf die Halbinsel gebracht wurden;

> » . . . die *Parthenos* gerufene ehrte der Gott mit einer Weihestätte in Bubastos auf der Chersones (Bybassos), während Molpadia nach Kastabos kam und auf Grund einer göttlichen Erscheinung den Namen Hemithea (Halbgöttin) erhielt. Sie wurde auf der ganzen Halbinsel verehrt. Im Laufe der Zeit gewann ihr Heiligtum so an Ruhm, daß sie nicht nur von den Nachbarn aufs höchste verehrt, sondern auch von Weitentfernten besucht und mit glänzenden Opfern sowie bemerkenswerten Geschenken ausgezeichnet wurde. Infolgedessen ist das Heiligtum, obwohl es unbewacht und von keiner starken Mauer geschützt ist, mit Weihegaben überhäuft.«

Eine vom Autor nahe dem Dorf Gölenye gefundene Inschrift zeigt, daß sich das Heiligtum in der Hand der Männer von Bybassos befand. Könnten nicht die Ruinen auf dem Eren Daği die des Heiligtums der Hemithea sein? Es würde den kuriosen Namen ›Pazarlik‹ (Markt) zur Bezeichnung dieses abgelegenen und einsamen Ortes hoch in den Bergen erklären, wenn dem Fest von Kastabos eine große Jahresfeier folgte. Professor Cook führte dementsprechend eine Grabung an der Stelle durch und wurde durch zwei Inschriften mit dem Namen Hemithea belohnt, die seine Theorie restlos bewiesen. Pazarlik war **Kastabos,** so daß folgerichtig Hisarönü **Bybassos** war.

Das *Heiligtum* befand sich auf einem Grat des Eren Daği etwa 300 m über der Ebene von Hisarönü, von wo man einen einstündigen Anstieg hat. Der Tempel der Hemithea stand auf einer ausgleichenden Plattform. Er war in jonischer Ordnung mit kleinen dorischen Bauelementen errichtet und stammt aus der späteren Hälfte des 4. Jh.s v. Chr. Er verdrängte einen älteren Bau, von dem einige Reste gefunden wurden. Der Bauplan ist einfach: eine tiefe *Vorhalle* (Pronaos) mit einer Cella ohne Opisthodom sowie elf Säulen an den Längsseiten und sechs an den Schmalseiten. Merkwürdig ist ein rundes altarähnliches Gebilde mit Reliefschmuck, das in der Vorhalle (Pronaos) unmittelbar vor der Tür der Cella stand; Zweck und Zeitbestimmung sind ungeklärt. Ungewöhnlich auch ist die auf drei Seiten der Plattform umlaufende *ornamentale Schirmwand* mit kleinen Rechteckbauten in ungleichmäßigen Abständen und unregelmäßigem Umfang; ihre Funktion ist ebenfalls unbekannt. Auf der ganzen Plattform steht über den Grundmauern natürlich nur noch sehr wenig. Die Stützmauern der Plattform selbst bestehen aus stattlichem Mauerwerk in gutem Zustand. Die einzige noch identifizierbare Anlage des Bereichs ist ein sehr dürftig erhaltenes Theater etwas hangabwärts nach Süden. Dies ist das dritte und letzte der bisher in der Peraia entdeckten Theater.

Hemithea war eine Heilgöttin, in deren Heiligtum der Tempelschlaf (Inkubation) angewandt wurde. Nach Diodor stand die Göttin persönlich über den Kranken und behandelte sie im Schlaf. Sie galt als besonders hilfreich gegenüber Frauen bei der Geburt und heilte viele verzweifelte Fälle. Wir wissen von einem periodisch an dieser Stätte abgehaltenen Fest, den Kastabeia; wahrscheinlich wurde die Inkubation meistens, wenn auch nicht ausschließlich, zu dieser Zeit durchgeführt. Mehr ist über den Festcharakter nicht bekannt. Schwerlich fanden Athleten-Spiele statt, da an Ort und Stelle kein Platz für ein Stadion war; das Theater deutet auf dramatische und musikalische Aufführungen. Das Fest war sicherlich sehr volkstümlich. Die bei Gölenye gefundene Inschrift bestätigt überzeugend den Bericht des Diodor, wonach die Besucherzahl so groß war, daß sie in den zur Verfügung stehenden Gebäuden nicht untergebracht werden konnte und Einkünfte verloren gingen. So entstanden Schwierigkeiten, da der Bereich um das Heiligtum keine Möglichkeiten zur Ausdehnung bot. Leider ist die Inschrift so zerstört, daß wir über die Schritte zur Abhilfe nichts erfahren. Das war die Situation im 2. Jh. v. Chr. Nach den Ausgrabungsergebnissen scheint das Heiligtum von Pazarlik bald darauf an Glanz und Bedeutung verloren zu haben; aus der römischen Zeit gibt es kaum Zeugnisse, die vermuten lassen, daß es überhaupt noch benutzt wurde. Dieses Absinken könnte man zum Teil damit erklären, daß das Fest notgedrungen an einen anderen geräumigeren Ort verlegt wurde. Entscheidend dürfte sich der allgemeine Abstieg der rhodischen Größe ausgewirkt haben. Die Einrichtung des Heiligtums im 4. Jh. war das Werk des rhodischen Staates in seiner Gesamtheit, nicht nur des Demos von Bybassos. In der Inschrift von Gölenye ist der Erlaß vom Volk Rhodos ausgegangen; der Antragsteller ist ein Mann aus Bybassos, während der geehrte Mann aus Amos stammt. Wie wir aus einer anderen Inschrift erfahren, wurde der Tempel von einem Mann aus dem Demos Hygassos geweiht. Zwei Jahrhunderte lang blühte das Heiligtum, um dann in Vergessenheit zu geraten, bis der Scharfsinn Professor Cooks seine Trümmerreste wieder ans Licht brachte.

14. Kaunos

Obwohl die Lage von Kaunos seit 1842 bekannt ist, als Hoskyn dort einen Erlaß des Rates, Volkes und der Ältesten von Kaunos fand, blieb die faszinierende Stadt überraschenderweise bis vor kurzem vernachlässigt. Nur zwei Gelehrte schenkten ihr ihre Aufmerksamkeit in den Jahren 1877 und 1920. Der Autor stattete ihr wiederholte Besuche von 1946 bis 1952 ab. Endlich begannen 1967 die Türken mit der Ausgrabung, die zur Zeit der Niederschrift noch in Gang war.

Der im 4. Jh. v. Chr. lebende Harfner Stratonikos, dessen Wortspiele im Altertum berühmt waren, besuchte einmal die Stadt Kaunos. Als er die grüne Farbe der malariakranken Einwohner sah, bemerkte er, er verstände jetzt, was Homer mit den Worten meinte »Wie die Blätter so sind die Geschlechter der Menschen«. Die Leute von Kaunos protestierten gegen seine unfreundliche Art, ihre Stadt als ungesund abzustempeln. »Was?«, antwortete Stratonikos, »wie könnte ich es wagen, eine Stadt als ungesund zu bezeichnen, wo auch tote Menschen durch die Straßen wandeln?«.

In der Tat war Kaunos eine notorisch *ungesunde* Stadt. Strabo vermerkt an einer vielerörterten Stelle, daß das Land reich sei, die Stadt aber allgemein für ungesund ›gerade im Herbst‹ gehalten werde wegen der Hitze und des Überflusses an Früchten. Diese überraschende Feststellung wurde manchmal dahingehend erklärt, daß die Leute von Kaunos an einer Überempfindlichkeit gegenüber Früchten litten; andere vermuteten bei dem sinnlosen ›gerade‹ einen Fehler im Text. Es ist aber Tatsache, daß die Ärzte Früchte als gesundheitsschädlich ansahen. Galen, der größte Arzt im Altertum nach Hippokrates, glaubte sie verantwortlich für Fieber und beobachtete, daß sein Vater hundert Jahre alt wurde, weil er sich der Früchte enthalten habe. Diese Auffassung blieb bis in das 16. Jh. im Schwange; sie war eine Ursache für die Verbreitung des Skorbut[1].

Die Gefährdung durch Stechmücken als Fiebererreger kannte man natürlich im Altertum noch nicht. Kaunos liegt heute etwa zwei Meilen vom Meer entfernt; doch das Gebiet dazwischen ist nicht festes Land, sondern eine Schilffläche mit wenig Boden. Zweifellos war dieser Streifen im Altertum Meer; doch ist es wahrscheinlich, daß sich nahe der Stadt eine ähnliche Marschlandschaft ausdehnte, die für Stechmückenbrut ideale Verhältnisse schuf. Als der Autor 1946/47 zum erstenmal Dalyan besuchte, schwirrte der Schlafraum von Stechmücken, und der kleinste Riß im Mückennetz bedeutete eine schlaflose Nacht. 1948 begannen die Türken mit der Ausrottung der Brut, um die Malaria zu bekämpfen, so daß in diesem Jahr keine einzige Stechmücke erschien. Solche Perfektion hielt natürlich nicht lange an, und die Insekten fanden einigermaßen zurück. Aber der Besucher braucht sich nicht länger von dieser Bedrohung abschrecken zu lassen.

Unter den Früchten, die so verhängnisvoll auf die Leute von Kaunos wirkten oder nicht wirkten, behauptete die Feige den ersten Platz. Man erzählt sich die Geschichte, daß im Jahre 53 v. Chr. ein Feigenhändler zufällig seine Früchte ausrief, als sich der römische Feldherr Crassus gerade zum Feldzug gegen die Parther einschiffte. Der Händlerruf »Cauneas« klang in abergläubischen Ohren wie ›cave ne eas‹ (hüte dich, zu gehen). Crassus mißachtete die Warnung und begab sich auf den Feldzug, der ihm Niederlage und Tod einbrachte. Feigen sind heute kein besonderes Erzeugnis von Dalyan; doch in anderer Hinsicht ist die von Strabo verzeichnete Fruchtbarkeit so groß wie immer. Früchte und Gemüse, vor allem Sesam, gibt es in Überfluß; außerdem wächst viel Mais, der natürlich den Alten nicht bekannt war.

Strabo berichtet, daß Kaunos W e r f t e n und einen geschlossenen H a f e n hatte. Auf der Höhe darüber lag eine ›Imbros‹ genannte B e f e s t i g u n g. In der Nähe floß der tiefe Kalbis

[1] Für diesen interessanten Aberglauben vgl. J. C. Drummond und Anne Wilbraham, The Englishman's Food (London 1939) S. 68 f.

mit einem schiffbaren Kanal. Diese Einzelheiten lassen sich noch weitgehend nachprüfen. Der Hafen ist heute ein kleiner See (Süküklü-Gölü) westlich unterhalb der Akropolis. Unter »geschlossen« ist nicht ein geschützter Ankerplatz zu verstehen, sondern eine Zufahrtssperre mit Ketten. Wie erwähnt reichte das Meer im Altertum bis an die Stadt und muß den Akropolis-Hügel mit Ausnahme des Verbindungsrückens mit dem höhergelegenen Bereich im Norden völlig umspült haben. Die Lage der Werften kann heute nicht mehr sicher bestimmt werden; vielleicht befanden sie sich in der Bucht östlich von dem erwähnten Verbindungsrücken, was jedoch sehr unsicher ist. **Imbros** dürfte nach Auffassung des Autors mit einer großen Befestigungsanlage auf dem nördlich der Stadt gelegenen, über 1000 m hohen Berg zu identifizieren sein, der heute Ölemez Dağ heißt. Bevor die Befestigungsanlage 1947 bekannt wurde, hatte man andere Identifizierungen versucht, entweder mit dem Akropolishügel selbst oder auch mit dem mächtigen Sandras Daği, der zwanzig Meilen entfernt im Nordosten liegt. Doch diese Auffassungen befriedigen nicht.

Der Fluß Kalbis muß augenscheinlich dem Dalyan Çayi entsprechen, der den See von Köyceğiz nach dem Meer hin entwässert. Er hat eine kräftige Strömung und soll stellenweise bis zu 10 m tief sein. Die Gezeiten des Meeres wirken sich beträchtlich auf den Strömungsverlauf aus. Durch einen starken Meereswind kann das Salzwasser manchmal den See erreichen. Die Fischerei *(dalyan)* mit einer Pfostensperre und Drahtnetz über den Strom stand früher gegenüber dem Dorf Dalyan. Die Anlage ist jetzt entfernt und durch eine moderne weiter abwärts unter dem Akropolis-Hügel ersetzt. Bei den Fischen handelt es sich meist um *kefal* und *levrek* (die alten *kephalos* und *labrax*, Meeräsche und Meerwolf), die beide wohlschmeckend sind. In der Laichzeit ziehen diese Fische vom Meer hinauf zum See und werden auf ihrem Rückweg nach zwei Monaten in großen Mengen gefangen. Ein Inschriftenfragment mit bestimmten Regeln für den Fischfang läßt vermuten, daß schon im Altertum die Leute von Kaunos ihren dalyan hatten.

Der wirkliche Flußverlauf war recht verschieden von dem, den Strabo beschrieb. Kaunos stand an der Küste, und der Kalbis floß ›nahebei‹. Schwer zu entscheiden ist die Frage, wie weit das Meer hinauf bis zum See gelangte. Wenn der Flußlauf derselbe war wie heute, muß die Stadt an der Mündung gelegen haben. Wahrscheinlich floß er weiter ostwärts, und es ist nicht unmöglich, daß der alte Lauf durch den fauligen und sumpfigen Fluß Sariöz markiert ist, der heute in eine Art Lagune namens Solungur Gölü rieselt. Wenn diese Überlegung richtig ist, führte der bei Strabo erwähnte schiffbare Kanal vom Meer über eine Meile östlich von Kaunos zum See von Köyceğiz. Aber die Verschlammung hat die Landschaft so verändert, daß es ohne sorgfältige geologische Prüfung unmöglich ist, sicher über Einzelheiten zu entscheiden.

Der **Akropolis-Hügel** gliedert sich in zwei Teile, den östlichen hohen und steilen Teil sowie den niedrigen westlichen. Das Stadtzentrum lag nahe dem östlichen Teil und nördlich vom Hafen; hier wurde die Mehrzahl der Inschriften gefunden. Mit Ausnahme des Rückens nördlich vom Theater sind die Gebäude verschüttet und überwachsen, obgleich die türkischen Ausgräber begonnen haben, sie ans Licht zu bringen. Ein viel größerer Bereich war von Mauern umgeben. Über den Berg läuft eine schöne Mauer nach Nordosten, die zwei Meilen lang und gut erhalten ist; die Ost- und Südseite dieses Hügels ist abschüssig und daher unbefestigt. Innerhalb der umschlossenen weiten Bergseite wurde nichts gefunden; die Mauer führt über den Berg in volle Einsamkeit.

In klassischer Zeit wurde Kaunos für eine *karische* Stadt gehalten. So wird sie ausdrücklich im 4. Jh. v. Chr. von dem unter dem Namen Skylax schreibenden Geographen bezeichnet. Es gibt keine Überlieferung, daß sie einmal von Griechen gegründet war. Wie es so häufig bei Städten mit nichtgriechischen Namen geschah, erfand man einen mythischen Gründer namens Kaunos, den man zum Sohn des Miletos machte. Es gab auch einen Kult dieses fiktiven Stadtgründers bis in römische Zeit. Er soll eine Schwester namens Byblis gehabt haben, die sich in ihn verliebte und nach seinem Weggang erhängte; von dieser düsteren Geschichte rührt der sprichwörtliche Ausdruck »eine kaunische Liebe«. Nach Herodot hielten sich die Leute von Kaunos für Nachfahren von Ankömmlingen aus Kreta; doch der Geschichtsschreiber traut dieser Auffassung nicht und erklärt die Bevölkerung für einheimisch. Er unterscheidet sie sowohl von den Karern als auch von den Lykiern, vor allem wegen ihrer eigentümlichen Sitten, und fügt hinzu, daß ihre Sprache der karischen angeglichen wurde – oder umgekehrt. Die letzte Feststellung wird interessanterweise durch eine vom Autor in den Ruinen des Stadtzentrums gefundene Inschrift bestätigt. Sie ist in karischer Schrift verfaßt und noch nicht entziffert, enthält aber eine Anzahl von charakteristischen Elementen, die sich bisher auf keiner anderenorts gefundenen karischen Inschrift nachweisen lassen. Es ist daher wahrscheinlich, daß die Sprache von Kaunos, wie Herodot meint, ähnlich, aber nicht identisch mit der karischen Sprache war.

Im 6. Jh. v. Chr. zog nach der Einnahme von Sardes und der Unterwerfung der griechischen Städte in Jonien der persische Feldherr *Harpagos* mit einem Heer gegen Süden nach Karien und Lykien. Er traf an mehreren Orten auf Widerstand. Herodot berichtet uns von dem verzweifelten Kampf der Einwohner von Xanthos in Lykien; von der Übermacht überwältigt, sammelten sie ihre Familien und ihr Vermögen auf der Akropolis und steckten sie in Brand, um dann einen Ausfall zu machen und bis zum letzten Mann zu kämpfen. Der Geschichtsschreiber fügt hinzu, daß Kaunos in derselben Weise erobert wurde; »denn die Bevölkerung von Kaunos ahmte meistenteils die Lykier nach«.

Als nach vier Jahrzehnten die Jonischen Städte ihren Aufstand gegen den persischen Großkönig machten, hielten sich die Männer von Kaunos aus böser Erinnerung zunächst fern. Durch den jonischen Erfolg bei der Einnahme und dem Brand von Sardes ermutigt, ließen sie sich zum Mitmachen überreden. Der Aufstand brach bald zusammen (494 v. Chr.), doch die persische Kontrolle über die Küsten Kleinasiens endete rasch nach dem mißglückten Feldzug des *Xerxes* gegen Griechenland. An ihre Stelle trat der Delische Bund, in den Kaunos einbezogen und mit einem halben Talent Beitrag veranlagt wurde. Dieser Preis ist überraschend niedrig, wenn man bedenkt, daß mehrere Lelegerstädte auf der Myndos-Halbinsel mehr bezahlten, 425 v. Chr. wurde er jedoch auf zehn Talente gesteigert und lag damit in derselben Höhe wie der von Milet, jedoch weit über dem von Ephesos und Knidos. Wie oder warum die Einwohner von Kaunos plötzlich so viel reicher wurden, ist unbekannt. Der Autor hat vermutet, daß sie zu dieser Zeit ein ertragreiches Geschäft mit dem Verkauf von Salzfischen betrieben; denn es gab in Kaunos ebenso Salzpfannen wie reichlich Fische, und getrockneter eingesalzener Fisch gehörte zu den Hauptnahrungsmitteln der Alten Welt. Andere haben eine Entwicklung der Ebene um den See von Köyceğiz vermutet. In jedem Fall ist es wahrscheinlich, daß die Veranlagung von 425 v. Chr. unrealistisch war; wir haben keinen Beweis, daß die Summe wirklich stets entrichtet wurde. Gegen Ende des Peloponnesischen Krieges waren nicht nur die Athener, sondern auch die Spartaner imstande, den Hafen von Kaunos zu benutzen. Durch den *Königsfrieden* von 387 v. Chr. gelangte Kaunos mit dem Rest der Küste wieder unter persische Kontrolle. Dank der hellenistischen Politik des Satrapen *Maussolos* nahm die Stadt zum erstenmal griechischen Charakter an. Statuenbasen des Herrschers und seines Vaters Hekatomnos wurden in den Ruinen gefunden, und es ist recht sicher, daß Maussolos für die Befestigung der Stadt mit der langen Mauer verantwortlich war. Während des Alexanderfeldzuges von 334 v. Chr. wird Kaunos nicht namentlich erwähnt; die Stadt wurde von Alexander vermutlich mit dem Rest von Karien an Königin *Ada*, die Schwester von Maussolos, übergeben.

In den unruhigen Zeiten nach *Alexanders* Tod wechselte Kaunos von einem Nachfolger zum anderen. 313 v. Chr. wurde die Stadt von *Antigonos* genommen, vier Jahre später eroberte sie *Ptolemaios*. Letzteres berichtet der Geschichtsschreiber Diodoros; nach ihm segelte der ägyptische Herrscher nach Kaunos und nahm die Stadt. Von den verteidigten beiden Akropolisteilen nahm er Herakleion mit Gewalt, während ihm Persikon von der Besatzung übergeben wurde. Der Hinweis spricht eindeutig für die bereits erwähnte Zweigliederung der Akropolis. Nachdem Ptolemaios die untere Stadt besetzt hatte, griff er zweifellos den höheren östlichen Akropolisteil an; als dieser gefallen war, dürfte die Besatzung des niedrigeren Westteils, des Persikon, ihre unhaltbare Lage erkannt und sich aus eigenem Antrieb ergeben haben.

Nach der entscheidenden Niederlage des Ptolemaios bei Salamis auf Zypern im Jahre 306 v. Chr. gelangte Kaunos wieder in die Hand des Antigonos und seines Sohnes *Demetrios*, der die Stadt bis 286 v. Chr. hielt. Bei Übergabe an den syrischen König *Seleukos* im darauffolgenden Jahr wechselte Kaunos in die Hand des

Lysimachos. Nicht lange danach wurde die Stadt für *Ptolemaios* von seinem Feldherrn *Philokles* durch List zurückerobert. Während er vor der Stadt lagerte, soll Philokles die Getreideaufseher von Kaunos zur Meldung bestochen haben, daß die Lebensmittel für die Soldaten nicht auf ihren Posten, sondern in der Stadt ausgegeben werden würden; so verließen die Verteidiger die Mauern, um ihre Rationen zu erhalten und Philokles konnte die Stadt nehmen. Es handelte sich sehr wahrscheinlich um die lange, über den Akropolis-Hügel nach Norden verlaufende Mauer, die unbemannt geblieben war; Philokles kam auf dem Landweg und kann nicht die seegeschützte Akropolis angegriffen haben.

Kaunos war noch ptolemäisch, als die Stadt 197/196 v. Chr. unter den ›Verbündeten‹ *Ptolemaios' V.* erwähnt wird. Ihre ›Freiheit‹ schützten die Rhodier gegen *Antiochos III.* von Syrien. Wenige Jahre später wurde Kaunos rhodischer Besitz. Nach Polybios erklärte im Jahre 166 v. Chr. eine rhodische Gesandtschaft vor dem römischen Senat, daß ihre Stadt für 200 Talente Kaunos von den Feldherren des Ptolemaios gekauft habe. Diese ungewöhnliche Transaktion dürfte um 190 v. Chr. erfolgt sein; aber die Rhodier dürften ihr Geld gerettet haben, denn 189 v. Chr. erhielten sie nach der Niederlage des Antiochos bei Magnesia von den Römern ganz Karien und Lykien.

Die *rhodische Herrschaft* währte von 189 bis 167 v. Chr. Kaunos stand unter dem Befehl eines ›Hegemon‹ (Führer), eines Militär- und Verwaltungsbeamten von ungewöhnlich hohem Rang für eine abhängige Stadt. Doch die neuen rhodischen Untertanen waren nichts weniger als zufrieden und erhoben sich in einem allgemeinen Aufstand gegen die Herrschaft. Zwar erwies sich der Aufstand als Fehlschlag, aber unmittelbar darauf zogen die Römer ihr Geschenk zurück und zwangen die Rhodier zur Aufgabe von Karien und Lykien, wobei Kaunos besonders eingeschlossen war. Die Rhodier setzten sich energisch für die Rückgabe von Kaunos mit dem Hinweis ein, daß sie die Stadt nicht durch römische Gunst sondern für gutes Geld erhalten hätten, wobei sie den jährlichen Gewinn von Kaunos und Stratonikeia mit 120 Talenten veranschlagten. Kaunos für 200 Talente gekauft zu haben war zweifellos ein Geschäft. Doch die rhodischen Bitten verhallten ungehört, und Kaunos wurde eine *freie Stadt.*

Als 129 v. Chr. die Provinz Asien eingerichtet wurde, bezogen die Römer Kaunos als Grenzstadt im Süden mit ein. Später wurde die Stadt zu Lykien geschlagen. Als im Jahre 88 v. Chr. *Mithridates* die Provinz überrannte, nahm Kaunos für ihn Partei. Kaunos gehörte zu den Städten, in denen die römischen Bewohner mit besonderer Grausamkeit niedergemetzelt wurden. Als es im Jahre 85 v. Chr. zum Friedensschluß kam, fiel Kaunos entsprechend jenem Verhalten wieder an Rhodos zurück. Mit der rhodischen Herrschaft unzufrieden wie zuvor, machte Kaunos um 65 v. Chr. eine Eingabe mit der Bitte, die Abgaben lieber nach Rom statt nach Rhodos entrichten zu dürfen. Ob dieses Vorgehen erfolgreich war, bleibt unbekannt. Gegen Ende des Jahrhunderts war Kaunos jedenfalls wieder eine freie Stadt. Es war nicht der letzte der Wechselfälle. Dio Chrysostomos beschreibt bald nach 70 n. Chr. die Bewohner von Kaunos als zweifelhafte Untertanen von Rom und von Rhodos; danach scheinen die Rhodier wieder die Stadt unter ihre Kontrolle bekommen zu haben.

Das Glück wechselte für Kaunos ungewöhnlich häufig. Doch geben gerade diese Wechselfälle ein anschauliches Bild von den verworrenen Verhältnissen in der hellenistischen Welt. Während dieser Epoche war Kaunos eine voll hellenisierte Stadt, die ängstlich darauf bedacht war, ihren karischen Ursprung zu vergessen. Ihre Einrichtungen sind durchweg griechisch ebenso wie die Namen der Bürger. Kein einziger Bürger mit karischem Namen ist bekannt. Gleichzeitig scheint die Stadt nicht beliebt gewesen zu sein. Besonders *Dio Chrysostomos* ist sehr scharf in seiner Verdammung:

> »Wann hatten diese stupiden Kaunier einen wertvollen Bürger? Wer wies ihnen damals einen guten Weg? Ihr Mißgeschick verdanken sie ihrer hochgradigen Torheit und Schurkerei. Wenn sie alle vom Fieber vernichtet sind, so haben sie es verdient.«

Dio Chrysostomos war zweifellos voreingenommen, doch ist bemerkenswert, daß auch für ältere Zeiten in den Inschriften die Bürger anderer Städte auffallend wenig genannt sind. Der Ruf des Ungesunden war natürlich keine Empfehlung, und man versteht, daß Fremde nur widerstrebend in der Stadt Wohnung nahmen.

Wahrscheinlich wurde dieses Mißtrauen niemals wirklich aus der Welt geschafft.

Kaunos litt außerdem unter demselben Kummer wie Milet, Ephesos und andere Städte. Der Verschlammungsprozeß, der heute die alte Stadt zwei Meilen vom Meer trennt, muß schon früh eine ständige Handelsbedrohung gewesen sein. In einem Haus am Hafen fand sich eine lange Inschrift über die Bezahlung von Zollabgaben aus dem 1. Jh. v. Chr. Ungewöhnlicherweise beschäftigt sie sich mit dem Nachlaß von Abgaben. Anscheinend boten bestimmte Bürger aus Gemeinsinn einen Betrag von 60.000 Denaren zu diesem Zweck, so daß freme Kaufleute zur Hafenbenutzung ermutigt wurden und die Stadtkasse keinen Schaden litt. Wenn auch kein besonderes Motiv für diese großzügige und nützliche Aktion gesucht werden muß, so leuchtet doch ein, daß zu dieser Zeit die Verschlammung besorgniserregend war. Die Einfahrt in den Hafen begann schwierig zu werden, und die Kauffahrer ließen ihre Absicht erkennen, den Hafen zu meiden.

Dieselbe Inschrift teilt uns auch etwas über die wichtigsten Handelswaren von Kaunos mit. Wie erwartet, handelt es sich vorwiegend um Sklaven und um Salz. Die Marktbedeutung erkennt man daran, daß im Gegensatz zum Abgabennachlaß in anderen Fällen die Ausfuhr von Sklaven und die Einfuhr von Salz ständig zollpflichtig blieben. Kaunisches Salz wurde nach Plinius besonders als Zusatz für Augensalben und Pflaster empfohlen. Kaunische Sklaven, Männer wie Frauen, waren im Altertum recht geläufig. Erwähnt werden auch Harz und Pech, wobei es sich nicht um Erdpech, sondern um gebranntes Harz handelt. Man führte das Harz auf dem Landweg aus den noch heute für Karien charakteristischen Pinienwäldern ein, weil es unerläßlich wichtig für den Schiffsbau und Reparaturarbeiten in den Werften von Kaunos war. Nehmen wir den Handel mit Salzfisch hinzu, so gewinnen wir ein anschauliches Bild von der bedeutenden Wirtschaftsblüte in römischer Zeit.

Die **Ruinen von Dalyan** kann man jetzt sehr leicht auf dem Landweg erreichen. Etwas südlich von Adaköy zweigt eine Straße von der Hauptstraße Köyceğiz – Fethiye ab. Die Fahrbahn ist sehr gut; auch gibt es im Dorf Dalyan eine Tankstelle. Wenn man will, kann man ein Boot in Köyceğiz mieten; spielt die

Zeit keine Rolle, ist eine solche Fahrt wegen der reizvollen Seelandschaft höchst empfehlenswert. Die Zufahrt auf dem Fluß dürfte außer für ein Ruder- oder Motorboot wegen der Sandbank an der Mündung schwierig sein, doch scheint die Bank zu wechseln. Um die antike Stätte vom Dorf her zu erreichen, muß man den Fluß überqueren. Gewöhnlich kann man dies nicht bei der neuen Fischereistation tun, sondern mit einer Fähre vom Dorf aus. Der Fährmann wirkt gewöhnlich auch als Führer durch die Ruinen, die über eine Meile jenseits liegen.

Vor dem Überqueren des Flusses wird die Aufmerksamkeit des Besuchers auf eine Reihe von G r ä b e r n gelenkt, die in das Felsenufer der anderen Seite eingeschnitten sind; sie bilden zweifellos die Hauptsehenswürdigkeit an dieser Stelle. Man kann zwei ungleichmäßige Reihen unterscheiden, von denen die obere *›Tempelgräber‹ mit Säulen*, die untere einfache *Kammern mit viereckigen Türen* aufweist (Tafel 12 oben). Einige Gräber der oberen Reihe erreicht man leicht, andere sind ohne Hilfsgerät nicht zugänglich. Die ›Tempelgräber‹ und einige der anderen besitzen einen aus dem Felsen gehauenen Umgang. Der Ausdruck ›Tempelgrab‹ bezieht sich nur auf die Fassadenausstattung und beansprucht keinerlei kultische Verehrung. Das Innere erinnert überhaupt nicht an einen Tempel, sondern besteht aus einer verhältnismäßig kleinen Kammer mit gewöhnlich drei Steinbänken für die Beisetzung der Verstorbenen. Nach Ausweis der Keramikfunde gehören diese Gräber in das 4. Jh. v. Chr. Lediglich drei oder vier weisen *Inschriften* auf; von ihnen enthält eine zwei karische Wörter, während die anderen nicht ursprünglich sind, sondern sich auf die Wiederbenutzung der Gräber in römischer Zeit beziehen. Merkwürdigerweise sind zwei Inschriften auf benachbarten Gräbern völlig wortgleich und beanspruchen das Grab für dieselben drei Personen. Die sorgfältig ausgearbeiteten Felsfassaden bestehen allgemein aus zwei jonischen Säulen zwischen zwei Anten, einem darüber angebrachten Zahnschnitt-Fries und einem Giebel mit Akroterien an den drei Ecken. In zahlreichen Fällen sind die Säulen ganz oder teilweise weggebrochen. Der Giebel ist gewöhnlich ohne Schmuck; nur in einem Falle ist er mit zwei antithetischen Löwen ausgestattet.

Das größte aller Gräber in der dem Dorf nächstliegenden Gruppe

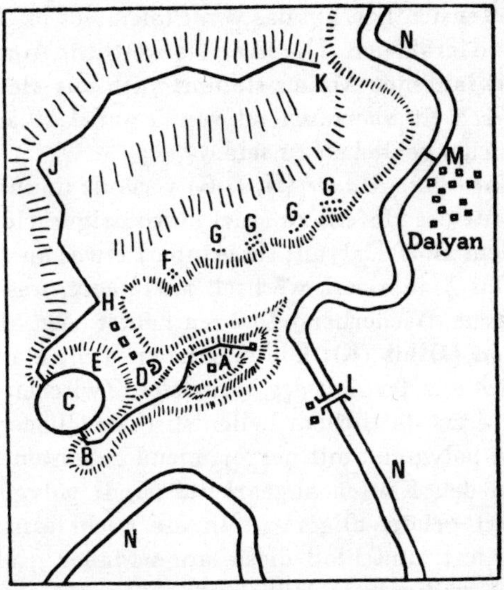

Abb. 25
Plan von Kaunos

A Akropolis-Hügel **B** Westausdehnung der Akropolis **C** Antiker Hafen **D** Theater **E** Neues Grabungsgebiet **F** »Karische« Gräber **G, G** Felsgräber **H, J, K** Lange Mauer **L** Neue Fischerei **M** Alte Fischerei **N, N** Dalyan Cayi, der antike Kalbis-Fluß

war mit vier Säulen geplant, die jedoch unvollendet blieben. Hier kann man interessanterweise die Arbeiten an der Anlage verfolgen: Dach, Giebel und Fries sind vollständig ausgeführt, während Kapitelle und die Enden der Säulenschäfte nur roh ausgeschlagen sind; darunter bemerkt man nur die rauchgeschwärzte Felswand.

Am westlichen Ende der Gräberreihen liegt eine Gruppe vom sog. karischen Typus; die *Beisetzungsgrube* ist in den Felsen eingetieft und mit einem Steindeckel verschlossen. In der Felswand unterhalb dieser Gruppe finden sich zahlreiche Nischen für Weihegaben an den Verstorbenen.

Der A k r o p o l i s - H ü g e l (A) ist ein eindrucksvoller Felsen von vielleicht 160 m Höhe, den man von weitem sehen kann. Auf allen Seiten steil, fällt er im Süden besonders abschüssig ab. Mauern und Türme auf dem Nordhang sind mittelalterlich; auf der Höhe liegen die Ruinen einer etwa 40 m langen und halb so breiten *Befestigungsanlage* aus gutem Quaderwerk; es handelt sich offensichtlich um das von Ptolemaios im Jahre 309 v. Chr. eroberte Herakleion. Die über die westliche Ausdehnung **(B)** der Akropolis laufende Mauer stammt auch aus klassischer Zeit; ihre Stärke wechselt überraschend von 3 auf 1,50 m. Vom *Persikon* scheint nichts geblieben zu sein.

Die *lange Mauer* **(H, J, K)** verläuft ununterbrochen von der Nordseite des Hafens zu einer abschüssigen Höhe über dem Fluß hinter dem Dorf Dalyan; sie erinnert etwas an die Landmauer von Iasos. Das Mauerwerk wechselt auffallend, was offensichtlich auf mehrfache Wiederherstellungen deutet. Am ältesten ist der obere Teil von **(J)** bis **(K)**. Die originalen Teile stammen höchstwahrscheinlich aus der Zeit des Maussolos. Zwischen **(H)** und **(J)** wechselt der Stil zu stattlichem hellenistischen Quaderwerk. Die Mauer unten ist polygonal mit hervorragend gebossten Blöcken, die gelegentlich an den Kanten abgearbeitet sind; polygonales Mauerwerk dieser Art gehört allgemein in die nachklassische Zeit. Wie oben erwähnt, umschloß diese lange Mauer größtenteils nicht mehr als die völlig freie Hügelseite. Man hätte die Stadt auch ebensogut mit einer kürzeren und leichter zu bemannenden Mauer verteidigen können. Doch die Pläne des Maussolos waren immer sehr großzügig, und er dürfte für Kaunos einen größeren Stadtbereich im Auge gehabt haben als er je verwirklicht wurde. Wir sahen, daß für Myndos und Theangela eine ähnliche Situation vorlag.

Nahe am Fuß der Akropolis liegt das **Theater (D),** das anziehendste aller noch stehenden Bauwerke. Es ist nach Westen ausgerichtet; die nördliche Hälfte ist mit Quadermauern abgestützt, die südliche in den Felsen geschnitten. Das Theater hat eine durchschnittliche Größe mit einem einzigen Umgang und 34 Sitzreihen, von denen 18 unterhalb des Umgangs *(Diazoma)* und 16 oberhalb liegen. Die Anlage ist vorwiegend griechisch. Der Zuschauerraum *(Cavea)* umschreibt beträchtlich mehr als einen Halbkreis. Die zwei gewölbten Eingänge an der Nordseite scheinen original zu sein. Entsprechende Zugänge an der Südseite waren natürlich nicht möglich. Die Zahl der ursprünglich zehn Treppen ist über dem *Diazoma* nicht wie gewöhnlich verdoppelt. Der untere Teil der Bühne ist noch erhalten und würde eine Ausgrabung lohnen; heute ist er verschüttet und überwuchert. Die Bühne ist vom Zuschauerraum in griechischer Weise durch Parodoi getrennt, von

denen der nördliche teilweise durch einen merkwürdigen Vorsprung vom *Analemma* blockiert ist, dessen Zweck nicht geklärt ist. Ein Teil der nördlichen Stützmauer ist in den letzten Jahren eingestürzt, und ein großer Johannisbeerbaum muß beim Durchwachsen durch das nördliche *Analemma* auch dieses gefährden.
Auf dem Bergrücken nördlich vom Theater liegt eine Reihe von drei Bauten. Bei dem ersten handelt es sich um eine *Kirche* vom Basilikatypus mit Apsis und drei Schiffen; das viereckige Mauerwerk mit reizvoller Verzierung ist vorzüglich. Nördlich davon ist eine große massive Badeanlage und wiederum nördlich davon ein kleineres Gebäude, das man zu einem Tempel rechnet; diese Auffassung ist sicherlich falsch. Weder die zwei Türen an den Verbindungsseiten noch die Anlage der Innenmauern passen zu einem Tempelplan, so daß der Gedanke an eine Bibliothek plausibler erscheint. Die nördliche Tür ist von eingerückten kannelierten Säulen mit einer Viereckstütze flankiert. Die Plattform dieses Gebäudes ist im Westen durch eine Reihe von aufrecht- und querliegenden Säulentrommeln gestützt. Diese drei Gebäude sind verhältnismäßig spät; eine Grabung würde sich zweifellos lohnen.
Die Grabungen haben bisher beträchtlich zum Reiz von Kaunos beigetragen. Als der Autor 1946 die lange Zollinschrift entdeckte, vermutete er, daß die Gebäuderuine wahrscheinlich ein Zollhaus war. In Wirklichkeit handelte es sich um ein *Brunnenhaus*, das von den Ausgräbern aus seinen eigenen Steinen wieder zusammengebaut wurde. Die Inschrift befindet sich auf der Außenseite der Westfassade. Vor der Frontseite liegt eine Weihe-Inschrift an *Kaiser Vespasian;* doch ist zweifelhaft, ob es sich um die ursprüngliche Weihe-Inschrift des Gebäudes handelt.
Nicht weit davon konnte eine Halle *(Stoa)* geklärt werden, deren Mauerwerk jedoch dürftig ist und viele wiederverwendete Steine aufweist. Innen liegt ein großer Block mit einer Ehreninschrift, in der die Bevölkerung von Kaunos und das römische Volk für Wohltaten gerühmt werden.
Zwischen dem Felsrücken und dem Hafen entdeckten die Ausgräber 1969 ein interessantes und in mancher Hinsicht rätselhaftes Gebäude. Zwei konzentrische Ringe bilden über Dreiviertel eines Kreises. Der Innenring besteht aus einer dünnen

dürftigen Mauer von 45 cm Höhe mit gegipster Oberfläche und unkannelierten Säulen in Zwischenräumen. Der Außenring ist ein schmaler Stylobat aus weißem Marmor mit schlanken flachkannelierten Säulen, die kleine Schlitze wie zur Befestigung einer Art Gitter haben. Rückwärts befindet sich ein halbkreisförmiges Podium über drei Stufen mit einer Reihe von unkannelierten Säulen dahinter, die unregelmäßig verteilt sind. In der Mitte liegt eine runde Flachplatte aus Purpurstein, die jetzt in zwei Teile zerbrochen ist. Die Bestimmung dieses ungewöhnlichen Gebäudes wird nicht unmittelbar deutlich. Die Ausgräber vermuteten, daß der Innenring ein seichtes Badebecken enthielt, das von einer Kolonnade umstellt war. Der gegipste Überzug innen stützt diese These; die Badenden dürften vom Podium in das Wasser gestiegen sein. Das Gitter im Außenring diente vermutlich dazu, daß das Becken nur von dieser Seite betreten werden konnte. Aber die Bestimmung des runden Flachsteines bleibt dunkel, es sei denn, daß es sich nur um einen Sitz gehandelt hat. Ein Badebecken, das außerhalb des Hauses liegt, ist nach des Autors Erfahrung höchst ungewöhnlich (Tafel 13 oben).

Neben diesem Gebäude ergab eine tiefe Grube Keramikreste, die bis in das 9. Jh. v. Chr. zurückführen; sie lassen hoffen, daß die Ausgrabungen neues Licht auf die frühe Geschichte der Stätte werfen werden.

Die Inschriften von Kaunos erwähnen eine Anzahl kleinerer Orte in der Nachbarschaft der Stadt, von denen einer, nämlich **Pasanda,** jüngst mit hoher Wahrscheinlichkeit bestimmt werden konnte. Im 5. Jh. entrichtete Pasanda in den Delischen Bund eine ebenso hohe Abgabe wie Kaunos (bis 425 v. Chr.), sank aber später zu einem *demos* herab. Eine antike Überlieferung setzt den Ort dreißig Stadien (zwischen drei und vier Meilen) südlich von Kaunos an; in dieser Richtung wurde kürzlich über dem Südende des Solungur-Sees ein kleiner stadtähnlicher Platz gefunden. Außer einer Mauer steht nichts mehr. An acht Stellen mindestens ist eine Vertiefung in den Fels zur Aufstellung einer Stele nachgewiesen, und eine dieser Stelen hat sich gefunden; sie enthält eine *Namensliste* und gehört offensichtlich in das 2. Jh. v. Chr.

15. Alabanda

Der antike Fluß Marsyas, heute der Çine Çayi, der einen großen Teil seines Laufes in einer tiefen Schlucht zurücklegt, geht bei seinem nördlichen Ende vor der Mündung in den Mäander in eine breite Fruchtebene über. Diese wird nun von der *kaza* von Çine kontrolliert; im Altertum war sie das Gebiet von Alabanda. Bis in das jetzige Jahrhundert lag die Stadt Çine etwa fünf oder sechs Meilen weiter nach Süden, wo sich jetzt das Dorf Alt-Çine befindet; das heutige Çine wurde dann Kiroba genannt. Für Besucher, die nicht zu anspruchsvoll in bezug auf Hotels sind, bildet Cine einen brauchbaren Ausgangspunkt nach Alabanda, Alinda und nach mehreren Nebenstädten.

Alabanda, die dritte von Strabos drei bemerkenswerten Städten im Landesinneren, war im Altertum ein einigermaßen bedeutender Ort. Seine *Gründungssage* wird uns durch Stephanos von Byzanz mitgeteilt[1]. Danach bedeutet im Karischen »*ala*« »Pferd« und »*banda*« »Sieg«. Der mythische König Kar gab nach einem siegreichen Reitergefecht seinem Sohn den Namen Alabandos und benannte die Stadt nach ihm. Cicero erwähnt in seiner Schrift »Über die Natur der Götter« den Gott Alabandus. Anscheinend hat sich in der Stadt ein Kult dieser namengebenden Gestalt bis in römische Zeit behauptet. Sein Bild ist etwas zweifelhaft auf bestimmten Münzen von Alabanda erkannt worden.

Die älteste geschichtliche Erwähnung der Stadt findet sich im Zusammenhang mit einem Zwischenfall, der sich während des von

[1] Siehe S. 201

Xerxes gegen Griechenland geführten Feldzuges (480 v. Chr.) ereignete. Die griechischen und persischen Schiffsverbände ankerten nicht weit von der Nordspitze der Insel Euböa. Ein zurückgebliebenes persisches Geschwader von fünfzehn Schiffen hielt irrtümlicherweise die griechische Flotte für die eigene und segelte mitten in den feindlichen Verband hinein. An Bord eines dieser Schiffe befand sich *Aridolis*, der Tyrann von Alabanda, der gefangen genommen wurde. Herodot sagt nicht, daß er Schiffskapitän war; es würde überraschen, wenn eine so weit landeinwärts gelegene Stadt wie Alabanda eine Verbindung mit dem Meer gehabt hätte. Wir dürfen annehmen, daß Aridolis eher im Heer des Xerxes als bei der Flotte diente.

An dieser Stelle behandelt Herodot Alabanda wie eine Stadt in Karien. Für das folgende Jahr 479 v. Chr. aber teilt er uns mit, daß »eine große Stadt in Phrygien« von dem Perserkönig einem gewissen *Amyntas* übergeben wurde. Stephanus andererseits erwähnt eine zweite Stadt Alabanda in Karien. Was sollen wir damit anfangen? Es gibt keinen sonstigen Hinweis auf ein zweites Alabanda, weder in Karien noch in Phrygien, und es ist offensichtlich unwahrscheinlich, daß eine große Stadt in Phrygien ohne Erwähnung in der Überlieferung verschwunden sein soll. Herodot scheint hier ungenau zu sein. Wir dürfen annehmen, daß Amyntas nach der Gefangennahme des Aridolis im Vorjahr diesem in der Herrschaft über Alabanda folgte. Die Behauptung von Stephanus ist unsicher. Wir können sicherlich annehmen, daß es nur eine einzige Stadt Alabanda gab.

Im Zusammenhang mit dem Zug *Alexanders des Großen* wird Alabanda nicht erwähnt. Wir hören von der Stadt erst gegen Ende des 3. Jh.s v. Chr. Damals trug sie den Namen »Antiochaia der Chrysaorier« zu Ehren *Antiochos' III.*, des hellenistischen Königs von Syrien. Ein Erlaß des Amphiktyonen-Rates von Delphi aus den letzten Jahren des Jahrhunderts erwähnt einen aufgrund eines Orakels nach Delphi entsandten Gesandten aus Antiocheia, der Antiochos wegen der Bewahrung »von Demokratie und Frieden« der Stadt pries und den Rat in Übereinstimmung mit dem Wunsch des Königs ersuchte, die Unverletzlichkeit des Stadtgebietes anzuerkennen. Der Rat entschied daher, daß die Stadt und ihr Territorium als unverletzlich zu betrachten seien, auch seien sie dem

Zeus Chrysaoreus und dem Apollon Isotimos geheiligt. Außerdem stimmte er ab, daß im Heiligtum des Delphischen Apollon Statuen der Stadt und des Königs errichtet werden sollten. In der Präambel wird die Stadt als »Antiocheia des Volkes der den Griechen verwandten Chrysaorier« bezeichnet. Das bezieht sich nicht auf eine ursprüngliche völkische Verwandtschaft, sondern auf die anerkannte Hellenisierung einer karischen Gemeinde. Alabanda war erst von den Seleukiden hellenisiert worden, und die griechische Bevölkerung herrschte vor.

Von den beiden hier erwähnten Gottheiten ist *Zeus Chrysaoreus* geläufig[2], aber *Apollon Isotimos* eigenartig für Alabanda. Isotimos bedeutet »an Ehre gleich«. Da Apollon der von den Seleukiden bevorzugte Gott war, vermutete man, daß sein Kult von Alabanda als Kompliment für sie aufgenommen wurde, so daß der Gott dem einheimischen Zeus gleichrangig war. Gleichzeitig ist es möglich, daß es sich um eine ursprünglich einheimische Gottheit handelte, die später mit dem griechischen Gott identifiziert wurde.

Eine allgemein unter den Griechen anerkannte Unverletzlichkeitserklärung war für eine Stadt im 3. Jh. v. Chr. eine große Sache, da sie während der unruhigen hellenistischen Zeit vor Plünderungen verschont bleiben sollte. Doch half sie Alabanda nicht: ein Jahr später überrannte der Makedonenkönig *Philipp V.* Karien und plünderte das Gebiet von Alabanda wie das eines Feindes. Zur Verteidigung seines gottlosen Vorgehens erklärte der König einfach und freimütig, wesentlich sei, daß seine Soldaten etwas zu essen hätten.

Die Schlacht von Magnesia im Jahre 190 v. Chr. beendete die Seleukidenherrschaft, und Antiocheia hieß wieder Alabanda. Als mit der Ratifizierung des *Friedens von Apamea* Lykien und Karien südlich des Mäander an Rhodos fielen, war Alabanda einbezogen. Doch kann die rhodische Kontrolle kaum mehr als nominell gewesen sein. Der einzige Hinweis darauf ist im frührömischen Reich die Existenz eines Helios-Priesters in der Stadt; denn Helios war ausschließlich eine rhodische Gottheit. Als 167 v. Chr. das vom Friedensvertrag ausgeschlossene Mylasa Streit mit Rhodos bekam, kam Alabanda Mylasa zu Hilfe und handelte wie eine

[2] Siehe S. 22 und 92/93

freie Stadt. Für diesen tatsächlichen Status spricht auch der Bericht des Livius, wonach im Jahre 170 v. Chr. Gesandte aus Alabanda nach Rom kamen, um ein Geschenk von dreihundert Schilden und eine fünfzig Pfund schwere Goldkrone zu Ehren des Jupiter zu überbringen; sie erinnerten den Senat daran, daß ein Tempel der Stadt Rom in Alabanda gebaut worden und die Einrichtung von Spielen zu Ehren der Roma durchgeführt sei. Was die Gesandten von Alabanda als Gegenleistung forderten, erfahren wir nicht von Livius, sondern aus einer Inschrift jener Zeit, wonach Alabandas Gesandtschaft ein Bündnis mit Rom erstrebte. Die Antwort des Senates war in beiden Fällen günstig. Ob die beiden Gesandtschaften dieselben waren oder nicht, in jedem Falle handelt es sich um das Verhalten einer freien Stadt, und man kann glaubwürdig annehmen, daß Alabanda nie wirklich Untertan von Rhodos war.

Die frühesten Münzen von Alabanda wurden geprägt, bevor die Stadt ihren Namen änderte; darauf folgte eine Emission von stattlichen Silbermünzen mit dem Namen ›Antiocheia‹. Unter der nominellen Herrschaft von Rhodos scheint die Münzprägung aufgehört zu haben; doch wurde sie nach der Freiheitsgarantie von 167 v. Chr. wiederaufgenommen. Diese Münzreihe weist die Daten von 1 bis 33 auf und dauerte offensichtlich bis zur römischen Erbschaft von Pergamon im Jahre 133 v. Chr., als die Provinz Asia eingerichtet wurde. Die häufigste Darstellung auf den frühen Münzen ist das Flügelpferd Pegasos; ob die Entscheidung für das siegreiche Sagenpferd mit der vermuteten Etymologie des Stadtnamens zusammenhängt, ist kaum zu klären, wenn auch nicht geleugnet werden kann, daß das Gelände von Alabanda hervorragend für Reiterei geeignet war. Nach der Einrichtung der römischen Provinz wurden anscheinend bis in die frühe Kaiserzeit keine Münzen mehr geprägt.

Wie es Alabanda während des *Mithridates*-Einfalls in die römische Provinz erging, ist nicht bezeugt. Aber die allgemein unzulängliche Provinzverwaltung zur Zeit der römischen Republik traf die Stadt ebenso wie die anderen. 51 v. Chr. nannte sie Cicero unter fünf an den römischen Bankier Cluvius verschuldeten Städten. Die Lage besserte sich auch nicht, als elf Jahre später der abtrünnige Labienus mit seinen parthischen Verbündeten eintraf[3]. Wie

[3] Siehe S. 25

Oben links: Gerga. Fels mit Inschrift – Oben rechts: Gerga. Rednertribüne (?) – Unten links: Gerga. Pyramidenförmige Stele mit Inschrift – Unten rechts: Gerga. Tempel

17

Oben: Incekemer. Brücke

18

Unten: Nysa. Das Theater

Oben: Nysa. Die Bücherei

19

Unten: Aphrodisias. Das Stadion

20 *Aphrodisias. Tempel der Aphrodite*

Mylasa so erhielt auch Alabanda eine Garnison, die später bei einem Aufstand niedergemetzelt wurde. Dafür wurde die Stadt von Labienus in eine schwere Geldstrafe genommen und büßte mit der Plünderung ihrer Heiligtümer.

Bessere Zeiten kamen für Alabanda wie für die übrigen Städte mit Beginn der Kaiserzeit. Alabandas Beziehungen zu Rom scheinen allgemein gut gewesen zu sein. Wir hören von städtischen Kulten für *Caesar*, *Roma* und *Augustus* sowie für die Gesundheit und Sicherheit des Kaisers; letzterer Kult ist merkwürdig und einzigartig. Alabanda hatte den Rang eines *conventus*, was bedeutete, daß der Provinzgouverneur regelmäßige Sitzungen in der Stadt abhielt. Die Münzprägung war reichlich, und der Wohlstand der zu Luxus und Ausschweifungen neigenden Bürger allgemein. Strabo erwähnt die zahlreichen Harfenspielerinnen, die für ein Bankett unerläßlich waren. Münzen des 3. Jh.s bezeugen das Privileg der *ateleia* oder der Steuer-Immunität. Doch fehlen überraschenderweise zwei andere Privilegien. 22 n. Chr. ließ der Kaiser *Tiberius* die Unverletzlichkeitsansprüche der verschiedenen Städte untersuchen. Ob Alabanda unter Bezugnahme auf den zweihundert Jahre vorher ergangenen Beschluß des Amphiktyonien-Rates einen Anspruch auf Unverletzlichkeit für die Tempel des Zeus und Apollon erhob, erfahren wir nicht; jedenfalls fehlt der Name der Stadt in dem Verzeichnis der Städte, die das Unverletzlichkeits-Privileg erhielten, und der Titel »unverletzlich« erscheint auch nicht auf den Münzen von Alabanda. Ebenso vermißt man den Titel ›Neocorus‹ (Tempel-Aufseher) ungeachtet der zahlreichen Tempel für den Kaiserkult. Die Münzprägung reicht bis zur Mitte des 3. Jh.s. Später begegnen wir Alabanda als Bistum unter der Metropolis von Aphrodisias.

Mehrere Spezialerzeugnisse sind bekannt. Wir hören vom Hanf aus Alabanda, der sich besonders für Jagdnetze eignete, und von einem besonderen Edelstein wie Granat, doch dunkler in der Farbe und grob. In den Bergen um die Stadt brach man einen seltenen sehr dunklen, beinahe rötlichen Marmor, der sich bei Hitze löste und zur Glasindustrie verwendet wurde. Rosen und Kristall aus Alabanda andererseits sind erwähnenswert, waren aber weniger geschätzt und verhältnismäßig billig.

Schließlich mag noch der »Sprachfehler von Alabanda« erwähnt werden, der in einer eigentümlichen falschen Verwendung von Verneinungen beim Gebrauch des Griechischen bestand; dieser Fehler wurde jedoch in der Tat mehr und mehr im nachklassischen Griechisch der ganzen Alten Welt üblich.

Strabo berichtet über die Lage der Stadt, daß sie unter zwei anstoßenden Hügeln das Bild eines mit Tragkörben beladenen Packesels zu bieten schien. Ein gewisser Apollonius fügte hinzu »Tragkörbe mit Skorpionen, da dieses Ungeziefer massenweise hier wie in Mylasa und dem dazwischen liegenden Land vorkommt«. In der Umgebung von Araphisar sah der Autor wirklich zum erstenmal einen lebenden Skorpion, doch kam ihm niemals der Vergleich mit einem beladenen Packesel.

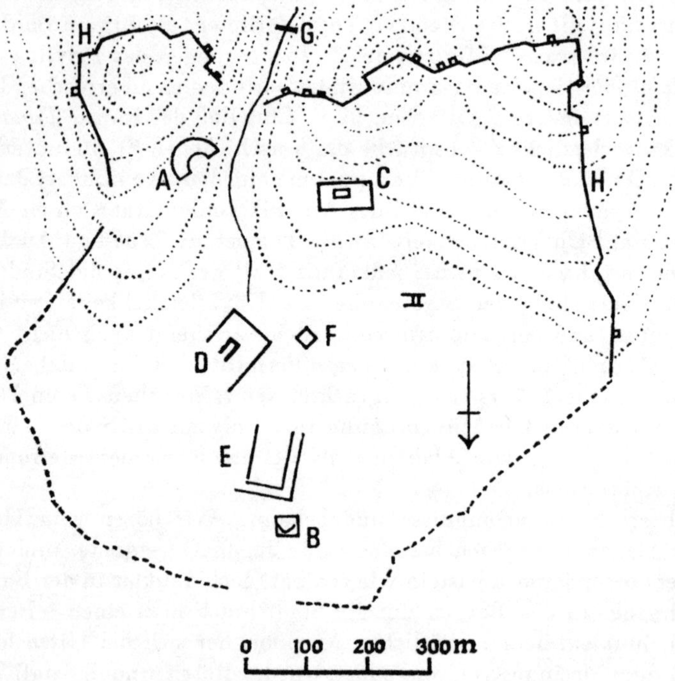

Abb. 26 Plan von Alabanda

A Theater **B** Rathaus **C** Dorischer Tempel **D** Tempel des Apollon Isotimos **E** Agora? **F** Bäder? **G** Aquädukt **H, H** Stadtmauer

Abb. 27 Alabanda. Theater

Die S t a d t m a u e r – Abb. 26 – **(H, H)** folgt den Hügelrücken und umschloß einst einen beachtlichen ebenen Bereich am Nordhang. Davon nimmt das heutige Dorf Araphisar nur einen kleinen Zipfel ein. Das größere Stadtgebiet lag flach, so daß die Ruinen leicht dem Abtransport von Steinen und der Überschwemmung durch einen kleinen Wasserlauf im Winter ausgesetzt waren, der sich in der Ebene verlor. Die antiken Grundrisse liegen dementsprechend etwa 3 oder 4 m unter dem heutigen Niveau.

Die R i n g m a u e r mit ihren zahlreichen Türmen ist auf der Höhe stellenweise noch gut erhalten, in der Ebene dagegen meist zerstört. Erbaut ist sie im klassischen Stil mit zwei Zügen aus leicht geboßtem Quaderwerk und einer Zwischenfüllung aus Schutt. Sechs oder sieben T o r e kann man an den Mauerdurchlässen noch ausmachen.

Das große **Theater (A)** ist nur in den Endabschnitten der Stützmauer erhalten, die aus schönem geboßten Quaderwerk besteht (Abb. 27) und beiderseits einen überwölbten, heute blockierten Durchgang für die Zuschauer aufweist. Von hier gelangte man zweifellos wie üblich zum *Diazoma* (Umgang), von dem jedoch ebensowenig erhalten ist wie von den Sitzreihen; auch das Bühnengebäude ist völlig verschwunden. Nach der Größe des Zuschauerraumes *(Cavea)* ist es wahrscheinlich, daß ein zweites *Diazoma* weiter oben lag. Die nach Nordwest ausgerichtete *Cavea* umschreibt mehr als einen Halbkreis und legt eine Datierung in vorrömische Zeit nahe. Die Fassade ist mehr als 90 m lang. Die 1905/06 von Etem Bey ausgeführten Grabungen ließen das Theater unberührt.

Viel besser erhalten ist das eindrucksvollste Bauwerk der Ruinenstätte, eine rechteckige Anlage **(B),** die mit hoher Wahrscheinlichkeit als **Rathaus** angesehen werden kann (Tafel 13 unten, Abb. 28) und wie das Theater noch nicht ausgegraben ist. Die Mauern sind aus stattlichen braunen Quadersteinen errichtet, wobei ein breiterer Lauf mit einem schmaleren wechselt. In der teilweise noch 9 m anstehenden südlichen Frontmauer befinden sich vier, heute verschüttete Türen. Über dem kräftig vorkragenden Gesims lief eine an ihrem östlichen Ende noch erhaltene Fensterreihe. Die Quadern dieser Mauer tragen zahlreiche Steinmetzzeichen in Form von ein oder zwei griechischen Buchstaben, die die Verlegung der Blöcke anzeigen sollten, aber keine dementsprechende Ordnung erkennen lassen. Das sehr zerstörte Innere nahmen offensichtlich Sitze ein, deren Reihen noch in einer leicht ansteigenden und einschwingenden Kurve ausgemacht werden können. Auf jeder Seite befindet

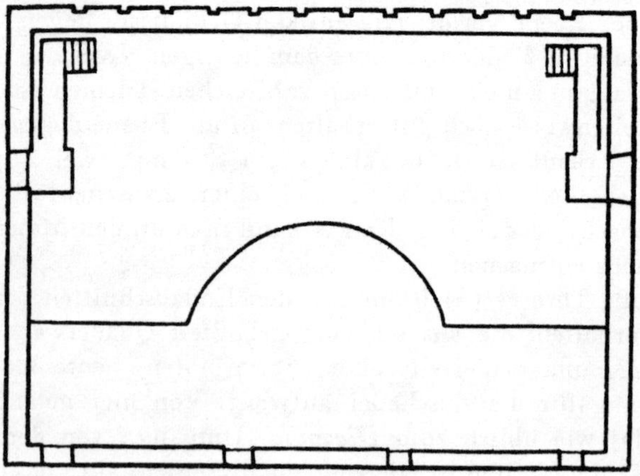

Abb. 28 Alabanda. Rathaus

sich ein im Osten fast verschütteter Treppenzugang zu den hinteren Sitzreihen. Auffallend ist an diesem Gebäude eine auf allen vier Seiten in die Mauer eingelassene Reihe von quadratischen Nischen, die besonders im Süden gut zu erkennen ist. Sorgfältig ausgeschnitten, gehören sie sicher nicht zum ursprünglichen Plan und können auch nicht erklärt werden. In der Nordmauer ist zusätzlich noch eine Reihe von größeren Nischen mit leicht vorkragendem unteren Gesims in die Mauer eingetieft; sie dienten im originalen Bauplan irgendeinem unbestimmten Schmuckwerk.
Außerhalb der Stadt im Süden ist der ›Kemerderesi‹ genannte Wasserlauf von einem Aquädukt des üblichen römischen Typus überspannt (Tafel 14 oben), dessen oberer Teil mit der eigentlichen Wasserleitung zerstört ist; so ist heute der Bogen höher als die anschließende Mauer. Man sagt im Dorf, daß dieser Aquädukt und die Brücke über den Marsyas bei Incekemer an der Straße nach Muğla etwa zwölf Meilen südwestlich, zu ein und derselben Wasserleitung gehören; wahr ist, daß die Brückenbogen, wenn auch größer, eine ähnliche Konstruktion wie der Aquädukt von Alabanda aufweisen.
Die Reste des **Tempels (C)** kamen bei den Ausgrabungen 1905 zutage. Er stand hügelwärts auf einer künstlichen Terrasse; nur die Fundamente sind übriggeblieben. Gesichert ist die *dorische* Ordnung mit elf kannelierten Säulen an den Längsseiten und sechs an den Schmalseiten; bei den Grabungen wurde nur noch ein einziger Säulenstumpf *in situ* gefunden, während die übrigen Säulen verschleppt oder umgestürzt waren. Die viereckigen Steinplatten, auf denen die Säulen standen, gehören zum nicht erhaltenen Stylobat, dürfen also nicht als Basen angesehen werden. Der Tempel umfaßte eine ungewöhnlich tiefe Vorhalle *(Pronaos)* und die *Cella*, besaß aber keinen *Opisthodom;* im Gegensatz zur üblichen Orientierung ist er nach Westen ausgerichtet. Welcher Gottheit der Tempel geweiht war, ist äußerst schwer zu entscheiden. Die Ausgräber fanden fünfundfünfzig Münzen vom gleichen frühen Typus mit dem Kopf des Apollon, die jedoch für die Bestimmung nicht zwingend sind; nach einer auf der Terrasse entdeckten Figur der Artemis-Hekate spricht man heute allgemein von einem **Artemistempel.** Die Westorientierung des Artemistempels von Magnesia würde eine Parallele bieten, doch reicht sie nicht für die

sichere Zuweisung an eine bestimmte Gottheit aus. Nach Ausweis der Münzen kann der Tempel kaum lange vor 200 v. Chr. errichtet worden sein; ein Beweis für genaue Datierung fehlt jedoch.

Bei **(F)** auf dem Plan befand sich ein großes Gebäude, das eine Badeanlage gewesen zu sein scheint. Noch ist es nicht ausgegraben; im Durcheinander des Ruinenhaufens ragt ein flacher Bogen hervor. Der ungewöhnlich erscheinende Grundriß ist noch nicht vollständig bestimmt.

Zwischen dieser Ruine und dem Rathaus liegt bei **(E)** ein offener Bereich von 120 zu 80 m Ausmaß, der ursprünglich von einer Säulenhalle mit Zugang im Südwesten umgeben war. Die Ausgräber neigten zuerst zu der Annahme, es handle sich um ein Gymnasion; die meisten Gelehrten ziehen es heute vor, hier den Marktplatz anzusetzen. Heute sieht man nicht mehr als den freien Platz.

Das bei weitem bedeutendste Bauwerk der antiken Stadt war der **Tempel des Apollon Isotimos (D).** Früher nahm man an, daß er von dem berühmten aus Alabanda stammenden Architekten Hermogenes im frühen 2. Jh. v. Chr. erbaut worden sei. Als Beweis dafür sah man eine Textstelle bei Vitruv an, die sich auf den Pseudoperipteraltempel bezieht: »dafür gibt es kein Beispiel in Rom, wohl aber in Magnesia mit dem Dianatempel von Hermogenes aus Alabanda und dem Apollotempel von Menesthes«. Jetzt glaubt man, daß der Text verderbt sei und Vitruv wirklich geschrieben habe »und in Alabanda der Apollotempel von Menesthes«. Jedenfalls sagt Vitruv nicht, daß der Apollotempel von Hermogenes war; eine andere Überlegung spricht dafür, daß Hermogenes ein Bürger von Priene war. Ein anderer Bau des Menesthes scheint nicht bekannt gewesen zu sein.

Der Tempel wurde im Laufe der Zeit vollständig verschüttet; die Fundamente und zahlreichen Architekturstücke wurden 1905 in einer Tiefe von 4 m unter der Oberfläche entdeckt. Es handelt sich um einen von Nordosten nach Südwesten liegenden Bau mit Eingang im Nordosten. Der Tempel war als jonischer Pseudoperipteros errichtet, wobei die umgebende Säulenstellung anders als üblich im doppelten Abstand von der *Cella* entfernt gesetzt war. Dreizehn weiße Marmorsäulen mit fast 1 m Durchmesser standen auf den Längsseiten, acht auf den Schmalseiten. Vom Fries mit der Darstellung einer Schlacht zwischen Griechen und Amazonen fand man mehrere Blöcke. Nach Ausweis einer Inschrift war der Tempel in römischer Zeit dem Apollon Isotimos und den vergöttlichten Kaisern geweiht. Die Ruinen haben seit der Ausgrabung sehr gelitten, heute kann man kaum noch einen Stein über dem anderen sehen. Der Plan ist am besten auf der Westseite zu überschauen. Nur noch wenige Marmorblöcke liegen herum.

Außerhalb der Stadt liegt im Westen eine ausgedehnte **Nekropole;** Hunderte von Sarkophagen säumen die zur Stadt führende Straße. Sie sind alle vom gleichen rechteckigen Kastentypus mit einem flachen Granitdeckel. Die meist verwischten Inschriften nennen gewöhnlich Gewerbe oder Beruf des Verstorbenen, nämlich Bankier, Architekt, Lehrer, Arzt, Walker, Färber, Gärtner, Gerber sowie interessanterweise auch einen Spaßmacher und einen Laternenanzünder.

16. Alinda und Amyzon

ALINDA

Im Vergleich mit Alabanda liegt die Nachbarstadt Alinda in geschichtlichem Dunkel. Aber die Ruinen bei Karpuzlu (früher Demirciderési) sind denen von Alabanda weit überlegen und gehören zu den schönsten in Karien. Überraschenderweise wurden sie niemals ausgegraben. Die Stätte wurde 1765 von Chandler besucht, doch gab sein kurzer und nüchterner Bericht keine Vorstellung von dem außergewöhnlich guten Erhaltungszustand der Bauten. Chandler hielt die Stadt für das antike Alabanda. Die wahre Identität stellten später Sir Charles Fellows und andere auf Grund von Münzen fest, die noch heute das Hauptzeugnis für das Lokalisieren von Alinda bei Karpuzlu sind; nichtsdestoweniger ist die Identifizierung sehr sicher.

Abgesehen davon, daß es sich um eine rein karische Gründung handelt, ist nichts über den Ursprung von Alinda bekannt. Das erste und einzige Erscheinen der Stadt in der Geschichte steht im Zusammenhang mit der Königin *Ada*, der Schwester des Maussolos[1]. Entthront und von ihrem Bruder *Pixodaros* um 340 v. Chr. vertrieben, zog sich Ada nach Alinda zurück, wo sie sich in einer halbköniglichen Stellung behauptete und für jede Gelegenheit, ihren Thron wiederzugewinnen, bereit hielt. Sie sollte nicht lange darauf warten. Als *Alexander der Große* 334 v. Chr. nach Karien vorgedrungen war, machte sich Ada auf den Weg zu ihm, um ihm die Übergabe von Alinda anzubieten und ihn gegen die Usur-

[1] Siehe S. 20

patoren mit dem Hinweis zu unterstützen, daß es sich um ihre eigenen Verwandten handle. Sie machte mit wahrem königlichen Selbstvertrauen auch den Vorschlag, ihn als Sohn anzunehmen. Als Gegenleistung verlangte sie die eigene Wiedereinsetzung auf dem verlorenen Thron. Alexanders Antwort war huldvoll. Er lehnte die Annahme von Alinda ab und verschmähte es nicht, ihr Sohn genannt zu werden. Als später Halikarnassos mit Ausnahme der beiden Vorgebirge genommen war, überließ er ihr die Aufgabe, jene letzten Stützpunkte zu erobern, worauf er sie zur Königin über ganz Karien machte.

Adas Unterhandlungen mit Alexander dürften noch eine andere Folgerung für Alinda gehabt haben. Der Grammatiker Stephanos von Byzanz erwähnt in seinen ›Ethnika‹ unter achtzehn Städten mit dem Namen »Alexandreia« auch eine in Karien, die »Alexandria am Latmos« hieß; nach seiner Angabe besaß diese Stadt ein Heiligtum des Adonis mit einer Aphrodite des Praxiteles. Dieses Alexandria wird anderswo nicht erwähnt; der Name gehört offensichtlich zu den zahlreichen Herrschernamen, die in hellenistischer Zeit vorübergehend von Städten nichtgriechischen Ursprungs übernommen wurden; wir haben davon schon im Falle von Alabanda gehört. Einige Forscher vermuteten, daß es sich bei der fraglichen Stadt um Herakleia unter dem Latmos handelte; andere identifizierten den Namen mit größerer Wahrscheinlichkeit mit Alinda. Nichts liegt näher, als daß diese Stadt neu nach dem Namen des Eroberers benannt wurde, der so freundschaftliche Beziehungen mit der Königin pflegte. Von all den Städten, die den Zusatz »am Latmos« tragen konnten, hat Alinda sicherlich die meisten Ansprüche.

Möglicherweise erhalten wir noch einen weiteren Hinweis auf Alinda in hellenistischer Zeit. In einer in Karpazlu gefundenen Inschrift werden zwei Untergebene des Herrschers *Olympichos*[2] für ihre Dienste geehrt. Vielleicht hatte damals Olympichos sein Hauptquartier in oder bei Alinda. Doch ist dieser Schluß recht unsicher. Wir können kaum mehr folgern, als daß diese beiden fraglichen Männer aller Wahrscheinlichkeit nach Bürger von Alinda waren. Auch ist vermutet worden, daß die Inschrift überhaupt

[2] Siehe S. 22

nicht nach Alinda gehörte, sondern von anderswoher nach Karpuzlu gebracht wurde.
Wie sich die Sache auch verhalten mag, zweifellos erfolgte die Hellenisierung von Alinda nach Alexanders Feldzug sehr schnell. Die erwähnte Inschrift bezieht sich auf das Geschlecht der *Erechtheis;* dieser Name stammt aus Athen, wo es ein nach dem mythischen König Erechtheus benanntes Geschlecht gab. Gehört die Inschrift wirklich nach Alinda, so wäre sie ein höchst bemerkenswertes Zeugnis; und wenn Alinda im 3. Jh. auch eine Statue des Praxiteles besaß, so ergibt sich, daß die Stadt schnell ihren rein karischen Charakter verloren hat. Freilich kann nichts davon zwingend bewiesen werden; aber die noch vorhandenen Ruinen sind genug Beweis für diese Entwicklung. Sowohl das Theater als auch das herrliche Marktgebäude wurden in hellenistischer Zeit erbaut; auch beginnt um 200 v. Chr. die Prägung von Silbermünzen mit Herakles als häufigstem Bild. Die Stadtmauer dürfte älter sein und in die Zeit des Maussolos gehören; denn Arrian bezeichnet Alinda als eine der stärksten Städte, wobei er als sicher eine Befestigung vor Alexanders Ankunft unterstellt. Gleichzeitig war Alinda wie alle Städte karischen Ursprungs Mitglied der »Chrysaorischen Liga«.
In der Zeit der römischen Provinz Asia und während der *Kaiserzeit* hören wir nichts mehr von Alinda. Die Stadt setzte die Münzprägung bis in das 3. Jh. n. Chr. fort und wird später als Bistum unter der Metropolis von Stauropolis (Aphrodisias) genannt.

Kein Besucher von Alinda dürfte unbefriedigt weggehen. Die Lage ist sehr schön und rechtfertigt vollauf die Beschreibung Arrians. Die Anhöhe von 160–200 m ist auf allen Seiten mit Ausnahme der südwestlichen steil. Im Südwesten ist sie durch einen Sattel mit einer etwas höheren Erhebung verbunden, die ebenfalls einen Teil der Stadt bildete (Abb. 29). Die Ringmauer **(A, A)** aus gutem Quaderwerk ist in ihrem Verlauf größtenteils sehr gut erhalten; sie schließt den Gipfel und den Südost-Hang der Höhe ein, während der Nordhang außerhalb bleibt.
Wenn der Besucher von der modernen Stadt her ansteigt, gelangt er zuerst zur **Markthalle (C),** zweifellos dem Glanzstück der Stätte (Tafel 14 unten). Ähnliche Bauwerke findet man anderswo, zum

Beispiel in Arsos in der Troas, in Aigai in der Aeolis sowie in Seleukeia in Pamphylien, aber keins von ihnen ist so wunderbar erhalten. Es steht in seiner vollen Länge von etwa 100 m und meist in der Originalhöhe von 15 m. Von den drei Stockwerken befand sich das oberste auf einer Höhe mit der nördlich anschließenden Agora, von der aus das Marktgebäude betreten werden konnte. Das Erdgeschoß öffnet sich auf eine schmale Terrasse im Süden. Diese Terrasse ist teilweise aus dem Felsen der Anhöhe herausgeschlagen, teilweise durch eine zwischen die Felsen gesetzte und durch Strebepfeiler verstärkte Mauer gestützt. Das Erdgeschoß ist in seiner Länge von einer Mauer halbiert, und wiederum durch Querwände unterteilt, um paarweise Räume zu schaffen. Die äußeren dienten offensichtlich als Läden und konnten durch zwölf Türen der Außenmauer, zwei gewölbte und zehn rechteckige, betreten werden; andere Türen gestatteten den Zugang zur hinteren Raumflucht. Die äußeren Räume sind von unterschiedlicher Größe und besitzen nicht jeder eine eigene Tür; einige Türen führen zu zwei oder mehr angrenzenden Räumen. Die hintere Raumflucht ist fast ganz mit Schutt gefüllt. Wegen des ostwärts ansteigenden Bodens sind die vier letzten Türen die-

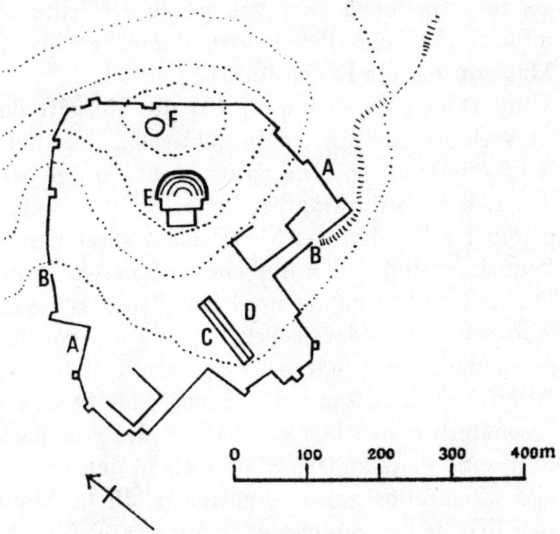

Abb. 29
Plan von Alinda

A, A Stadtmauer
B, B Tore
C Markthalle
D Agora
E Theater
F Turm

Umrisse annähernd

ser Seite höher als die übrigen versetzt. An der Schmalseite befindet sich ein gewölbter Zugang. Die äußere Raumflucht erhielt ihr Licht vorwiegend durch die vorderen Türen sowie durch Fensterschlitze in V-Form. Die hintere Raumflucht hatte nur soviel Licht wie von der vorderen einfallen konnte und muß ziemlich dunkel gewesen sein. In einigen, nicht in allen Fällen finden sich in den Türpfosten Einlässe für die Türhalterungen.

Der Mittelstock, nicht so hoch wie das Erdgeschoß, wird längs der Mitte von einer Reihe doppelter Halb-Säulen geteilt, viereckigen Pfeilern mit einer Halbsäule an jeder Seite. Diese stehen auf der langen Mittelmauer des Erdgeschosses, aber nicht, vom Zufall abgesehen, auf den Kreuzpunkten mit den kurzen Quermauern; der Abstand beträgt beständig 5 m, während die Räume darunter von verschiedener Größe sind. Licht kam durch kleine Fensterschlitze der Außenmauer; diese sind zur Lichtausbreitung innen abgeschrägt. Außerdem gibt es ein großes Fenster an der einen Schmalseite im Westen. Nichts deutet auf eine Raumunterteilung des Mittelstockwerks; Zwischenwände aus Holz wären zweifellos möglich gewesen, doch weist das große, für einen kleinen Einzelraum unnötige Fenster der Schmalseite darauf, daß es die ganze Halle erhellen sollte. Unklar bleibt, ob man das Mittelgeschoß von oben oder von unten erreichte. Auch der Zweck ist unbestimmt; möglicherweise diente es als Warenspeicher oder Magazin für die Läden im Erdgeschoß.

Vom Obergeschoß, das die Südseite der Agora begrenzte, ist verhältnismäßig wenig geblieben. Wie der Mittelstock war es längsgeteilt durch eine Säulenreihe; einige Stümpfe davon befinden sich noch an ursprünglicher Stelle, unmittelbar über die doppelten Halbsäulen des Mittelstocks gesetzt. Diese Säulen sind unkanneliert und haben nur einen schmalen Rundwulst an der Basis. Wahrscheinlich gab es noch eine Säulenreihe im Norden gegen die Agora hin, von der jedoch nichts geblieben ist. Von den Mauern der anderen drei Seiten ist nur ein Teil im Westen erhalten. Der Eckpfeiler steht 3 m hoch; daran schließt sich eine Reihe von fünf basenähnlich gebildeten Blöcken, die von flachen Blöcken unterteilt, eine ganz andere Mauer als in den unteren Stockwerken bilden. Zweifellos gab es Fenster in dieser Mauer und auch offensichtlich in der Südmauer, denn der Fußblock des Eckpfeilers ist an der Ostseite geformt. Die restliche Anlage dieses Stockwerks ist sehr unsicher; der Fußboden war wie der des Mittelgeschosses aus Holz.

Die **Agora** – (Markt) **(D)** – ist eine längs der ganzen Markthalle verlaufende Fläche von über 30 m Breite, die von einer Stützmauer gegen den sanften Hang der Anhöhe begrenzt wird. Sie war in der üblichen Weise von einer Säulenhalle (Stoa) umgeben, von der man noch einige Stümpfe sehen kann. Basen, die auf die Ausstattung der Agora mit Statuen schließen ließen, wurden nicht gefunden.

Das **Theater (E)** ist beinahe so gut erhalten wie die Markthalle und nicht weniger interessant (Tafel 15 oben). Es ist mit über 35 Sitzreihen von durchschnittlicher Größe, jedoch stark überwuchert, so daß Sitzsteine aus dem Verband gelöst wurden. Von dem einzigen Umgang *(Diazoma)* steht ein Teil der Rückwand. Auch das *Ambulatorium*, die offene Galerie oben, ist ebenfalls weitgehend geblieben. Der Zuschauerraum *(Cavea)* ist nach Südwesten ausgerichtet, entgegen der Regel des römischen Architekten Vitruv, die ebenso oft mißachtet wie befolgt wurde. Die Stützmauer der *Cavea* und die beiden vorderen Abschlußwände *(Analemmata)* stehen noch fast bis zur ursprünglichen Höhe; das Mauerwerk besteht aus regelmäßigen Quadern der hellenistischen Zeit. Zwei gewölbte Zugänge führen auf jeder Seite zum *Diazoma;* der nordwestliche liegt jetzt gute 3 m über dem Niveau außerhalb, dessen Veränderung an der steilen Hangseite nicht überrascht.

Der interessanteste Teil des Theaters ist das Bühnengebäude. Es ist unten verschüttet, doch dürften Ausgrabungen sicherlich eine fast vollständige Bühne freilegen. Das Bühnengebäude selbst ist zusammengestürzt; aber die Frontseite ist sichtbar geblieben zusammen mit 1,20 m vorragenden Mauerstößen. Davor befindet sich die Bühne, die von flachen Pfeilern gestützt und mit über 2 m langen und über 1 m breiten Steinplatten gepflastert ist. Diese Bühne tritt über 5 m vor dem Bühnengebäude vor und schließt praktisch die Parodoi auf jeder Seite; dieser Befund spricht dafür, daß es sich um eine Neuanlage römischer Zeit handelt. Damals hatte die Bühne an Tiefe zugenommen, um die zahlreicher gewordenen Schauspieler aufzunehmen, und mußte daher in die

Cavea vorgeschoben werden. In den entwickelteren griechisch-römischen Theatern wie in Ephesos und anderswo wurden die Parodoi überdeckt und neue gewölbte Zugänge an ihrer Stelle geschaffen, was in Alinda nicht der Fall war. Folglich bewahrt die Bühne noch viel von dem Aussehen, das sie vorläufig im ursprünglichen hellenistischen Theater hatte, ausgenommen, daß die Parodoi praktisch blockiert waren. Da der untere Teil der Bühne verschüttet ist, kann die Gesamthöhe noch nicht bestimmt werden.

Unmittelbar unter dem Gipfel liegt im Zuge der Stadtmauer der beherrschende Turm **(F)** – (Tafel 16 unten), der zweigeschossig in schönem Quaderwerk erbaut ist. Das Erdgeschoß besitzt zwei Türen in benachbarten Seiten; die südliche hat einen 3 m langen Türsturz-Stein, die andere ein Entlastungsdreieck über dem Türsturz. Das Obergeschoß ist mit einem großen Fenster und mehreren kleinen ausgestattet.

Nahe bei diesem Turm liegt der Eingang zu einem Tunnel, der bis zum Theater hinabführen soll; den unteren Ausgang sieht man unmittelbar über dem Theater. Der Zweck dieser anscheinend nutzlosen Anlage ist unbestimmt; wahrscheinlich handelt es sich um eine sorgfältig überlegte Verteidigungsmaßnahme.

Auf dem Gipfel findet sich eine runde Bettung von über 16 m Durchmesser, deren Zweck unbestimmt ist; unmittelbar westlich davon liegen die Fundamente eines kleinen Gebäudes, das ein **Tempel** gewesen zu sein scheint. Es besitzt zwei Räume, eine Vorhalle *(Pronaos)* und eine *Cella;* ob Säulen vorhanden waren, läßt sich nicht mehr ausmachen.

Über dem Sattel nach Nordwesten liegt auf einem vielleicht 30 m höheren Gipfel eine **zweite Akropolis,** die nur Wohnzwecken gedient zu haben scheint. (Abb. 30). Sie ist von 2,00 bis 2,30 m dikkem guten Quaderwerk umgeben; diese Mauer umschließt einen langgezogenen Bereich von etwa 250 Schritt, der sanft nach Westen abfällt und an der engsten Stelle durch eine Quermauer **(6)** geteilt ist. Wahrscheinlich besaß sie ein Tor, von dem jedoch nur zweifelhafte Spuren geblieben sind. Im Süden liegt auf einem viel niedrigeren Niveau eine Art Nebenzwinger **(3),** der wie die Hauptumfassung von einer Mauer mit Türmen umschlossen ist. Den Zugang bildet ein über 3 m breites Tor **(7),** das auf einer Seite noch bis zu sechs Steinreihen hoch ansteht; diese lassen

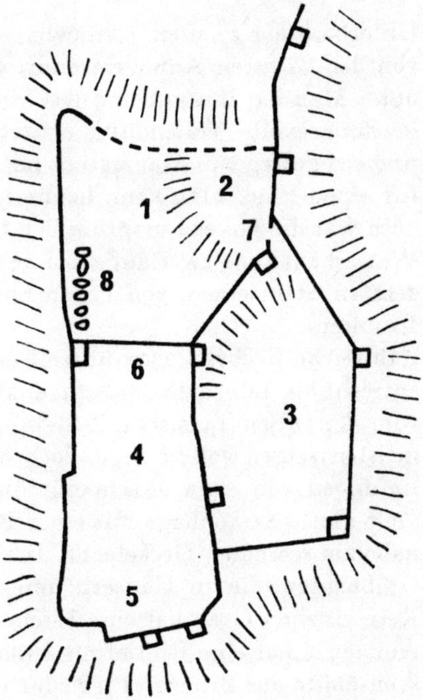

Abb. 30 Alinda.
Die zweite Akropolis

1–5 Gebäudereste
(**1** Höchster Punkt)
(**2** u. **3** Nebenzwinger)

6 Quermauer
7 Tor
8 Zisternen

deutlich einen Wölbungsansatz erkennen. Geschützt wurde das Tor durch einen angrenzenden Turm.

Auf der zweiten Akropolis finden sich überall Reste von Privathäusern. Nur wenige liegen auf dem höchsten Punkt **(1)**; zahlreich sind sie bei **(2)**, **(3)** und **(4)**, besonders aber bei **(5)**. Man kann in einer großen Zahl von unbehauenen Steinen die Umrisse der Mauern ebenso ausmachen wie die Türpfosten. Bei **(8)** liegt eine Reihe von ansehnlichen Zisternen innerhalb der Umfassungsmauer. Sie sind bis zu 6 m tief in den Boden eingelassen und mit einem Steinmantel ausgefüttert, der 6–9 cm stark verputzt ist und noch rote Farbspuren aufweist.

Diese zweite Akropolis ist mit der ersten durch eine stattliche, feste Mauer mit Türmen verbunden; sie überquert den breiten Hohlweg, der südlich des Sattels verläuft. Auch gab es eine Mauer über den Sattel, von der jedoch nur noch spärliche Spuren vorhanden sind.

Unterhalb der zweiten Akropolis verläuft über der Senke, die sie von der nächsten Anhöhe trennt, ein noch gut erhaltener Aquädukt. Man hat ihn gut und fest gebaut, aber doch nicht die letzte geschmackvolle Vollendung erstrebt. Geblieben sind vier Bögen und ein gediegenes Mauerstück mit einem 2 m breiten Durchgang für einen Pfad. Man kann heute durch die Bögen hindurchgehen, doch war das Niveau ursprünglich tiefer. Über den Bögen liegt der Wasserkanal aus zwei auf die Kante gesetzten, mit Blöcken überdeckten Steinreihen, von denen noch fünf vorhanden sind (Tafel 15 unten).

Zahlreiche **Gräber** liegen überall um die Stadt, auch etwas weiter entfernt bis unterhalb des Aquädukts. Allgemein üblich sind solche vom ›karischen Typus‹: mit Steinplatten bedeckte Felsgruben; die meisten zeigen volle Länge, doch einige sind nur viereckige Vertiefungen von etwa 50 cm mit überhöhtem Rand. Es gibt auch viele glatte Sarkophage mit einer Bosse oder einer anderen Handhabe am schmalen Deckelende. In der Stadt befinden sich mehrere Grabbauten, die zu Häusern umgewandelt sind (Tafel 16 oben). Kein einziges Grab hat eine Inschrift; nur ein Sarkophag bei dem Aquädukt hat eine Eintiefung mit drei Löchern wie für eine Namensplatte aus Bronze. Inschriften jeder Art sind in Alinda außerordentlich selten. Der Autor hat nur ein in das Fenster einer Moschee verbautes Bruchstück gesehen, wiewohl eine oder zwei andere bekannt sind. Zeugnisse für Bildkunst sind ebenfalls selten; Statuen, Altäre, Reliefs sowie jegliche Art von Marmorskulptur fehlen gänzlich. Wenn die Alindier wirklich das Kunstverständnis hatten, eine Statue des Praxiteles zu kaufen, so ist dieser Befund überraschend. Erwähnt werden darf ein in eine Hausmauer in der Stadt verbautes Marmorfriesfragment; es zeigt acht Figuren in einer Kampfszene und dürfte wohl von einem Tempel stammen, der jetzt verschwunden ist.

AMYZON

Hoch oben in der Wildnis nördlich von Alinda lag die alte karische Stadt Amyzon. Entlegen und schwer zugänglich, kann die Stätte nach der Erfahrung des Autors dennoch in knappen zwei Stunden mit einem Jeep von Karpuzlu aus, wenn auch auf sehr schlechtem Weg erreicht werden.

Oben: Aphrodisias.
Säulen der Agora

21

Unten: Aphrodisias.
Die Hadrians-Thermen

Oben: Aphrodisias. Stierkopf

22 *Unten: Hierapolis. Bogen im römischen Bad*

Hierapolis. Versteinerte Kaskaden

Oben: Hierapolis. Skulptur im Theater

24

Unten: Hierapolis. Das Plutonium

Man erfährt bei den antiken Gewährsmännern sehr wenig über Amyzon. Strabo stuft den Ort geringschätzig mit Herakleia, Euromos und Chalketor als ›Außenposten‹ der größeren Städte ein; »diese dann«, vermerkt er, »sind von geringer Bedeutung«, und gibt keinen weiteren Hinweis auf Amyzon. Andere Schriftsteller erwähnen nur die Existenz des Ortes. So ist unser Wissen über seine Geschichte demgemäß auf das beschränkt, was aus den Inschriften gewonnen werden kann. Durch sie erfahren wir, daß die Stadt im 3. Jh. v. Chr. ein Bündnis mit den Ptolemäern hatte, sich jedoch gegen Ende des Jahrhunderts auf die Seite der Seleukiden schlug. Ein 203 v. Chr. verfaßter Brief *Antiochos' III.* von Syrien bestätigt die Privilegien der Stadt, zu denen Asylrecht für den Tempel des Apollon und der Artemis gehörte. Im späteren Teil des 2. Jh.s finden wir Amyzon im Bündnis mit Herakleia unter dem Latmos, dessen Bedingungen mit der Zerstörung der Inschrift jedoch verlorengegangen sind. Im 2. Jh. n. Chr. stellte die Stadt »die ihr zugewiesene Straße« wieder her. Das war etwas ungewöhnlich, weil Straßenarbeiten gewöhnlich von der kaiserlichen Verwaltung unternommen wurden. Über die fragliche Straße ist nichts mehr bekannt. Später war Amyzon Bischofssitz.

Die heute ›Mazin Kalesi‹ genannte Stätte liegt etwa eine Meile über dem Dorf Gaffarlar auf der höchsten Erhebung im Umkreis. Gaffarlar ist ein günstig gelegenes Dorf mit bescheidenem Ackerbau in der Umgebung; der größte Teil der Landschaft wird durch wilde Felshügel mit wucherndem Gestrüpp bestimmt. Halbherzige Grabungen wurden mehr als einmal unternommen; heute ist die Stätte verlassen und überwachsen.

Doch die Ruinen sind nicht zu verachten. Von der Stadtmauer steht noch eine 150 Schritt lange rechtwinklige Strecke bis zu 6 m hoch bei einer Stärke von fast 2 m; das Mauerwerk aus recht stattlichen isodomischen Quadern gehört vielleicht in die Zeit um 300 v. Chr. Im Inneren liegen die Ruinen eines Tempels, der vielleicht mit dem inschriftlich bezeugten **Heiligtum des Apollo und der Artemis** identisch ist; in einem eingebauten Verzeichnis von Beamten erscheint der Name des Gottes dreimal. Das bedeutet, daß in diesen Jahren kein genügend wohlhabender Bürger für den Gottesdienst gefunden werden konnte und die Kosten vom Tempelschatz getragen wurden. Das Gebäude ist so zerstört, daß man keine Vorstellung von seinem genauen Aussehen gewinnen kann.

Nahe der Straße ist ein anderes ebenfalls zerstörtes Gebäude. Davon liegen mehrere zerbrochene Säulen herum, die nur im oberen Teil kanneliert sind. Das Mauerwerk ist sehr dürftig.

Innerhalb des südlichen Abschnitts der Stadtmauer und parallel zu ihr liegt eine Gruppe von elf gewölbten unterirdischen Räumen; sie sind über 25 m lang, 5 m breit und mehr als 3 m hoch. Die aus kleinen Steinen gut und festgebauten Mauern sind im unteren Teil mit Putz verstrichen. Nach der Stadtmauer hin öffnet sich in jedem Falle ein Zugang; es kann sich demnach nicht um Zisternen handeln, sondern sehr wahrscheinlich um Läden.

Unklar ist die Wasserversorgung. Es gibt keinerlei Anzeichen für ein Aquädukt oder eine Zisterne; drei oder vier Quellen sollen in leidlicher Entfernung liegen, doch allgemein ist Wasser sehr knapp. Heute liegen an der Straße von Karpuzlu her in häufigen Abständen Steinhütten, wo ein oder zwei Krüge mit Trinkwasser aufbewahrt werden. Der Vorrat wird täglich von den Bauern kostenlos erneuert, wofür sich der Besucher besonders im Sommer dankbar erweisen sollte.

17. Gerga

Die dritte von Çine aus erreichbare antike Stätte unterscheidet sich sehr wesentlich von den beiden anderen. Es handelt sich nur um ein Dorf, aber die Ruinen sind so bedeutend und ungewöhnlich, daß der Autor keinen reizvolleren Ort kennt. Die abgeschiedene Lage erfordert für einen angemessenen Besuch einen vollen Tag, wobei man meist zu Fuß gehen muß. Die Stätte liegt in dem wilden Bergland über vier Meilen süd-südöstlich von Eski Çine und kann von dort auf dem Wege vom Dorf Ovacik erreicht werden; doch ist es nun leichter, die neue Hauptstraße von Çine aus so weit als möglich bis zu der schönen alten Brücke bei Incekemer (Tafel 18 oben) zu fahren und von dort aus zu wandern. Natürlich ist ein Führer notwendig. Den Çine-Fluß kann man über die Brücke selbst überschreiten oder an einem näher nach Çine gelegenen Punkt durch Springen von Fels zu Fels überwinden.

In beiden Fällen hat man eine Stunde stufenweisen Aufstieg in nördlicher Richtung bis zu den ersten Anzeichen der antiken Siedlung. Beiderseits eines im Sommer ausgetrockneten und im Winter südlich in den Çine Çayi fließenden Flußlaufs gelangt man zu einem großen Felsen mit dem Namen Gerga in griechischen Buchstaben von fast 1 m Höhe. Auf dem westlichen Felsen ist die Inschrift auf die Ost- und Nordseite aufgeteilt. Nach des Autors Erfahrung ist diese den modernen Wegweisern entsprechende *antike Ortsangabe* ohne Parallele. Verblüfft stellt der Besucher fest, daß sie sich in Gerga mehrfach findet; mindestens an neunzehn Stellen – es sind sicherlich mehr – ist der Ortsname auf den Felsen in denselben großen bis 1 m hohen Buchstaben verzeichnet. Es handelt sich nicht immer um dieselbe Form; manchmal begegnet ›Gergas‹, manchmal ›Gergakome‹ (Dorf Gerga).

Westlich von der oben erwähnten Stelle wartet auf einem Hügel nahe dem Gipfel als nächste Überraschung eine auf dem Rücken liegende Kolossalstatue, die von der nebenstehenden Basis nahe über den Knöcheln umgekippt und abgebrochen ist. Sie stellt eine steife männliche Figur mit kantigen Schultern, seitlich angelegten Armen und nur wenig ausgearbeiteten Füßen dar. Gesicht und Kopf sind sehr zerstört, so daß man besondere Merkmale nicht mehr feststellen kann. Über der Brust verläuft eine 20 cm hohe Inschrift mit dem Namen ›Gerga‹. Auch dieser Befund ist nach der Erfahrung des Autors ohne Parallele.

Wenn sich der Besucher von hier allmählich nach Nordwesten hinaufarbeitet, kommt er an mehreren der erwähnten Felsinschriften mit dem Namen ›Gerga‹ oder ›Gergakome‹ vorbei, von denen eine aus lateinischen Buchstaben besteht. Man überquert dann einen Rücken bis zum nächsten Hügel im Osten, der die

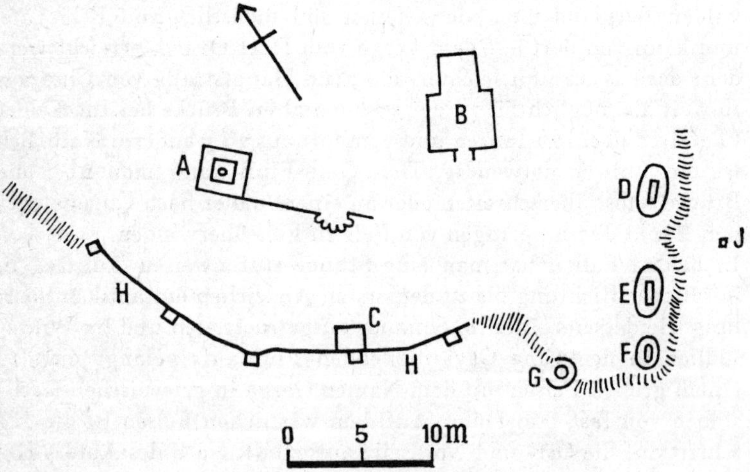

Abb. 31 Gerga. Plan des Siedlungszentrums

A Basis mit umgekippter großer Statue **B** Tempel **C** Brunnenhaus (oder Grab?) **D, E** Stelen in Pyramidenform **F, G** Ölmühlen (oder Statuenbasen) **H** Terrassenmauer mit Stützen **J** Umgekippte Statue

Hauptruinen trägt. Hier stößt man auf eine Gebäudegruppe, bei der es sich offensichtlich um Privathäuser handelte; sie sind arg zerstört, doch stehen noch einzelne Türpfosten. Von hier verläuft eine Straße abwärts, beiderseits von einer Mauer eingefaßt, auf der man wieder den Namen Gerga sehen kann. Weiter hangabwärts ist eine weitere Merkwürdigkeit zu verzeichnen: ein Flachfelsen trägt die griechische Inschrift ›Gerga Enbolo‹ (Tafel 17 oben rechts). Die Bedeutung des zweiten Wortes ist dunkel; wahrscheinlich ist ›rostrum‹ im Sinne von Rednerbühne gemeint, was bedeuten würde, daß der Flachfelsen als Standplatz des Sprechers bei den Versammlungen der Gemeinde diente.

Weiter oben liegt nach Nordosten das sehr interessante Dorfzentrum (Abb. 31). Es wird von einer karisch gebauten Terrasse mit Stützen gesichert, über der sich eine ganz einzigartige Denkmälergruppe befindet. Zunächst fällt der Blick auf das stattliche Gebäude **(B)**, das noch ausgezeichnet mit Dach erhalten ist (Tafel 17 unten rechts); es handelt sich zweifellos um einen **Tempel**, dessen Plan Abb. 32 bietet. Im Inneren ist außer einer Nische beiderseits der Tür keine Ausstattung zu verzeichnen. Das Dach ahmt in Giebel und Sparren Holzkonstruktion nach. Im Giebel über der Tür steht der Name Gergas in griechischen Buchstaben.

Dieses Gebäude ist zweifellos das Glanzstück der ganzen Stätte. Interessant ist aber auch die bemerkenswerte Anlage östlich der Terrasse. Diese bestand ursprünglich aus zwei 3,30 m hohen Steinstelen mit pyramidenartigem Abschluß und einer dazwischen stehenden Kolossalstatue auf einer Basis, die heute über den Rand der Terrasse gestürzt unten liegt. Die beiden Stelen

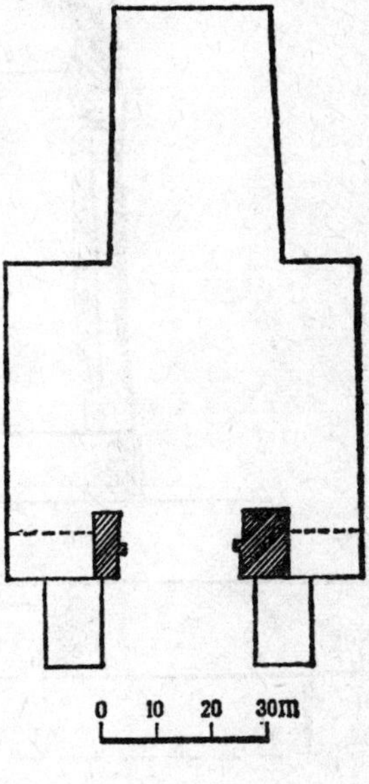

Abb. 32 Gerga. Grundriß des Tempels

mit der griechischen Inschrift ›Gergas‹ stehen noch. Das Ganze bildete eine auffallende und ungewöhnliche Gruppe. Die Kolossalstatue ähnelt in Größe und Aussehen sehr der oben beschriebenen, nur daß Kopf und Füße sowie die Inschrift fehlen; wahrscheinlich genügte es, daß der Name auf den Stelen stand.
An der Südostecke der Terrasse befinden sich zwei Blöcke (F) und (G) mit ausgehöhlter Oberfläche und einem Abfluß. Sie dienten zum Keltertreten von Trauben oder Oliven, doch war das nicht die ursprüngliche Zweckbestimmung; wahrscheinlich handelt es sich um Statuenbasen. Von den üblichen antiken Öl- oder Weinpressen weicht die Form völlig ab.

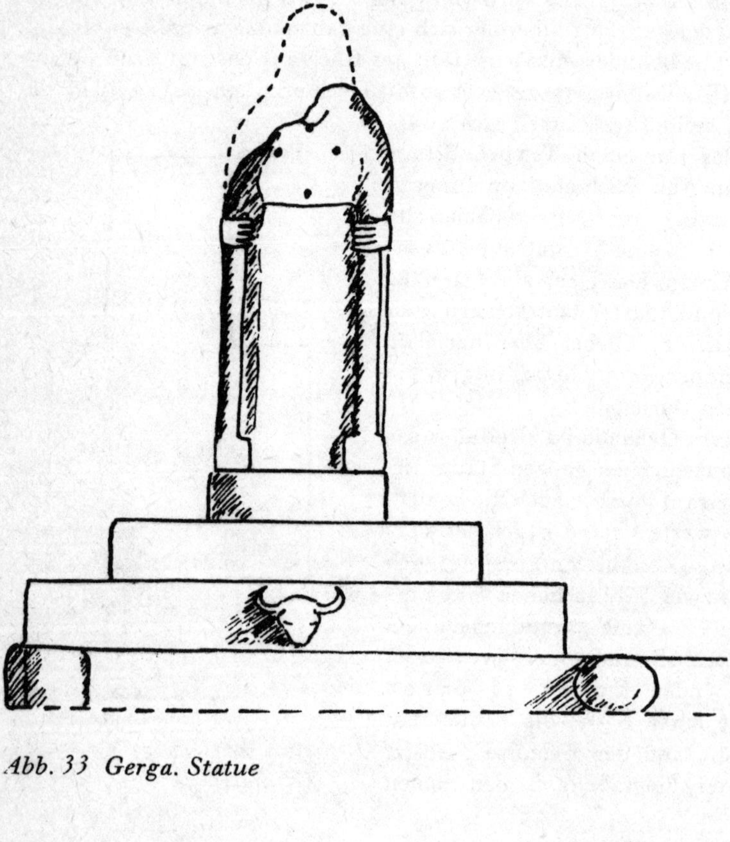

Abb. 33 Gerga. Statue

Weiter nach Westen bei **(A)** auf dem Plan befindet sich ein anderes außergewöhnliches Monument. Es handelt sich um eine große rechteckige Basis, von der eine ca. 3 m hohe Statue abgestürzt ist. Der französische Gelehrte G. Cousin sah sie 1899 noch in ihrer ursprünglichen Stellung mit beiden Händen auf zwei Stützen mit Würfelbasen und vier Löchern auf der Brust, die offensichtlich für die Befestigung einer Platte bestimmt waren (Abb. 33). Auch den heute fehlenden Kopf hat Cousin noch gesehen. Er beschreibt ihn als »ganz ungeheuerlich mit übergroßem Mund und kleinen weit auseinanderstehenden Augen«; den Kopf bedeckte wahrscheinlich ein Schleier. Auf der untersten Basisstufe ist rechts ein Löwenkopf, links ein halbrunder Vorsprung herausgearbeitet, während mitten auf der darüberliegenden Stufe ein Stierkopf zu sehen ist. Wenige Schritte östlich davon befindet sich auf der Höhe der liegenden Statue eine Art Basis mit fünf im Halbkreis angeordneten großen Kugeln, mit denen fünf kleinere eine achtförmige Figur bilden. Der Befund ist rätselhaft. Cousins Erklärung, es handle sich um die Zehen vom rechten Fuß der Statue überrascht mehr als daß sie überzeugt (Abb. 34).

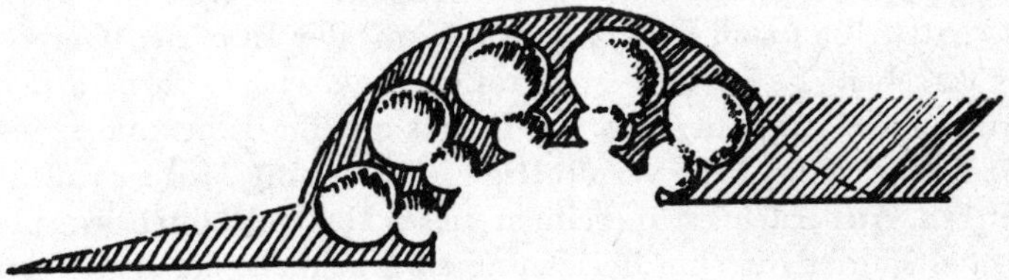

Abb. 34 Gerga. Basis

An verschiedenen Stellen der Stätte, von denen der Autor allein vier ausmachte, liegen kleine quadratische über mannshohe Bauten, die einander sehr ähnlich sind. Sie sind vorn offen und mit einer großen Steinplatte gedeckt; der Boden innen ist ausgehöhlt. Alle tragen den Namen ›Gerga‹ in seinen verschiedenen Formen. An einem Bau erscheint der Name dreimal: an der Kante des Dachsteins über dem Eingang, auf der rechten Innenwand und auf dem Dach.

Man hat diese Bauten für **Gräber** gehalten. Der französische Gelehrte A. Laumonier, dem wir eine eingehende Untersuchung der karischen Kulte verdanken, sieht in Gerga überhaupt eine Art Heiligtum mit dem Totentempel **(B)** als Mittelpunkt, der als Grabstätte des lokalen Gottes oder Heros Gergas angesehen wurde. Darum herum gruppierten sich die Gräber der Priester und anderer Vornehmer, die der heiligen Stätte möglichst nahe beigesetzt werden wollten. Laumonier erklärt den Brauch, den Namen Gerga oder Gergas auf die Gräber zu schreiben, aus religiösen oder magischen Vorstellungen, um beispielsweise den Schutz der Gottheit herbeizurufen. Der Autor dieses Führers muß gestehen, daß diese Deutung nicht seiner Auffasung entspricht. Denn die kleinen Bauten scheinen ihm nicht Gräber, sondern Brunnenhäuser zu sein. Quellen waren sehr notwendig, da die Stätte im Sommer völlig ausgetrocknet ist. Es gibt eine Quelle, doch ist sie im Spätsommer nur ein klägliches Rinnsal. Diese Ansicht wird durch weitere Überlegungen gestützt. Die Front der Bauten ist völlig offen, und kein Anzeichen deutet auf ursprünglichen Verschluß. An der Innenwand befindet sich in einem Falle das Bild eines Delphins, das übliche Zeichen für Wasser. In einem anderen Fall zeigt die Rückwand eine Aushöhlung wie für eine Röhre. In einem dritten Bau sind die Innenwände mit der Inschrift ›Gergakome‹ versehen. Es ist aber ein großer Unterschied, ob man den Namen eines Gottes oder den des Dorfes auf die Innenmauer eines Grabes schreibt. Eine vernünftige Motivierung läßt sich nicht beibringen. Außerdem ist in keinem dieser kleinen Bauten irgendein Anhaltspunkt für eine Beisetzung zu erkennen; der Autor sah an dieser Stätte überhaupt kein Grab. So besteht nach seiner Auffassung auch kein zwingender Grund, warum der ›Toten-Tempel‹ ein Grab und nicht ein echter Tempel gewesen sein soll.

Wenig spricht für griechische Kultur an dieser Stätte. Die drei übriggebliebenen Statuen sind roh und muten archaisch an. Das Mauerwerk im allgemeinen ist eher karisch als griechisch. Doch wäre die Vermutung falsch, daß die Denkmäler von Gerga hochaltertümlich sind. An einer kleinen und abgeschiedenen Stätte wie dieser darf man mit starken konservativen Tendenzen rechnen, denen gegenüber die Kriterien der klassischen griechischen Kunst nicht anwendbar sind. Es ist tatsächlich zu bezweifeln, ob hier ir-

gend etwas in vorrömische Zeit zurückreicht; denn die Inschriften auf den Felsen und an den Bauten gehören in die römische Kaiserzeit. Auch der Schriftstil von ein oder zwei jetzt verschwundenen Inschriften war sicher römisch.
Jeder Besucher dürfte sich über die verschiedenen Probleme, die die Stätte bietet, seine eigene Meinung machen. Keiner aber, der die Anstrengungen dieses Besuchs von Gerga auf sich genommen hat, wird das Gefühl haben, einen Tag vertan zu haben.

18. Tralleis und Nysa

TRALLEIS

Bei den großen Wanderungen der Griechen nach Kleinasien spielten Barbaren gewöhnlich keine Rolle. Es überrascht daher die Lesart, daß man im Altertum an die Gründung von Tralleis durch eine seltsam gemischte Schar von *Argivern* aus der Peloponnes und *Trallern* aus Thrakien oder Illyrien glaubte. Wenn diese Überlieferung einen wahren Kern hat, so muß weiterhin überraschen, daß die Stadt ihren Namen nach den barbarischen Kräften und nicht nach den Griechen erhielt. Sie soll auch einige Zeit die Namen Charax und Euantheia (nach dem Blumenreichtum) getragen haben. Ob daran etwas Richtiges ist, ist recht fraglich.

In der Geschichte erscheint Tralleis, zuerst von Xenophon in der Anabasis erwähnt und zur Satrapie des jüngeren Kyros gehörig, erstmals im Jahre 400 v. Chr., als der spartanische Feldherr *Thibron* die kleinasiatischen Städte von der Perserherrschaft zu befreien suchte. Sein Angriff auf Tralleis schlug wegen der festen Lage der Stadt fehl. Diodor, der davon berichtet, bezeichnet Tralleis als Stadt Joniens; doch wird sie gewöhnlich zu Karien gerechnet, wiewohl manche ihre Zugehörigkeit zu Lydien vorziehen. Bei *Alexanders* Ankunft im Jahre 334 v. Chr. unterwarf sich Tralleis stillschweigend und wurde vom Makedonenkönig als Stützpunkt benutzt.

Antigonos I. Monophthalmos hatte im Jahre 313 v. Chr. mehr Glück als Thibron und konnte die Stadt mit Gewalt nehmen. Nach seinem Tode im Jahre 301 v. Chr. fiel sie an *Lysimachos* und

281 in die Hände der *Seleukiden* und erhielt während ihrer Herrschaft den Namen Seleukeia. Plinius berichtet, daß sie auch Antiocheia hieß; doch gibt es keinen Grund dafür, daß die Stadt nach zwei Seleukidenkönigen benannt worden sein soll, weswegen man die Angabe des Plinius verwerfen darf. Als die Macht der Seleukiden in der Schlacht von Magnesia im Jahre 190 v. Chr. gebrochen wurde, übergaben die Römer Tralleis an *Eumenes von Pergamon*. Später hatte König *Attalos* von Pergamon einen aus Ziegeln erbauten Palast in der Stadt, der nachher als Sitz des Hauptpriesters des Zeus diente.

Als *Aristonikos* die römische Erbschaft des Königreiches anfocht, beging Tralleis den Fehler, ihn zu unterstützen; als Strafe scheint die Stadt das Münzrecht verloren zu haben. Zur Zeit der römischen Republik hatte Tralleis den Rang eines ›*conventus*‹, der in der Kaiserzeit auf Ephesos überging. Im *Mithridatischen Krieg* (88–85 v. Chr.) stifteten die Söhne eines gewissen Kratippos, der kurzfristig die Rolle eines Alleinherrschers spielte, die Bürger von Tralleis zum Blutbad unter den ansässigen Römern an.

Als *Julius Caesar* im Jahre 48 v. Chr. Pompejus in der Entscheidungsschlacht von Pharsalos besiegte, meldete man Wunderzeichen dieses großen Sieges aus vielen Teilen der Welt. In Tralleis, so wird berichtet, stand eine von einem Steinpflaster umgebene Statue Caesars; damals soll aus dem harten Grund eine Palme gewachsen sein.

Ein oder zwei Jahre nach der Gründung des römischen Kaiserreiches wurde Tralleis von einem schweren Erdbeben heimgesucht. *Augustus* rettete die Stadt mit finanzieller Unterstützung, worauf sie aus Dankbarkeit den Namen Kaisareia annahm. Die Geschichte dieses Namens ist charakteristisch: bis zur Zeit Neros tragen die Münzen von Tralleis allein die Inschrift ›Kaisareia‹, danach ›Kaisareia Tralleis‹, jedoch im ausgehenden 1. Jh. n. Chr. nur noch ›Tralleis‹ wie in der Vergangenheit.

Strabo berichtet vom großen Wohlstand der Bürger und vermerkt, daß »die führenden Männer der Provinz, die Asiarchen genannt wurden, sehr oft aus Tralleis stammten«. Als sich aber Tralleis mit zehn anderen Städten um das Privileg eines Tempels zu Ehren des Tiberius bewarb, erfolgte keine Zustimmung, da wie in Laodikeia die notwendigen Mittel fehlten. Wir können daraus nur schließen, daß der mit einem Kaiserkult verbundene Kostenaufwand erschreckend hoch war.

Die Hauptgottheit von Tralleis war *Zeus* mit dem Beinamen *Larasios*, was nach Strabo ›Zeus von Larasa‹ bedeutet, als sei die Benennung nach einem drei Meilen nördlich am Berg Messogis gelegenen Dorf erfolgt; Strabo verwendet die Formen Larisa und Larisius. Die Hauptspiele der Stadt waren die Olympien und die Pythien, die nach den großen Spielen des klassischen Griechenlands eingerichtet waren[1].

Als berühmte Bürger erwähnt *Strabo* die Angehörigen der Familie des *Pythodoros*, die ursprünglich aus Nysa kamen[2] und unter bekannten Rednern einen gewissen *Damasos*, der den merkwürdigen Spitznamen Skombros, ›die Makrele‹, hatte. Aus Tralleis stammen auch die Rhetoren *Krates* und *Asinius Pollio*, der Homererklärer *Archimedes* und der Schriftsteller *Phlegon*, ein Freigelassener Hadrians.

Der Feigenanbau, der heute das Hauptprodukt des Mäandertales liefert, ist im Altertum nicht bezeugt, dagegen war Tralleis hauptsächlich wegen seiner Keramik berühmt.

Die Lage von Tralleis bei Aydin, dem früheren Güzelhisar, entspricht gut der Beschreibung bei Strabo, wonach die Stadt auf einer flachen Anhöhe mit einer steilen Akropolis gegründet und ringsum gut zu verteidigen war. Die Ruinen werden aus zwei Gründen selten besucht: einmal gibt es wenig zu sehen, und zweitens ist die Stätte Militärgebiet, so daß man eine Sondergenehmigung braucht. Ende des vorigen Jahrhunderts war noch eine ganze Menge zu sehen, vor allem ein Gymnasium, ein Theater und ein Stadion; der Autor fand davon 1946 kaum noch etwas. Die lange militärische Besetzung löschte alles aus, was vorher gewesen war.

Noch steht eine Reihe von drei großen Bögen, Üç Göz genannt, die einen Teil des Gymnasiums bildeten. Das spätrömische Mauerwerk ist wenig qualitätvoll und besteht teils aus großen Steinblöcken mit sehr viel Mörtel, teils aus Ziegeln. Von dem ursprünglichen Stuckbezug ist nur noch auf der Unterseite der Bö-

[1] Siehe S. 237/238

[2] Siehe S. 223

gen etwas zu sehen. In der Nähe befindet sich eine Mauer von ähnlicher Konstruktion, die wahrscheinlich ebenfalls zum Gymnasium gehörte, sowie eine Reihe von fünf Säulenstümpfen in einer Masse von Ziegelwerk. Aus Tralleis stammt die im Museum von Istanbul befindliche Marmorplastik eines Knaben im Mantel, der als Palästrit gekennzeichnet ist. Dieser berühmte ›Knabe von Tralleis‹ ist »eine klassizistische Neuschöpfung im Sinne der frühen römischen Kaiserzeit« (R. Lullies).

Am nördlichen Ende der flachen Anhöhe liegt die Akropolis, an deren Fuß sich das **Theater** befand. Es wurde 1888 ausgegraben und erregte beträchtliches Interesse, weil es zu den wenigen Anlagen gehört, die einen unterirdischen Tunnel in der *Orchestra* haben. Dieser war 2 m tief und verzweigte sich in der Mitte der Orchestra rechtwinklig nach links und rechts; Anfang und Ende wurden nicht bestimmt. Diese Tunnel dienten sehr wahrscheinlich dem Erscheinen von Gestalten der Unterwelt. 1946 war davon nichts mehr übrig; man hatte für irgendwelche militärischen Zwecke einen breiten Graben mitten durch die Orchestra gezogen. Von der *Cavea* (Zuschauerraum) konnte man nur noch an der Ostseite eine Ecke sehen sowie den gewölbten Zugang zum oberen Umgang *(Diazoma)*.

Auch vom Stadion ist nur noch sehr wenig übriggeblieben. Am Ostende ist der gewölbte Eingang erhalten; wie das Gymnasium war die Anlage teils aus Stein, teils aus Ziegeln erbaut.

An verschiedenen Stellen brachten spätere Grabungen die Grundrisse von Tempeln zutage, die jedoch heute nicht mehr zu sehen sind.

Reisende mit knapper Zeit dürften sich mit einem Blick auf Üç Göz von der Straße oder von der Bahn aus begnügen.

NYSA und ACHARAKA

Im Osten von Aydin wird das Gebiet südlich des Berges Messogis von zahlreichen Flußbetten durchzogen, die im Winter reißendes Wasser führen, im Sommer aber ausgetrocknet sind. Dahinter liegen eine Meile über dem Dorf Sultanhisar die **Ruinen von Nysa.**

Der Name Nysa begegnet häufig auf der Karte der Alten Welt. Stephanos von Byzanz verzeichnet allein zehn Städte dieses Namens, der auch bei Frauen der hellenistischen Königsfamilien üblich war. Nach Stephanos war das karische Nysa eine Gründung des Königs *Antiochos I.* von Syrien, der die Stadt nach seiner Frau benannte[3]. Andererseits erzählt Strabo, daß drei Brüder, Athymbros, Athymbrados und Hydrelos, von Sparta kamen und drei Städte nach ihrem Namen gründeten; sie wurden später zu einer einzigen Stadt Nysa vereinigt, als deren Gründer man *Athymbros* betrachtete. Strabo kennt Nysa gut, da er hier erzogen wurde, und sein Bericht spiegelt sicherlich die bei den Bürgern geläufige Überlieferung. Überdies teilt Stephanos an einer anderen Stelle mit, daß der ursprüngliche Name von Nysa Athymbra war; dazu fügen sich Inschriften bis zum Ende des 3. Jh.s v. Chr., wonach die Bewohner von Nysa Athymbrier genannt wurden. Da Strabo die Seleukiden überhaupt nicht erwähnt und keine Gemahlin Antiochos' I. mit dem Namen Nysa bekannt ist, ist das Zeugnis des Stephanos wahrscheinlich unglaubwürdig. Das gleiche gilt für eine andere Mitteilung des Stephanos, wonach Nysa einst nach einem sonst unbekannten Pythes, der Xerxes im Jahre 480 v. Chr. gastlich unterhielt, Pythopolis genannt wurde. Man findet nämlich an Ort und Stelle nichts, was für eine Existenz der Stadt vor dem 3. Jh. v. Chr. sprechen würde. Es ist daher wahrscheinlich, daß der Name Nysa einige Zeit nach 200 v. Chr. zu Ehren einer Dame aus dem Seleukidengeschlecht gegeben wurde; doch bleibt unbekannt, wer jene Frau war und aus welchem Anlaß die Namengebung erfolgte. Sicher dürfte trotz Strabos Schweigen sein, daß Nysa zu dieser Zeit eine Gründung der Seleukiden war; denn schon 281 v. Chr. sind Schreiben des Seleukos und des Antiochos an die Athymbrier bekannt, die bestimmte Privilegien übertragen oder bestätigen.

Von der Geschichte der Stadt wissen wir nur wenige Einzelheiten persönlicher Art. Eine Inschrift wirft etwas Licht auf die Ereignisse zur Zeit des *Mithridatischen Krieges*, als ein reicher Mann aus Nysa namens *Chaeremon* den römischen Befehlshaber mit 60.000 Scheffeln Weizen zur Verpflegung der Truppe ausstattete. Dieses Verhalten brachte Mithridates derart in Wut, daß er auf den Kopf des Chaeremon vierzig Talente aussetzte, wenn man ihn lebendig finge, und zwanzig Talente für den toten Chaeremon.

[3] Zur Überlieferung vgl. S. 258

Dieser suchte Zuflucht im Heiligtum der Ephesischen Artemis; doch wissen wir nicht, ob in Ephesos oder in Nysa selbst, da der Kult der Göttin weit verbreitet war. Anscheinend verletzte Mithridates das Asylrecht, so daß Chaeremon gefangen und getötet wurde. Seine Familie war reich und angesehen. Ein Verwandter namens *Pythodoros* gehörte zu den engsten Freunden des *Pompejus* und besaß ein Vermögen von über 2000 Talenten; er heiratete eine Tochter des *Marcus Antonius*, und ihre Tochter wurde der Reihe nach Königin von Pontus und Kappadokien. Sie war nach Strabo ein sensible Frau und zur Führung von Staatsgeschäften wie geschaffen.

Auf geistigem Gebiet war Nysa keinesfalls rückständig. Strabo erwähnt eine Anzahl von berühmten Rednern und Philosophen, die in der Stadt geboren waren. Unter ihnen befand sich sein eigener Lehrer *Aristodemos*, der zweimal täglich in Nysa unterrichtete, Rhetorik am Morgen und Grammatik am Abend. In Rom lehrte er die Kinder des Pompejus. Außerdem unterhielt er eine Schule in Rhodos.

Ihren Hauptanspruch auf Ansehen aber erhob die Stadt wegen des auf ihrem Gebiet liegenden heilkräftigen **Heiligtums des Pluto,** des Gottes der Unterwelt, in dessen Nähe sich die berühmte Höhle namens Charonion befand. Sie lag bei dem Dorf Acharaka drei Meilen auf der Straße von Nysa nach Tralleis. Darauf wird noch zurückzukommen sein.

Nach Strabo lag Nysa am Hang des Berges Messogis dicht über der Ebene; es handelte sich um eine Art Doppelstadt, in der Mitte durch einen hohlwegartigen Flußlauf geteilt (Abb. 35, S. 225). Eine Brücke **(N)** verband die beiden Stadtteile, von denen einer mit einem Amphitheater über dem verborgenen Fluß ausgestattet war. Unter dem Theater lagen auf der einen Seite das Gymnasium für die jungen Männer, auf der anderen der Marktplatz (Agora) und das Rathaus der Ältesten. Dieser Bericht wird durch den Befund an Ort und Stelle bestätigt.

Von Sultanhisar aus führt eine neugebaute Autostraße direkt zum **Theater (B),** das fast vollständig mit Regierungsmitteln ausgegraben worden ist. Es ist überdurchschnittlich groß und bildet mehr als einen Halbkreis. Der Zuschauerraum *(Cavea)* ist in gutem Zustand, da die meisten Sitze erhalten sind; er besitzt einen Umgang

(Diazoma) mit dreiundzwanzig Reihen unten und sechsundzwanzig Reihen oben. Ein gewölbter Zugang befindet sich unten auf jeder Seite. Den neun Treppen unter dem Diazoma entsprechen siebzehn oberhalb. Andere Stufen führten vom Diazoma zu den oberen Sitzen. Das Bühnengebäude vom römischen Typus besaß fünf zur Bühne führende Türen, ist aber noch nicht vollständig geklärt. Man sieht die Vorderwand der Bühne und einen Teil der Verzierung, außerdem ein Inschriftenfragment mit den Namen Justus und Stratonike; von diesen Personen ist nichts bekannt, doch trugen sie wahrscheinlich zum Bau oder zur Verschönerung des Theaters (Tafel 18 unten) bei.

Unterhalb des Theaters strömt der Fluß durch einen sehr gut gebauten Tunnel von über hundert Schritt Länge; er erhält Licht durch einen Schacht in der Decke. Über der Mitte macht er einen stumpfen Knick; hier befindet sich an der Nordmauer eine Inschrift: »Arbeit des ...... lus bis zu dieser Stelle«. Der Anfang des Männernamens ist verloren. Auch bleibt unklar, warum der Mann die Arbeit nicht fortgeführt hat. Vielleicht gingen die Mittel aus.

Die gewaltigen Konstruktionen in und über dem von Strabo erwähnten Hohlweg sind leider in sehr schlechtem Zustand. Die ›Brücke‹ **(N)**, von der er spricht, war in Wirklichkeit eine große Plattform über dem nördlichen Teil der Schlucht vom Westende des Tunnels bis zum Nordende des Amphitheaters; doch sind nur wenige formlose Stücke übriggeblieben. Das Amphitheater **(G)** selbst befindet sich in keinem besseren Zustand, wiewohl man mit einiger Schwierigkeit noch wenige Sitze erkennen kann. Der Plan, ein Flußufer für ein Amphitheater zu nutzen, ist nicht auf Nysa beschränkt; wir beobachten ähnliches beispielsweise in Pergamon, in Kyzikos und in Tripolis in Phrygien. Eine solche Anlage hatte den Vorteil, daß das Wasser des Flusses bis in den Mai hinein leicht zur Überflutung der Arena für mimische Seekämpfe und andere Wasserspiele benutzt werden konnte.

Vom Gymnasium **(J)** auf der Westseite des Hohlwegs ist kaum noch eine Spur zu sehen; die Stätte bietet sich vorwiegend als ebenes Areal von 180 Schritten Länge. Nahe am Südende liegt ein besser erhaltenes Gebäude, das heute Kâtip Ören heißt. Die ursprüngliche Anlage ist zwar durch eine Kirche überbaut, scheint aber Bädern gedient zu haben; dafür sprechen zahlreiche Wasserröhren sowie die Tatsache, daß antike Gymnasien gewöhnlich mit Badeanlagen verbunden waren. Hauptsehenswürdigkeit sind die Bögen in den Mauern; das Mauerwerk weist in sehr späte Zeit, und es ist sicher, daß das Gebäude in den Tagen Strabos noch nicht da war.

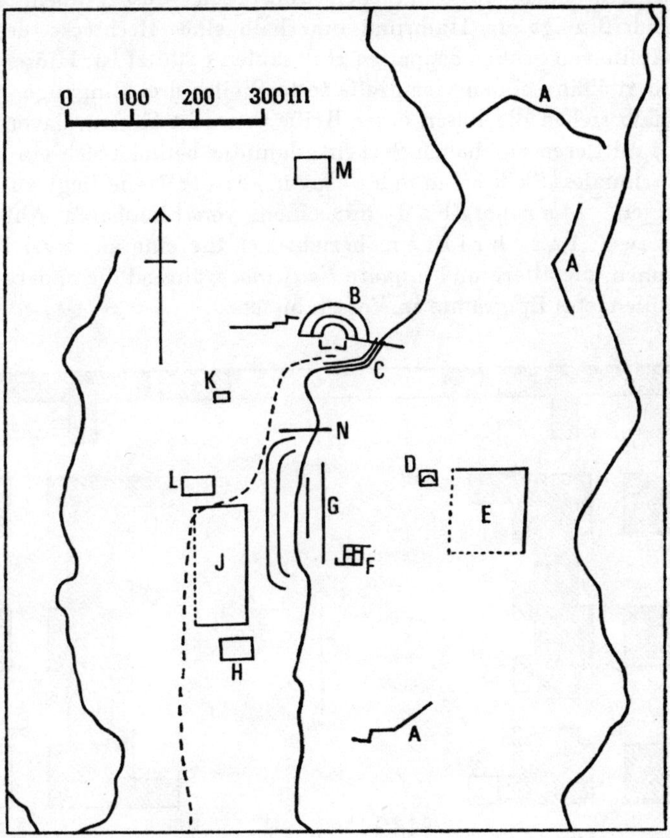

Abb. 35 Plan von Nysa

A Stadtmauer **B** Theater **C** Tunnel **D** Rathaus **E** Agora **F** Bäder **G** Amphitheater **H** Kâtip Ören **J** Gymnasium **K** Bibliothek **L** Byzantinisches Gebäude **M** Wasserbehälter **N** Brücke

Auf der anderen Seite des Hohlwegs liegen die A g o r a (Marktplatz) – **(E)** – und das **Rathaus der Ältesten (D).** Von der Agora ist nur eine kleine Strecke einer Seite ausgegraben; nur einige Säulenstümpfe stehen, andere liegen herum, aber sonst ist nichts erhalten. Das Rathaus *(Geronticum)* ist vielleicht das anziehendste Bauwerk der Stätte. Es ist ausgezeichnet erhalten und mit zwölf Sitzreihen sowie fünf Treppen vollständig ausgegraben. Der Grundriß zeigt ein Halbrund innerhalb eines Rechtecks, dessen Rückseite von großen doppelten Halbsäulen gestützt ist. Hinter der Rednertribüne bilden vier große feste Pfeiler drei Eingänge. Außerhalb stehen die Basen einer Reihe von acht Säulen, davon die sechs mittleren auf hohen Sockeln; dahinter befindet sich ein langes schmales S c h w i m m b e c k e n. In der Nähe liegt außerdem ein M a r m o r b a d mit einem verschließbaren Abfluß. Von zwei I n s c h r i f t e n bezieht sich die eine auf zwei Kaiserinnen, die ältere und jüngere *Faustina*, während die andere ein unvollendetes Epigramm in Versen bietet.

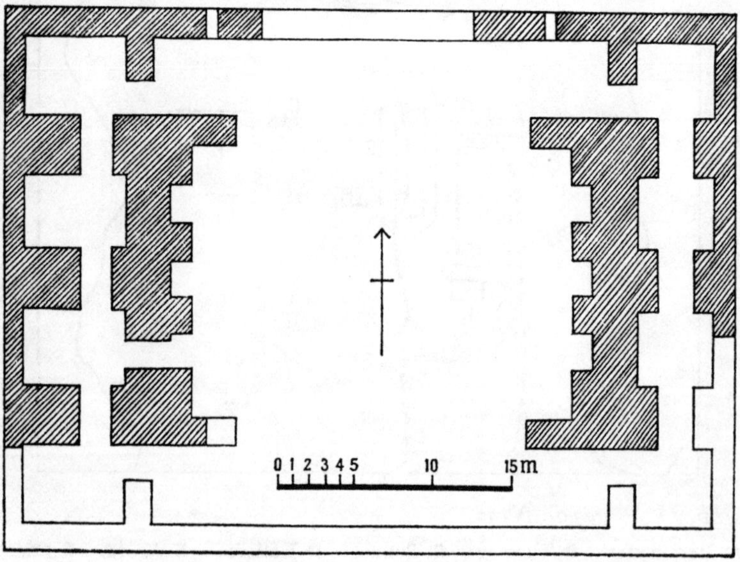

Abb. 36 Nysa. Plan des ersten Stockwerks der Bibliothek

Von den bei Strabo nicht erwähnten Bauten ist die **Bibliothek (K)** zweifellos am interessantesten (Tafel 19 oben). Auch sie bestand noch nicht zu Strabos Zeit, da die ganze Art der Anlage schwerlich vor dem 2. Jh. v. Chr. datiert werden kann. Sie hatte ursprünglich zwei, wahrscheinlich drei Stockwerke, von denen das oberste völlig zerstört ist und mit seinem Schutt das Erdgeschoß ausfüllt. Die Skizze (Abb. 36) zeigt den Plan des ersten Stockwerks. Die rechteckigen und gewölbten Mauernischen, in denen die Bücher standen, darf man sich mit Marmor oder Stuck verkleidet denken, wovon heute natürlich nichts mehr zu sehen ist. Der Eingang muß auf der heute völlig zerstörten Südseite gelegen haben. Die Bücherregale beiderseits des zentralen Lesesaales befanden sich nicht in der Außenwand des Gebäudes, sondern waren durch eine Galerie von ihr getrennt, um sie vor Feuchtigkeit zu schützen. Dieselbe Beobachtung machen wir in der Bibliothek des Celsus in Ephesos. Hoffentlich wird das Gebäude einmal ausgegraben, denn das Erdgeschoß ist wahrscheinlich gut erhalten. Der heutige Zustand ermöglicht kaum eine Vorstellung von dem einst stattlichen Bauwerk.

Es gibt noch viele andere Bauten an dieser Stätte, doch gehören sie alle in späte Zeit. Das Mauerwerk ist recht mäßig und erlaubt keine sichere Zweckbestimmung. Auch die Stadtmauer **(A)** ist nicht älter als byzantinisch. Angesichts der spärlichen Reste ist es dem normalen Besucher kaum zuzumuten, den Verlauf zu verfolgen. Wahrscheinlich gab es auch in hellenistischer Zeit eine Mauer, deren Spuren jedoch völlig verschwunden sind.

In der Dorfschule von Sultanhisar befindet sich eine kleine **Antikensammlung,** darunter die bemerkenswerte Plastik eines Jungen auf einem Delphin (Abb. 37, S. 228).

Von Nysa führt eine von Gräbern umsäumte Straße in westlicher Richtung nach Tralleis, die das Dorf **Acharaka** durchzieht. Doch ist es kaum möglich, ihr zu folgen, weil sie eine Anzahl von tiefen Hohlwegen überquert und die antiken Brücken verschwunden sind. Dagegen erweist sich ein Besuch von Acharaka als leicht, wenn man von Çiftekahlever die moderne Hauptstraße wählt, von der ein Weg hinauf zum Dorf Salavath führt. Die antike Stätte liegt außerhalb des Dorfes.

Abb. 37 Nysa. Plastik eines Jungen auf einem Delphin. Antikensammlung in der Dorfschule von Sultanhisar

Hören wir zunächst den Bericht Strabos: An der Straße von Tralleis nach Nysa liegt ein Dorf der Nysaeer namens Acharaka, wo sich das Plutonium mit einem reichen Bezirk und einem Tempel des Pluto und der Persephone sowie das Charonium, eine bemerkenswerte Höhle über dem Bezirk, befinden. Hier sollen Kranke von diesen Gottheiten geheilt werden; sie wohnen im Dorf nahe der Höhle mit sehr erfahrenen Priestern, die für die Patienten den Inkubationsschlaf ausüben und entsprechend ihren Träumen die Behandlung vorschreiben; manchmal träumen die Kranken selbst. Oft werden die Patienten in die Höhle geführt und verbleiben dort wie die wilden Tiere in ihrem Lager mehrere Tage ohne Speise. Für alle anderen ist der Ort eine verbotene Stätte, eher tödlich als heilsam. Man feiert hier ein Fest, bei dem ein Stier von jungen Männern aus Nysa in die Höhle gebracht wird; freigelassen, schreitet das Tier noch etwas vorwärts, um dann zusammenzubrechen und zu verenden.

Das Plutonium ist identifiziert und teilweise ausgegraben. Es liegt nahe der Ostseite eines Hohlweges, in dem der Fluß am Dorf vorbeiströmt. Die Ruinen sind kaum eindrucksvoll, reichen aber aus, um sich ein vorläufiges Bild von der Anlage (Abb. 38) zu machen. Die Form des Tempels ist, wenn er richtig rekon-

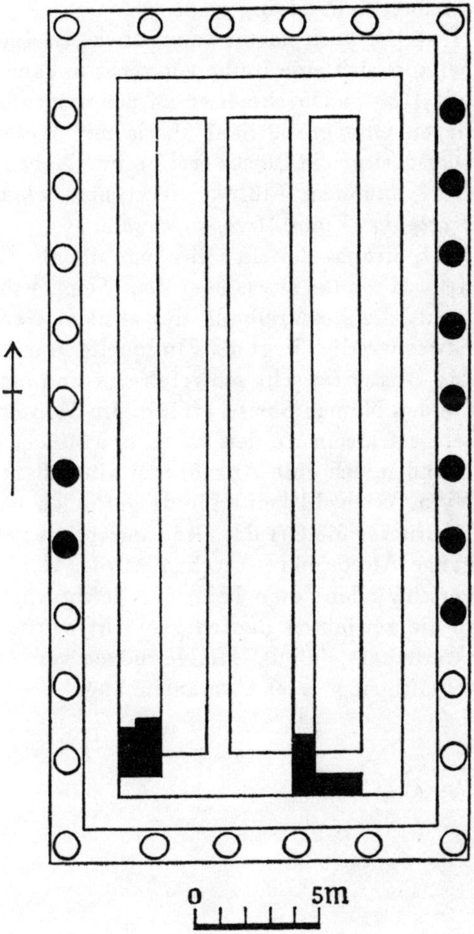

Abb. 38 Acharaka. Plan des Tempels (mutmaßlich)

struiert ist, außergewöhnlich. Er besaß sechs Säulen an den Schmal- und zwölf an den Längsseiten. Von letzteren sind zehn Säulen an ihrer ursprünglichen Stelle identifiziert. Ungewöhnlich ist auch die Nord-Süd-Orientierung des Tempels mit dem Eingang an der Nordseite. Ebenfalls bemerkenswert ist das Innere, das durch zwei Parallelmauern längsseits in drei Räume geteilt wird. Man sollte jedoch immer daran denken, daß es sich um eine mutmaßliche Rekonstruktion handelt, da die Reste (auf dem Plan schwarz gekennzeichnet) sehr gering sind.

Heute ist auch davon kaum etwas zu sehen. Im Grabungsbereich befindet sich eine Reihe von sechs unkannelierten Säulentrommeln mit 1,20 m Durchmesser an der ursprünglichen Stelle, außerdem liegen eine große Säulenbasis mit Wölbung (Torus) sowie zwei oder drei große Blöcke frei herum. Neben dem Pfad zwischen dem Dorf und dem Fluß bemerkt man zwei Blöcke eines dorischen *Triglyphen- und Metopenfrieses.*

Nach Strabos Bericht sollte man die als Charonium bezeichnete Höhle etwas über dem Tempel suchen, doch scheint heute nichts die Beschreibung des antiken Gewährsmannes zu stützen. Etwas westlich liegt die Flußquelle in einer tiefen engen Schlucht; das Wasser ist sehr schwefelreich und hat eine helle gelbe Farbe, die den Namen Sarisu erklärt. Im Winter soll der Schwefelgeruch sehr stark sein. In den hohen und steilen Felswänden der Schlucht befinden sich eine Anzahl von alten Bauten mit Wölbung wie in Nysa. Wiewohl keine Höhle gefunden wurde, scheint doch dieser eindrucksvolle Ort das alte Charonium gewesen zu sein, wofür die ganze Atmosphäre sprechen würde. Höhlen können einfallen und verschwinden; man kann sich leicht vorstellen, daß die Kranken in die gewölbten Bauten gebracht wurden. Jedenfalls ist es kaum zweifelhaft, daß das Heilvermögen von Acharaka mit dem schwefelhaltigen Wasser zusammenhängt.

19. Aphrodisias

»So wandelte Salomo zu der sidonischen Göttin Astoret ... und tat, was dem Herrn mißfiel« (1. Könige 11, 5–6). Ob Astoret von Sidon, Ischtar von Babylon und Ninive, Astarte, Aphrodite oder Venus, der Kult der fröhlichen Liebesgöttin war praktisch überall zu finden. Auch für den weisesten der Könige von Israel war er übermächtig. Häufig wurden Städte nach der Liebesgöttin benannt. Stephanos von Byzanz verzeichnet ein Dutzend Plätze, Städte oder Inseln, mit dem Namen Aphrodisias, unter denen vor allem in römischer Zeit die Stadt an der Ostgrenze von Karien am bekanntesten war.

Nach Stephanos wurde die Stadt von Pelasgern und Lelegern gegründet und führte den Namen Lelegonpolis, später Megalepolis sowie Ninoe nach dem assyrischen König Ninus. Die beiden ersten Namen kann man außer acht lassen; denn das Land gehörte nicht den Lelegern, einem vorgriechischen Volk, und es gab auch in der Frühzeit keine »große Stadt« an dieser Stätte, wie der Name ›Megalepolis‹ besagen soll. Der dritte Name Ninoe könnte historisch sein. Es ist nicht unwahrscheinlich, daß die Assyrer vor oder nach der Zerstörung von Ninive durch die Meder und Babylonier einen Kult der Ischtar in diesem entlegenen Gebiet einrichteten. Eine Spur davon scheint sich im Kult des Zeus Nineudius erhalten zu haben, der durch spätere Inschriften der Stadt bezeugt ist.

Daß die Stätte sehr früh besiedelt wurde, ist kaum anzuzweifeln. Die jüngsten Grabungen brachten frühbronzezeitliche Keramik des 3. Jtsd.s v. Chr. sowie chalkolithische Funde aus der Zeit vor 3000 v. Chr. ans Licht. Der Nachweis einer Stadt Aphrodisias ist aber überraschend spät. Der Name scheint mindestens seit dem 3. Jh. v. Chr. in Gebrauch gewesen zu sein, als der Geschichtsschreiber Apollonios aus Ägypten sich hier niederließ und ein Buch über Karien schrieb; er führte den Namen Apollonios von Aphrodisias. Als Stadt wird Aphrodisias erst im 1. Jh. v. Chr. erwähnt. Im Jahre 82 v. Chr. sandte der römische Feldherr Sulla nach Weisung eines Delphischen Orakels eine Axt und eine goldene Krone an Aphrodite; der Orakelspruch bezog sich auf »eine sehr große Stadt in Karien, die nach Aphrodite benannt wurde«. Doch die Orakelsprache ist oft übertrieben.

Für die Zeit vorher müssen wir uns ein **Heiligtum der Ischtar-Aphrodite** mit einer bedeutenden hochentwickelten Siedlung vorstellen. Außer Keramik und Statuetten des 6. und 5. Jh.s v. Chr. fanden sich Münzen *Alexanders des Großen* sowie ein lydisches Inschriftenfragment. Seit dem 2. Jh. v. Chr. entwickelte sich jene Siedlung zur Stadt.

Die bescheidenen Anfänge der Stadt Aphrodisias lassen sich deutlich an ihren Beziehungen zur Nachbarstadt Plarasa aufzeigen[1]. Zwischen 39 und 35 v. Chr. schickte *Marcus Antonius* die Abschrift eines Senatsbeschlusses nach Aphrodisias. Dieser sicherte »der Stadt der Plaraser und Aphrodisier« Freiheit und Steuerbefreiung zu sowie dem Tempel der Aphrodite ein Asylrecht wie das der Artemis von Ephesos. Dazu fügen sich bis in die Zeit des Augustus die Münzen mit beiden Stadtnamen, wobei Plarasa an erster Stelle steht. In der Kaiserzeit wird Aphrodisias allein genannt, während Plarasa aus dem Blickfeld verschwindet. Anscheinend befand sich das Heiligtum der Aphrodite auf dem Gebiet von Plarasa und bestimmte durch seine Entwicklung die Vereinigung der beiden Städte; im Laufe der Zeit erhielt die jüngere Stadt die Vorherrschaft, und Plarasa sank zu einem *Demos* von Aphrodisias ab. Neues Licht auf die Geschichte der Stadt werfen noch unveröffentlichte Inschriften, die bei der Ausgrabung des Theaters entdeckt wurden[2]. Sie enthalten eine ganze Reihe von Briefen römischer Kaiser von *Augustus* bis *Gordian III.* im 3. Jh. n. Chr.

[1] Die karische Stadt Plarasa lag sehr wahrscheinlich bei Bingeç, neun Meilen südwestlich von Aphrodisias.

[2] Siehe S. 239/240

Eine andere erwähnt einen Vertrag mit den Nachbarstädten Tabae und Cibyra im zweiten Jahrhundert v. Chr. Nach einer weiteren Inschrift scheint die Stadt während des Krieges mit *Labienus* im Jahre 40 v. Chr. unter der Plünderung gelitten zu haben, wobei sie unter anderem eine von *Julius Caesar* gestiftete goldene Statue des Eros verlor, die sich später wiederfand[3]. Eine dritte Inschrift ist ein Brief des Kaisers *Hadrian*, der die Stadt von der ›Nagel-Steuer‹ befreit, wobei wir nicht wissen, worum es sich handelt.

In der Kaiserzeit war Aphrodisias eine sehr reiche und blühende Stadt. Beispielhaft für den Wohlstand der Bürger ist die Tatsache, daß ein gewisser *Attalos Adrastos*, ein Priester des Herakles, 122.000 Denare für eine Opferhalle und ein Bankett-Gebäude ausgab und in seinem Testament über eine Viertelmillion für gymnastische Zwecke hinterließ. Wichtig sind in diesem Zusammenhang zwei Bruchstücke der Maximaltarife des *Diokletian*. Aphrodisias war berühmt als Sitz der Medizin und der Philosophie, vor allem aber wegen seiner Schule der bildenden Kunst. Dies wird überzeugend bestätigt durch eine große bei den Grabungen gefundene Zahl von *Statuen* und *Reliefs* und *skulpturierter Sarkophage;* auch eine Bildhauerwerkstatt konnte ausgemacht werden[4]. Bei einem der in der Stadt gefeierten Fest war ein *Wettbewerb in der Plastik* eingeschlossen, der ohne Parallele anderswo ist.

Die Hauptgottheit war natürlich *Aphrodite*. Nach ihr ist auf den Münzen am meisten *Dionysos* dargestellt; auch andere Götter des griechischen Pantheon erscheinen in den Inschriften. Eine nichtgriechische Gottheit ist der phrygische Men Ascaenus. Zeus hat, wie schon erwähnt, die Beinamen Nineudius sowie Spaloxus, dessen Bedeutung nicht bekannt ist.

Die Lage von Aphrodisias bei Geyre wurde niemals bezweifelt. Mehrfach führte man seit Beginn dieses Jahrhunderts oberflächliche Grabungen durch, aber erst 1961 begannen eingehende Untersuchungen unter der Leitung der Universität von New York;

[3] Anscheinend hat der Dieb die Unverschämtheit gehabt, sie in seinem Namen an die Artemis von Ephesos zu weihen.

[4] Siehe S. 239

sie dauern während der Drucklegung noch an und verändern das Bild der Stätte (Abb. 39) ganz beträchtlich.

Der **Tempel der Aphrodite (F)** war immer sichtbar, doch ist außer der Säulenstellung (Tafel 20) wenig übriggeblieben. Er war in jonischem Stil gebaut mit dreizehn Säulen an den Längs- und acht an den Schmalseiten. Es handelt sich hier um einen ›Pseudodipteros‹, bei dem die Säulen in doppeltem Abstand von der Cellawand gesetzt sind und den Eindruck einer doppelten Säulenstel-

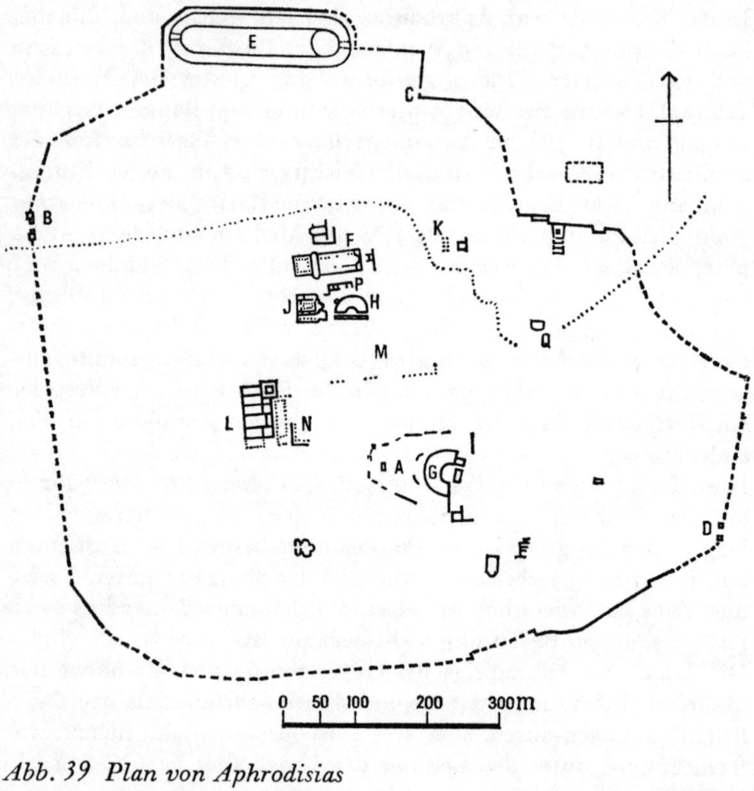

Abb. 39 Plan von Aphrodisias

A Akropolis **B** Westtor **C** Nordtor **D** Osttor **E** Stadion **F** Tempel der Aphrodite **G** Theater **H** Odeion **J** »Bischofs-Palast« **K** Propylon **L** Thermen des Hadrian **M** Agora **N** Portikus des Tiberius **P** Bildhauer-Werkstatt **Q** Museum

lung vermitteln, ohne den Aufwand einer inneren Säulenreihe. Der Tempel bestand aus *Pronaos* (Vorhalle) und *Cella*, besaß aber kein *Opisthodom*. Früher dachte man an eine Datierung in die Zeit Hadrians, doch ist jetzt erwiesen, daß er im späten zweiten oder frühen 1. Jh. v. Chr. begonnen wurde. Gleichzeitig ergab die Grabung Funde aus archaischer Zeit. Es gibt einen schwachen Hinweis auf einen früheren Tempel an der Stelle; darauf weisen die Spuren eines frühhellenistischen Mosaiks, das beim Bau des Pronaos durchschnitten wurde. In frühbyzantinischer Zeit wurde der Tempel mit Ausnahme der Säulenstellung bei der Umwandlung in eine Kirche zerstört, deren Apsis noch am Ostende zu erkennen ist. Anscheinend sind in dieser Zeit die Säulen der Schmalseiten beseitigt und den Längsreihen hinzugefügt worden; dieser Schluß ergibt sich aus der merkwürdigen Tatsache, daß die vorletzte Säule der Nordseite nach ihrer Kapitellform eine Ecksäule des ursprünglichen Tempels war. Gegenwärtig stehen noch vierzehn Säulen fast vollständig erhalten in mehreren isolierten Gruppen, von denen zwei noch den Architrav haben. Einige Säulen tragen Inschriften, die sie als Stiftung von Bürgern an Aphrodite und das Volk ausweisen.

Das Aussehen des Kultbildes ist durch eine Anzahl von Kopien bekannt. Die Göttin stand in ›hieratischer‹ Haltung steif aufrecht mit ausgestreckten Unterarmen wie die ephesische Artemis, und in einem langen mit Reliefbändern verzierten Gewand. Die Reliefs sind gewöhnlich wie folgt angeordnet: oben der Sonnengott und die Mondgöttin, manchmal Aphrodite zwischen beiden; darunter die drei Grazien, manchmal zwischen zwei Gottheiten; anschließend Aphrodite auf einem Ziegenfisch (Sternbild ›Steinbock‹?), und schließlich drei Eroten. Dieser Abschluß ist oft weggelassen, auch gibt es andere Variationen. Eine entsprechende Statue wurde 1962 außerhalb des Tempelbezirks gefunden. Nach der Inschrift scheinen Priester der Göttin gedient zu haben.

Etwa hundert Schritt östlich vom Tempel standen die spiralförmig kannelierten Säulen eines monumentalen Tores, das nicht nach dem Tempel ausgerichtet war und auch nicht den Eingang zum Tempelbezirk bildete. Die Grenze des Tempelbereichs scheint durch eine stattliche Mauer mit Mäanderfries unmittelbar östlich hinter dem Tempel bestimmt gewesen zu sein.

Die Stadtmauer ist spät und nicht früher als das 4. Jh. n. Chr.; sie enthält einige wiederverwendete Steine, darunter vermauerte Spolien der *Tiberius*-Portikus und viele *Inschriften.* Am besten erhalten ist sie auf der Nordseite. Man sieht keine Spur einer älteren Mauer, und es ist sehr wahrscheinlich, daß sich die Stadt für ihren Schutz auf ihre Heiligkeit verließ. Ein in die Mauer der Nordost-Seite verbauter Block trägt folgende Inschrift: »Wer immer hier Schutt abládt, soll dem Fluch der 318 Väter verfallen«, womit die im Jahre 325 n. Chr. auf dem Konzil von Nizäa versammelten Bischöfe gemeint sind.
Drei Tore sind erhalten, im Westen, Norden und Osten. Das Westtor **(B)** hieß nach einer Inschrift das *Antiocheia-Tor;* Antiocheia am Mäander war an dieser Seite die nächste Stadt. Nach der anderen Seite der Inschrift war das Tor geweiht »der Gesundheit und Sicherheit, dem Glück und dem Sieg sowie dem ewigen Weiterleben« des Kaisers *Constantius* (337–361 n. Chr.).
Das *Nordtor* **(C)** liegt in kurzem Abstand östlich vom Stadion. Interessant ist seine zweiteilige Inschrift auf der Innenseite. Der Oberteil verzeichnet den Bau der Mauer, wahrscheinlich im 4. Jh.; der untere Teil bezieht sich auf eine spätere Wiederherstellung »für das glückliche Geschick der glänzenden Metropolis der Stauroupoliten«. Der Name von Aphrodisias wurde tatsächlich im 7. Jh. in ›Stauropolis‹ umgeändert; der alte Name verletzte die christliche Empfindsamkeit, und so wurde die Stadt der Aphrodite zu einer Stadt des Kreuzes. Die in Betracht kommende Wiederherstellung

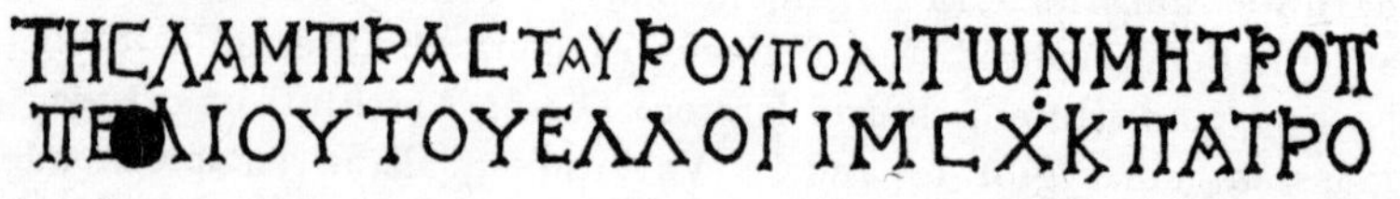

Abb. 40 Aphrodisias. Unterer Teil der Inschrift über dem Nordtor

erfolgte früher, denn die Inschrift lautete ursprünglich »Metropolis der Aphrodisier«; der Name wurde getilgt und durch den anderen ersetzt. Bei der Änderung ging man sparsam vor und ließ die beiden Namen gemeinsamen Buchstaben RO und verwendete außerdem das endende S des voraufgehenden Wortes für den Namen, so daß in Wirklichkeit »Metropolis der Tauroupoliten« dastand, ein bemerkenswertes Beispiel für epigraphische Knickrigkeit[5].

Auch das *Osttor* **(D)**, ein dreifacher Bogen, dessen Mitte eingestürzt ist, ist in sehr gutem Zustand. Den Südflügel bildet eine stattliche Mauer, deren Reliefschmuck ein menschliches Haupt sowie Blüten und andere Muster zeigt. Wie aus den in den Bogen eingebauten I n s c h r i f t e n des 2. Jh.s hervorgeht, ist der Bau spät anzusetzen.

Das **Stadion (E)** aus der frührömischen Kaiserzeit (Tafel 19 unten) gehört zu den besterhaltenen der antiken Welt. Es besitzt an den beiden abgerundeten Enden einen Eingangstunnel, von denen der westliche jetzt außen zugemauert ist. Wie in Priene und anderswo sind die Sitzreihen leicht gekrümmt, um eine bessere Aussicht über die ganze Länge zu ermöglichen. In der Mitte der Nordseite befindet sich eine königliche Loge. Startschwellen für Wettläufe sind nicht erhalten, doch befinden sich im westlichen Teil der Arena unter den herumliegenden Blöcken eine schlanke unkannelierte Säulentrommel, ein Zahnfries und andere Werkstücke, die vielleicht zu einer ähnlichen Vorrichtung wie in Priene gehörten[6]. Später wurde wie in Ephesos am Ostende eine weitere Kurvenmauer eingebaut, so daß ein fast runder Bezirk für Schaustellungen nach römischem Geschmack entstand; Gladiatorenkämpfe sind inschriftlich bezeugt. Die Blöcke auf der Mauer sind oft zweimal von oben nach der Frontseite hin durchbohrt, als wenn sie Seile halten sollten. Der Autor kann keine Erklärung dafür geben und keine Parallele anderenorts nennen.

Das Stadion war der Schauplatz für alle *athletischen Spiele und andere Wettkämpfe* während der verschiedenen in der Stadt gefeierten Feste. Solche Veranstaltungen waren in römischer Zeit

[5] Man glaubte aufgrund der Inschrift eine Zeitlang, daß Aphrodisias vorübergehend den Namen Tauroupolis (Stadt des Stieres) hatte. Tatsächlich nennt Stephanos eine Stadt Tauropolis in Karien und erwähnt auch ein Bündnis mit Plarasa; doch das war im 3. Jh. v. Chr., so daß es sich um eine andere Stadt handeln muß. Der Name Stauroupolis für Aphrodisias erscheint regelmäßig in den byzantinischen Listen. Tauroupolis ist hier also zweifellos ein Irrtum.

[6] Vgl. Bean, Kleinasien I, S. 207 ff.

sehr häufig und wechselten natürlich sehr in ihrem Ruf. Einige waren den großen Spielen des klassischen Griechenlands nachgebildet, besonders den Olympischen und Pythischen Spielen, und hatten auch denselben Namen, dieselbe Einteilung und dieselben Preise; ›Olympische‹ Spiele finden wir somit in ganz Kleinasien. Man konnte sie jedoch nur mit der Genehmigung Roms veranstalten und betrachtete sie als ein großes Privileg. In Aphrodisias finden wir Pythische, aber keine Olympische Spiele. Andere wurden zu Ehren und mit Zustimmung des Kaisers eingerichtet wie die Gordianeia in Aphrodisias. Wieder andere waren von einem Privatmann ausgestattet und trugen gewöhnlich seinen Namen; sie brachten wenig Ruhm und waren oft auf Bürger der Stadt selbst oder eines begrenzten Bereichs beschränkt. Die kaiserlichen Spiele waren gewöhnlich ganz offen. Die Preise in der ersten Klasse bestanden lediglich aus einem Blätterkranz; aber wie ein Sieg in Wimbledon für den Gewinner wertvoller ist als das Sieger-Geld, so konnte ein olympischer Sieger eine lohnende Aufnahme in seiner eigenen Stadt erwarten. Bei den kleineren Spielen bestanden die Preise in Bargeld. Außer den normalen Athleten-Wettkämpfen wie Wettlauf, Ringen, Boxen, Pankration, einer Art unbewaffneten Kampfes, und dem Pentathlon war eine große Auswahl von anderen Veranstaltungen eingeschlossen. In Aphrodisias hören wir vom Wettstreit in Tragödie, Komödie, Satyrspiel, Flöten- und Harfenspiel, Redekunst und Kriegstanz; es gab auch Preise für Herolde, Trompeter und, wie oben erwähnt, für Bildhauer. Zweite und dritte Preise wurden gewöhnlich nur für nichtathletische Veranstaltungen vergeben; bei den Athletenkämpfen war der Sieg die Sache, auf die es ankam. Pferde- und Wagenrennen fanden getrennt im Hippodrom statt; solche Rennen werden zwar in Aphrodisias erwähnt, aber das Hippodrom konnte nicht ausfindig gemacht werden.

Genau südlich vom Tempel liegt das neuentdeckte **Odeion (H),** das sehr gut erhalten ist. Im 2. Jh. n. Chr. erbaut, wurde es später, wahrscheinlich durch ein Erdbeben, zerstört und wiederhergestellt. In der Planung erinnert es an das Rathaus von Nysa und dürfte wohl auch gelegentlich als Versammlungsraum benutzt worden sein[7]. Die ›*Orchestra*‹ ist geschmackvoll ausgestattet, steht

[7] Siehe S. 265, Anm. 1

aber jetzt ständig unter Wasser. An der Vorderseite der Plattform befindet sich eine unvollständige Inschrift, die sich überraschenderweise auf eine Palaestra bezieht; die Bedeutung ist dunkel.
An die Außenmauer des Odeion schließt westlich ein interessantes **Heroon** an, das Grab eines angesehenen Bürgers, dem das Privileg der Bestattung in der Stadt gewährt worden war. Es ist rund und mit drei Stufen ausgestattet, die zu einer Plattform führten mit einer achteckigen Sitzanlage um einen großen *Sarkophag* und einen *Altar*, der mit Blumen und Früchte tragenden Eroten geschmückt ist. Das Heroon ist offensichtlich älter als das Odeion, dessen Mauer leicht überragt. Nördlich vom Odeion deutet die bei der Grabung gefundene große Zahl von unvollendeten Statuen und Marmorsplittern darauf, daß es sich bei dem Gebäude um eine Bildhauer-Werkstatt **(P)** handelt; der Bau selbst ist schlecht erhalten.
Westlich neben dem Odeion liegt eine verwickelte Gruppe von Ruinen einschließlich eines Peristylhofes mit blauen Marmorsäulen, von den Ausgräbern *»der Bischofs-Palast«* **(J)** genannt. Nach einem Blei-Siegel mit einer Inschrift, die sich auf die Metropolis oder den Metropoliten von Karien bezieht, und nach der Nähe zur Kirche, die auf den Tempel folgte, wirkt es nicht unwahrscheinlich, daß es sich hier um den Wohnsitz des Bischofs von Aphrodisias-Stauroupolis handelt.
Die **Akropolis (A),** die einzige Erhebung an der Stätte, führt ihre Bezeichnung nur nach Konvention. Es ist keine natürliche Erhöhung, sondern lediglich die Anhäufung von prähistorischen Wohnschichten, die zeigen, daß hier der *älteste Siedlungskern* lag. Stichgräben am Westhang brachten mittelbronzezeitliche Kulturreste aus der Zeit zwischen 2000 und 1600 v. Chr. zutage, darunter Vorratsgefäße mit verkohlten Körnern. An einer Stelle weiter östlich, an der ›Pekmez Area‹, fanden sich auch ältere Reste.
Am Osthang der ›Akropolis‹ liegt das große **Theater (G),** das noch ausgegraben wird. Es erwies sich in ausgezeichnetem Zustand mit den meisten Sitzen an Ort und Stelle, so daß es wahrscheinlich zu den besten in Kleinasien gerechnet werden darf. Ungewöhnlich groß besaß es anscheinend die seltene Zahl von drei Umgängen *(Diazoma);* auf das ›dritte Diazoma‹ bezieht sich eine Inschrift, doch haben die Grabungen noch kein Anzeichen dafür ergeben,

und es dürfte schwierig sein, ein drittes *Diazoma* raummäßig unterzubringen. Auch *Bühne* und *Bühnengebäude* sind gut erhalten, vor allem die unteren Teile; der Befund war aber zur Zeit der Drucklegung noch nicht geklärt. Die Anordnung am Nordende ist seltsam. Die nördliche Rückwand des Bühnengebäudes steht noch bis zu einer Höhe von etwa 5 m und flankiert einen Korridor, an dessen anderer Seite sich ein gewölbter Raum befindet. Letzterer gehört nicht zu den üblichen Bestandteilen eines Theaters und ist offensichtlich ein späterer Anbau, dessen Zweck unbekannt ist. Die *Mauer* des Bühnengebäudes rief bei den Ausgräbern größte Überraschung hervor; war sie doch mit einer langen kaiserzeitlichen Inschrift ausgestattet, die wir bereits oben erwähnt haben. Wenn der Gesamtinhalt veröffentlicht ist, dürfte unser spärliches Wissen um die Geschichte der Stadt während der Kaiserzeit verbessert werden.

Zwischen Theater und Tempel lag die Agora – **(M)** – (Marktplatz). Sie ist noch nicht ausgegraben und von einem Pappelhain überwachsen. Von der umgebenden Säulenhalle stehen noch sieben Säulen; außerdem finden sich die Basen von weiteren an Ort und Stelle (Tafel 21 oben).

Weiter westlich liegen die sog. Hadrians-Thermen **(L)**. Die Anlage (Abb. 41) ist noch nicht ganz geklärt, so daß die Bestimmung aller Räume unsicher ist. Vorn **(1)** liegt ein mit schwarzen und weißen Platten sorgfältig ausgelegter Hof. Der südlich anschließende Raum ist das *Frigidarium*, das Kaltbad **(2)**, mit einem schmalen Becken an der Westwand. Raum **(3)** ist das *Tepidarium*, das lauwarme Bad, mit Warmluftheizung unter dem Fußboden *(Hypokaust)*. Raum **(4)** ist das *Caldarium*, das heiße Bad, dessen Hypokaustanlage teilweise gut erhalten ist (Tafel 21 unten). Raum **(10)** ist das *Praefurnium* oder der Heizraum mit einem *Laconicum oder Sudatorium*, dem Schwitzraum, auf beiden Seiten **(9)** und **(11)**. Der offene Hof **(7)** hat in der Mitte ein quadratisches Flachbecken. Raum **(8)** war aller Wahrscheinlichkeit nach das *Apodyterium* oder das Gemach für den Kleiderwechsel, von wo der Besucher zuerst das Frigidarium **(2)**, dann nacheinander die wärmeren Räume **(3)**, **(4)** und **(9)** besuchte, um das Baden vielleicht mit einem kalten Untertauchen in **(7)** zu beenden. Die Räume **(5)** und **(6)** sind noch nicht ausgegraben; wahrscheinlich bildeten sie zusammen mit **(11)** die Abteilung für Frauen, die vom Männerbad oft getrennt war, so daß sich das zweite *Laconicum* **(11)** erklären würde.

Unmittelbar östlich von der Badeanlage liegt die Palästra **(12)** für gymnastische Übungen. Östlich schließt die Portikus des Tiberius **(N)** an, die nur teilweise ausgegraben ist. Der Architrav zeigt in einem sehr eindrucksvollen Fries Kranzdekor und Masken, ein wichtiges Werk der Bildhauerschule von

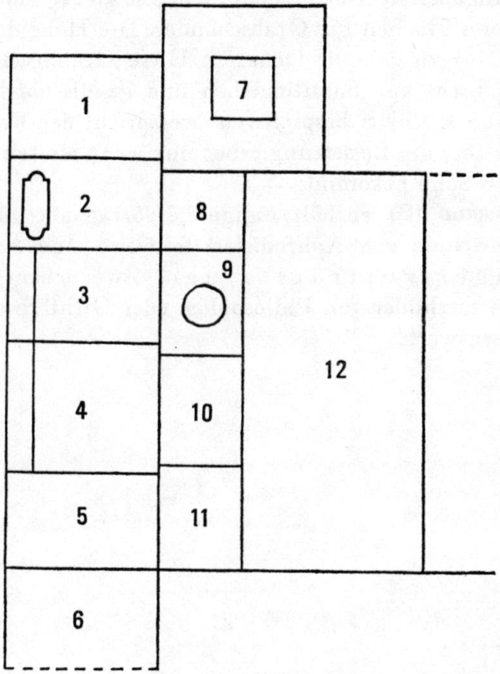

Abb. 41 Aphrodisias. Plan der Hadrians-Thermen (nur mutmaßlich)

1 Hof **2** Frigidarium (Kaltbad) **3** Tepidarium (lauwarmes Bad) **4** Caldarium (heißes Bad) **5** u. **6** Frauenbad? (noch nicht ausgegraben) **7** Offener Hof mit Flachbecken **8** Apodyterium (Raum zum Kleiderwechsel) **9** u. **11** Laconicum oder Sudatorium (Schwitzraum) **10** Heizraum **12** Palästra

Aphrodisias. Vieles davon, bereits 1937 entdeckt, befindet sich jetzt im Museum in Izmir; andere Stücke sind während der neuen Grabungen gefunden worden. Die Portikus dehnte sich beträchtlich nach Osten aus und vereinigte sich mit der Agora zu einem eindrucksvollen Komplex.

Die **Gräber** von Aphrodisias liegen wie gewöhnlich außerhalb der Stadt. Es gibt viele recht stattliche Sarkophage, wie man an den vor dem *Museums-Depot* im Dorf aufgestellten Beispielen sehen kann. Die Inschriften sind meistens lang mit detaillierten Angaben über den Verstorbenen sowie Aufzählen von Geldstrafen und Flüchen für Grabschänder. Die Höhe der Geldstrafen wechselt bis zu 50.000 Denaren. Diese Grabinschriften werfen manches Licht auf Familienleben und gesellschaftliche Verhältnisse. Eine Inschrift bespielsweise verspricht der Frau des Sarkophagbesitzers die Beisetzung, aber nur wenn sie seine Frau bleibt und einen Sohn bekommt.

Das **Museum (Q)** enthält einige hervorragende Skulpturen der Bildhauerschule von Aphrodisias, teilweise eine Anzahl erstklassiger Porträtstatuen. Zwei lebensgroße Statuen und zwei Sitzbilder von Philosophen oder Dichtern sind besonders bewundernswert.

20. Hierapolis

Wie von Ephesos so hat der Tourismus in der Türkei auch von Hierapolis Besitz ergriffen. Als der Autor 1936 zum erstenmal Pamukkale besuchte, lagen die weißen Felsen, die antiken Ruinen und Gräber noch ganz einsam ebenso wie das Quellenbecken, in dem man unbeobachtet baden konnte. Heute hat sich das Bild vollkommen verändert. Die Einsamkeit ist dahin. Das Quellenbecken ist zu einem von Kabinen umgebenen Schwimmbad des Pamukkale-Motels geworden, das täglich von Badelustigen aus Denizli und anderen Orten besucht wird. Auch mehrere andere Motels an den Felsen sind in der Saison überbelegt. Buden mit Postkartenverkäufern und Andenkenhändlern säumen die Mauer der alten Badeanlagen. Zudem hat sich das Gesamtbild durch die noch andauernden Ausgrabungen verändert. Ob es sich bei allem um einen Fortschritt handelt, ist Auffassungssache. Jedenfalls hat Hierapolis nichts von seiner Anziehungskraft verloren, wozu die Ausgrabungen mindestens Wesentliches beigetragen haben.

Als der Autor 1939 mit seiner Begleitung ein Zelt für die Nacht aufschlagen wollte, war es fast unmöglich, die Pflöcke in den Boden zu treiben; denn das ebene Plateau, auf dem die Stadt erbaut ist, besteht nicht aus Erde und Felsen, sondern vorwiegend aus einer im Laufe der Zeit entstandenen festen Sinterschicht, die die kalkhaltigen Quellen und Wasserläufe des Gebietes gebildet haben. Dieser noch heute anhaltende Prozeß hat in den letzten zweitausend Jahren die unteren Teile der antiken Bauten bis zu einer Tiefe von über 1 m in fester Steinmasse begraben. Das aus dem Boden kommende Wasser hat fast Körpertemperatur und ist stark kohlensäurehaltig. Die Kohlensäure verflüchtigt, und der sich niederschlagende und erhärtende Kalk bildet Sinterterrassen, deren blendendes Weiß zum Namen Pamukkale in der Bedeutung »Baumwollschloß« geführt hat (Tafel 23). Beim weiteren Verströmen erkaltet das Wasser und kann zum Trinken ebenso wie zum Bewässern der Felder verwendet werden. Die Quelle, die das »heilige Quellbecken« füllt, ist nicht lokalisiert worden. Sie liegt wahrscheinlich irgendwo an dem Hang, der sich zum Theater hinzieht.

Die Bezeichnung »heiliges Quellbecken« beruht lediglich auf einer Vermutung, die wegen der zahlreichen im Becken gefundenen antiken Architekturstücke nicht unwahrscheinlich ist; es handelt sich um ein langes Fundament und zahlreiche Säulentrommeln. Erste-

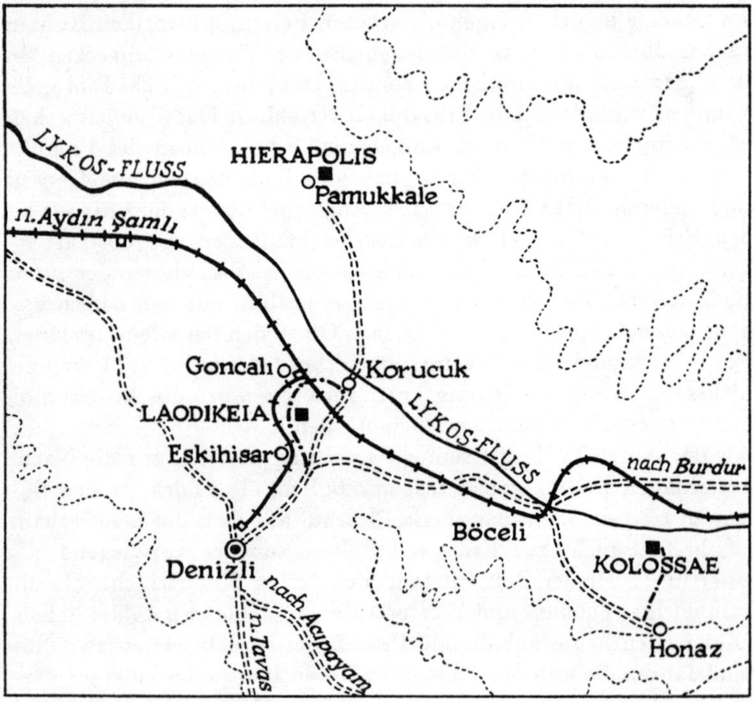

Abb. 42 Karte der Umgebung von Denizli

res gehört in römische Zeit, doch hat das Quellbecken Form und Aussehen bereits im Altertum ständig verändert. Die Quelle selbst scheint den angemessenen Namen ›Thermodon‹ geführt zu haben. Hierapolis bedeutet »heilige Stadt«. Die Namengebung geht nach Stephanos von Byzanz auf die zahlreichen Tempel zurück; dazu fügt sich das Zeugnis der Münzen bis in die Zeit des Augustus mit der Bezeichnung Hieropolis im Sinne von »Tempelstadt«. Man hat geistreich vermutet, daß diese Bedeutung nicht die ursprüngliche war. Da die Stadt eine Gründung von Pergamon ist und alle Pergamener Könige wie die übrigen hellenistischen Herrscher überhaupt Neugründungen nach Familienmitgliedern benannten, ist es sehr wahrscheinlich, daß Hierapolis nach Hiera oder Hiero, der Gemahlin des Telephos, des mythischen Ahnherrn der Pergamener, benannt worden ist. Wie man auch sonst recht oft beobachten kann, ist der Name später nicht mehr verstanden worden.

Wie viele Tempel die Stadt wirklich besessen hat, kann man nicht sagen; sicherlich verehrte man dort eine große Zahl von Gottheiten, die jedoch nicht alle einen Tempel hatten. In den Inschriften werden nur die Priester der Kybele und der Kaiser genannt; andererseits ist bisher als einziger Tempel der des Apollo identifiziert worden.

Die Gründung von Hierapolis durch *Pergamon* ist zwar nicht ausdrücklich bezeugt, kann aber zuversichtlich angenommen werden. Im 3. Jh. v. Chr. gehörte das Lykos-Tal den Seleukidenkönigen von Syrien, die hier um die Mitte des Jahrhunderts die Stadt Laodikeia gründeten. Sehr unwahrscheinlich ist, daß von ihnen eine zweite Stadt in solcher Nähe gegründet wurde. Nach der Schlacht von Magnesia im Jahre 190 v. Chr. fiel das ganze Gebiet an das Königreich von Pergamon. Die älteste Inschrift von Hierapolis ist ein Ehrendekret für *Apollonis*, die Mutter des Königs *Eumenes II.*, die einige Zeit nach 183 v. Chr. starb. Wahrscheinlich wurde die Stadt im ersten Viertel des 2. Jh.s von Eumenes gegründet.

Ob der Ort vorher besiedelt war und in welcher Weise, wissen wir nicht; doch ist es recht unwahrscheinlich, daß dieser hervorragende Platz ohne Ansiedlung geblieben sein soll. Herodot erwähnt in der Umgebung eine Stadt Kydrara, und später finden wir eine Stadt Hydrela, deren Name sich wie der von Denizli auf Wasser bezieht und eine wasserreiche Gegend vermuten läßt. Während der Name Kydrara sehr früh verschwand, lebte der von Hydrela bis in römische Zeit weiter.

In der Folgezeit hören wir fast nichts von der Geschichte der Stadt. Im Jahre 129 v. Chr. wurde Hierapolis in die Provinz Asien eingegliedert; für die Zeit darauf wird an Ereignissen lediglich eine Reihe von Erdbeben erwähnt, von denen vier in den zwei Jahrhunderten von *Claudius* bis *Alexander Severus* erfolgten; das schwerste ereignete sich im Jahre 60 n. Chr. unter *Nero*, mit dessen Hilfe die Stadt wiederaufgebaut wurde und ihr endgültiges Gesicht erhielt. Man hat an eine Verlegung des Stadtzentrums nach Süden gedacht, wobei freilich der Zeitpunkt nicht bestimmt worden ist; als Beweis dafür sah man die spärlichen Reste eines früheren Theaters in einer Mulde der Hügelkette östlich des nördlichen Stadteingangs an. Es gibt aber keinen Grund, warum das Theater nicht außerhalb der Stadtmauer gelegen haben soll wie beispielsweise in Mylasa und in Perge in Pamphylien.

Der hochgeschätzte Titel ›Neokoros‹ (Tempelvorsteher) wurde der Stadt offensichtlich von *Caracalla* zuerkannt. Sonst scheint außer gelegentlichen Kaiserbesuchen nichts Aufregendes geschehen zu sein. *Hadrian* war vermutlich im Jahre 129 n. Chr. in der Stadt, Caracalla im Jahre 215 n. Chr.; eindeutig verzeichnet ist ein Besuch des Kaisers *Valens* im Jahre 370 n. Chr. In Hierapolis befand sich eine abgesonderte Judengemeinde mit eigener Selbstverwaltung; früh kam es zur Einführung des Christentums wie in Laodikeia und Kolossae. Der Apostel Philipp verbrachte hier mit seiner Tochter seinen Lebensabend; sein kürzlich von italienischen Ausgräbern wiederentdecktes Grab wurde schon damals Besuchern gezeigt[1]. Der Bischof von Hierapolis erhielt im 6. Jh. durch Kaiser *Justinian* den Rang eines Metropoliten.

Die inschriftlich bekannten Namen der Bürger sind ausschließlich griechisch oder römisch. Griechisch war die Stadtverwaltung, wiewohl die Bezirke phrygische Namen gehabt zu haben scheinen. Andererseits zeigt die Religion eine starke Verschmelzung mit kleinasiatischen Elementen. Die meisten der bekannten griechischen

[1] Siehe S. 255 ff

Gottheiten wurden hier verehrt, doch häufig in Verbindung mit einheimischen Göttern. Der Hauptgott war *Apollon*, der mit dem phrygischen *Lairbenus* gleichgesetzt wurde, einem Sonnengott, dessen Heiligtum etwa zwanzig Meilen nordöstlich von Hierapolis lag. In ähnlicher Weise wurde *Leto*, die Mutter des Apollon, der kleinasiatischen Muttergöttin *Kybele* zugeordnet. *Zeus* hatte in Hierapolis die ungriechischen Beinamen *Bozius* und *Troius*. Auch die seltsame *Artemis von Ephesos* hatte hier ihre Verehrer. Münzen zeigen den kleinasiatischen *Mondgott Men*. Die rein griechischen Kulte des Erderschütterers *Poseidon* sowie des Herrn der Unterwelt *Pluto* erklären sich aus den natürlichen Gegebenheiten des Landes.

Seinen größten Ruhm erwarb Hierapolis im Altertum durch das Plutonium, das von mehreren antiken Schriftstellern beschrieben wird. Strabo berichtet als Augenzeuge, daß

> ›das Plutonium eine mannshohe, sehr tiefe Öffnung unter einem leicht ansteigenden Hügel war. Davor befand sich eine viereckige Einzäunung von 15 m im Quadrat in der so starker Dunst herrschte, daß man den Boden nicht sehen konnte. Außerhalb der Einfriedung ist die Luft dunstfrei, solange kein Wind weht, und man kann nahe herangehen; jedes Lebewesen, das jedoch eintritt, findet augenblicklich den Tod. Stiere beispielsweise brechen zusammen und sterben. Wir selbst ließen kleine Vögel einfliegen. die sofort leblos herunterfielen. Die Eunuchen der Kybele sind dagegen so gefeit, daß sie bis an die Öffnung herangehen und hineinsehen, ja selbst etwas eintreten können, ohne den Atem anhalten zu müssen.‹

Der Geschichtsschreiber Dio Cassius besuchte die Stelle im 2. Jh. n. Chr. und beobachtete ebenfalls, daß der austretende Dunst alle Lebewesen mit Ausnahme der Eunuchen vernichtete. Er machte auch den Vogelversuch wie Strabo und sah den Dunst in einer Art Zisterne, über der ein Versammlungsraum gebaut war.

Später wird im 5. Jh. vom Besuch des Arztes *Asklepiodotos* berichtet. Als Vorsichtsmaßnahme umhüllte er sein Gesicht zwei- oder dreimal mit seinem Mantel, holte kräftig Luft und konnte den Lauf des heißen Wassers sehr weit hinein verfolgen, aber das Ende nicht erreichen, weil ihm der Weg durch einen sehr tiefen Wasserlauf verlegt wurde. Die Öffnung wird unter dem Tempel des Apollo lokalisiert.

Die Wiederentdeckung dieses Phänomens ist zweifellos das bemerkenswerteste Ergebnis der italienischen Ausgrabungen. Der *Apollotempel* war fast ganz verschüttet; als man den Schutt abtrug, kam an der Südseite das Plutonium ans Licht, das im wesentlichen den antiken Berichten entsprach. Nach Strabo befindet sich an der Hügelseite, auf der der hintere Teil des Tempels steht, ein kleines Riff am Tempelrand rechts mit einer dunklen Kammer von etwa 3 m im Quadrat mit einem gepflasterten Fußboden. An der Rückseite zeigt ein 1 m breiter Spalt den natürlichen Felsen mit einem tiefen Riß, in dem schnell strömendes Wasser einen starken Gasgeruch entwickelt. Die Kammer kann durch eine gewölbte Tür betreten werden, von der drei Stufen hinabführen (Tafel 24 unten). Die Tür ist aus Sicherheitsgründen von den Ausgräbern teilweise verblockt, so daß der Besucher das strömende Wasser nur hören, aber nicht sehen kann. Davor liegt ein rechteckiger Hof, aus dessen Rissen wie an anderen Stellen ein scharf riechendes starkes Gas entweicht; es reizt die Kehle und bringt die Augen zum Tränen. Ein einziger tiefer Atemzug macht für einige Minuten benommen, wirkt aber nicht tödlich; doch hat der Verfasser bei einem neuerlichen Besuch einen toten Sperling im Hofe liegen sehen, der natürlich auch auf andere Weise umgekommen sein kann[2].

Nach den antiken Berichten scheint das Plutonium einer Reihe von Veränderungen unterworfen gewesen zu sein. Strabo erwähnt keinen Tempel; aus seinen Angaben geht klar hervor, daß sich zu seiner Zeit kein solcher an dieser Stelle befand, sondern nur die Öffnung an der Hügelseite mit einer davorliegenden Umfriedung.

[2] Bei einem weiteren Besuch im Jahre 1970 wurde der Verfasser nicht nur durch ein Plakat schockiert, das völlig abwegig die Stelle als ›Grube der Teufelsgeister‹ auswies, sondern mehr noch dadurch, daß im Hof die verwesenden und stinkenden Kadaver eines Hundes, einer Katze und anderer kleinerer Tiere lagen, wahrscheinlich um die tödliche Wirkung der Stätte zu demonstrieren. Der Gestank war fürchterlich. Der Verfasser weiß nicht, wer für diesen abwegigen Einfall verantwortlich ist, und hofft, daß er nicht lange geduldet wird.

Wie sich diese mit Dunst füllen konnte, ist unklar; weder kann man heute solchen Dunst beobachten noch wird er in späteren Berichten erwähnt. Im 2. Jh. wurde die Stelle offensichtlich zur Touristen-Attraktion umgewandelt und mit entsprechenden Einrichtungen für die Aufnahme von Schaulustigen ausgestattet. Schließlich erhielt sie nach dem Bau des Tempels das heutige Aussehen.

Wie in allen Städten von einiger Größe wurden auch in Hierapolis Feste mit athletischen und musischen Wettkämpfen durchgeführt. In der Kaiserzeit finden wir Olympische, Pythische und Aktische Spiele, die den berühmten Veranstaltungen in Griechenland nachgebildet und entsprechend benannt worden sind; auch erfahren wir von einem Fest mit dem Namen ›die Spiele am Chrysorrhoas‹. Dieser ›mit Gold fließende‹ Wasserlauf wurde mit dem Gießbach nördlich der Stadt unterhalb der Nekropole identifiziert; ob er einmal wirklich Gold geführt hat, ist nicht sicher, aber auch nicht unmöglich. Merkwürdig ist das bisherige Fehlen eines Stadions in Hierapolis, da es offenkundig eine solche Anlage gegeben haben muß; da auf dem Plateau selbst kein Platz war, dürfte es wahrscheinlich in der Ebene gelegen haben. Gladiatorenkämpfe und Tierhetzen fanden im Theater statt, wie die dort gefundenen Reliefs zeigen.

Aber Hierapolis war nicht nur ein Erholungsort für Touristen und Theaterbesucher. Ihre Blüte verdankte die Stadt größtenteils den zahlreichen und vielfältigen Gewerbezweigen. Inschriftlich erwähnte Handelskompanien umfassen die Innungen nicht nur der *Wollindustrie* wie *Färber*, *Purpurfärber*, *Wollewäscher* und *Teppichweber* sondern auch der *Nagel-* und der *Kupferschmiede*. Diese Gemeinschaften waren oft mit der Instandhaltung der Gräber ihrer Mitglieder betraut. Unter den Ausfuhrgütern findet sich auch eine besondere Marmorart, die bei Hierapolis gebrochen wurde; man schrieb ihre Farbtöne dem Einfluß des heißen Wassers zu, das in die Steinbrüche drang und den Stein durchsetzte. Seltsam mutet an, daß dieser Marmor mit einer Ausnahme nicht für die Bauten der Stadt selbst verwendet wurde.

Unter den berühmten Bürgern der Stadt ist am besten der Sophist *Antipater* bekannt, den der Kaiser *Septimius Severus* als Erzieher für seine Söhne, die späteren Kaiser *Caracalla* und *Geta*, erwählte.

Sein Familiengrab befand sich in der nördlichen Nekropole, aber sein eigenes Grab ist nicht bestimmt.
Das antike Stadtbild, wie es sich heute bietet, gehört in römische Zeit, wobei man an einen mehr oder weniger vollständigen Wiederaufbau nach einem Erdbeben, wahrscheinlich dem von 60 n. Chr., und an kaiserliche Unterstützung gedacht hat. Wie dem auch sei, Reste der ursprünglichen hellenistischen Stadt haben sich nicht gefunden. Auch die Stadtmauer bildet keine Ausnahme; sie hinterläßt nach Höhe, Stärke und Bauweise keinen Eindruck. Unter der pax Romana waren mächtige Stadtbefestigungen nicht gefragt, und die heilige Stadt schützte sich durch ihre Heiligkeit; vermutlich wurde die Mauer mehr gegen Plünderer als gegen Feinde errichtet.
Das Rückgrat der Stadt bildet eine von Südwesten nach Nordosten gradlinig verlaufende, über eine Meile lange Straße, die nur in ihrem nördlichen Teil gut erhalten ist. An beiden Enden verlief diese Straße noch außerhalb der Stadtmauer etwa 55 m bis zu einem monumentalen Tor **(D).** Das nördliche ist mit seinen drei Bögen und den zwei flankierenden *Rundtürmen* noch in gutem Zustand; es wurde nach Ausweis von Inschriftfragmenten dem Kaiser *Domitian* 84/85 n. Chr. geweiht.
Im Osten des Torbaus liegt eine kleine byzantinische Kapelle mit einer Altarbasis in der Apsis. Westlich neben dem Tor haben die Ausgräber das stattliche Grab eines gewissen *Flavius Zeuxis* entdeckt und wiederhergestellt; es handelt sich nach dem Zeugnis der Inschrift um einen Kaufmann, der zweiundsiebzig Reisen nach Italien um das Kap Malea herum unternommen hat. Zwischen Tor und Stadtmauer säumen Privathäuser die Straße, die vor einiger Zeit ausgegraben wurden. Das entsprechende Südtor am anderen Ende der Straße ist heute arg zerstört.
Der neuentdeckte **Apollotempel (F)** liegt auf dem abfallenden Gelände zwischen dem heiligen Quellbecken und dem Theater, nach Südwesten ausgerichtet. Man betrat ihn über eine breite Treppenflucht. Die Frontseite ist auf einem 2 m hohen Podium errichtet, während die Rückseite auf natürlichem Felsen steht. Der Tempel selbst ist im Verhältnis zu seiner Breite ungewöhnlich kurz und zeigt die Maße 20 × 15 m; dementsprechend sind Vorhalle *(Pronaos)* und *Cella* mehr breit als lang. Ursprünglich standen an der

Frontseite wahrscheinlich sechs unkannelierte Säulen. Die Ausgrabung wurde sehr durch entströmendes Gas behindert; dieser Schwierigkeit begegnete man beim Bau des Tempels dadurch, daß man zwischen den Fundamentblöcken zwei Zoll breite Spalten frei ließ, um das Gas an der Seite des Tempels entweichen zu lassen, wie man noch heute auf der linken Podiumseite erkennen kann.

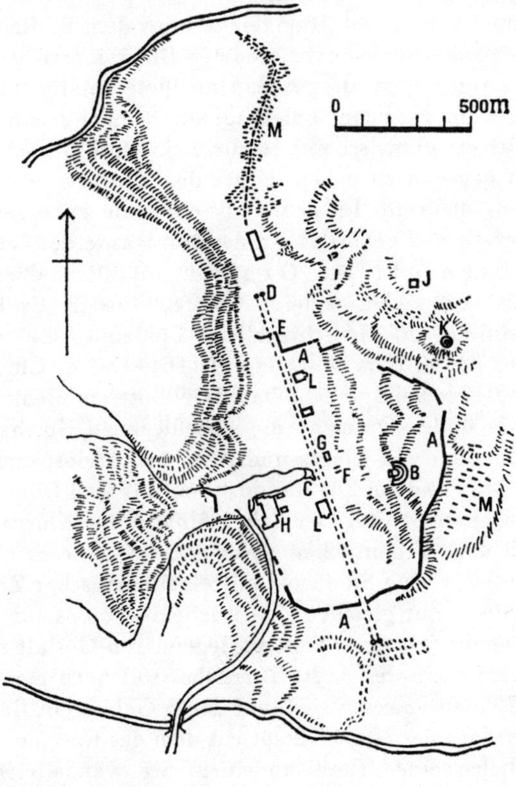

Abb. 43 Plan von Hierapolis

A, A Stadtmauer **B** Theater **C** Heiliges Quellbecken **D** Monumentaltor **E** Byzantinisches Tor **F** Apollotempel und Plutonium **G** Nymphaeum **H** Bäder **J** Martyrium des hl. Philipp **K** Wasserbehälter **L, L** Kirchen **M, M** Nekropolen

Motels und andere moderne Bauten sind nicht eingezeichnet

Rechts unter dem Tempel befindet sich das oben beschriebene **Plutonium (F).** Die Anlage ist mit dem Tempel durch ein darüber geführtes Pflaster verbunden, auf dem vier Blöcke den Teil einer runden Basis unbekannter Zweckbestimmung bilden. An der Rückseite des Tempels befinden sich in kurzem Abstand Stufen eines anderen Gebäudes, das zur Zeit der Drucklegung noch nicht ausgegraben war (Tafel 24 unten).

Der Tempel kann nicht älter sein als aus dem 3. Jh. n. Chr. und ist weitgehend aus wiederverwendeten Blöcken errichtet, die wahrscheinlich von einem älteren Bau an dieser Stelle stammen. Unsicher ist, wann hier zum erstenmal ein Tempel gebaut worden ist; wie bereits erwähnt, scheint es zur Zeit Strabos noch keinen solchen Bau gegeben zu haben. Unter den wiederverwendeten Blökken tragen mehrere Inschriften, die zu einem der üblichen *Brief-Orakel* gehören[3]; an der Nordkante der Cella gibt eine lange Inschrift ein Orakel anläßlich einer Seuche in Hierapolis und vielen anderen Städten wieder. Es handelt sich wahrscheinlich um die schreckliche Epidemie, die während der Regierung des Kaisers *Marc Aurel* (161–180 n. Chr.) das ganze römische Reich heimgesucht hat. Der Gott empfiehlt mit seinem Spruch wie üblich Opfer an die verschiedenen Gottheiten, besonders an Apollon von Klaros und Apollon Kareios, und fügt überraschend hinzu »denn Du stammst von mir und Mopsos, dem Beschützer Deiner Stadt«. Der Seher *Mopsos* aus Klaros wird in die Zeit nach dem Trojanischen Krieg gesetzt; eine so alte Abstammung muß für eine Stadt aus mittelhellenistischer Zeit als übertrieben gelten. Zur gleichen Zeit erscheint Mopsos auf den Münzen von Hierapolis mit einer anderen legendären Gestalt namens *Torrhebos*, dem Sohn des Atys. Torrhebos soll auch der Name einer Stadt in Lydien gewesen sein, auf deren Gebiet ein Bergheiligtum des Karios lag; der Name entspricht dem des Kareios. Als der Heros Torrhebos eines Tages an einem See wandelte, hörte er die Stimmen der Musen und erlernte von ihnen die Musik, die er später den Lydern beibrachte. Identifiziert wurde der See mit dem Gölcük-See unter der höchsten Erhebung des Tmolos-Gebirges über Sardes, etwa siebzig Meilen nordwestlich von Hierapolis.

[3] Bean, Kleinasien II, S. 160

Offensichtlich haben die Bürger von Hierapolis für sich selbst einen sagenhaften Ursprung erfunden, wobei sie Mopsos und den Apollon von Klaros, Torrhebos und den Apollon Kareios einbezogen. Da die diesbezüglichen Münzen aus der Mitte des 2. Jh.s n. Chr. stammen, sind sie wahrscheinlich aufgrund desselben Orakels geprägt worden. Andererseits ist bemerkenswert, daß unter den Hunderten von Gesandtschaften an das Orakel von Klaros, die für die Kaiserzeit bezeugt sind, nicht eine einzige aus Hierapolis erwähnt ist.

Im Norden des Tempels liegt nicht weit entfernt das **Nymphaeum (G).** Es handelt sich um ein gediegenes Bauwerk mit drei Mauern um ein Wasserbecken, das man vorn über eine Treppenanlage erreicht. Im Innern befinden sich unter einem umlaufenden Sims fünf halbrunde Nischen in der Mauer, drei in der Rückwand und je eine an den Seiten; über jedem Halbrund ist eine rechteckige Nische mit Giebel eingelassen, deren mittlere in der Rückwand einen Röhrenzufluß für Wasser aufweist. Wahrscheinlich kam das Wasser nicht aus der heißen Quelle sondern von einem Reservoir am Hügel außerhalb der Stadtmauer im Osten. Die ganze Anlage war reich ausgestattet, wie zahlreiche stattliche Architekturstücke während der Ausgrabungen ergaben.

Weiter hinauf am Hügel liegt das große und guterhaltene **Theater (B)** mit einer Vorderfront von über 100 m. Der Zuschauerraum *(Cavea)* besitzt über fünfzig Sitzreihen, die durch acht Treppen in sieben Abschnitte gegliedert sind. Zu dem Umgang *(Diazoma)* führen beiderseits ein überwölbter Zugang *(Vomitorium)*. Die Treppen über dem *Diazoma* sind nicht, wie so häufig, verdoppelt. In der Mitte der *Cavea* befindet sich eine halbrunde »königliche Loge«. Die *Orchestra* ist von einer 1,80 m hohen Mauer eingefaßt. Das lange schmale Bühnengebäude steht größtenteils, aber der Schmuck der Bühnenwand ist in die Orchestra abgestürzt; während der Drucklegung machten die Ausgrabungen an den verschütteten unteren Teilen der Bühne und in der Orchestra gute Fortschritte. Die etwa 4 m hohe Bühne ist vorn mit runden Nischen ausgestattet. Im abschließenden Bühnengebäude befinden sich fünf Türen mit hochliegenden überwölbten Fenstern. Diese Rückwand der Bühne war ursprünglich mit drei übereinanderliegenden Säulenreihen geschmückt, deren unterste mit unkannelier-

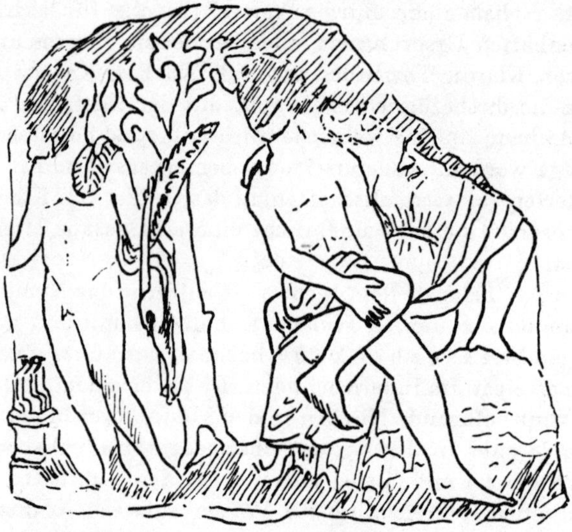

Abb. 44 Hierapolis. Relief vom Bühnengebäude des Theaters

ten Säulen auf achteckigen Basen außerdem Statuen und mythologische Reliefs zeigte. Die Themen gehören in den Bereich des *Dionysos*. Dargestellt sind die Geburtsszene des Gottes mit seiner Mutter *Semele* und Dienerinnen, die das göttliche Kind mit Wasser aus den Felsen waschen, und die von Mänaden begleitete Wagenfahrt des Gottes; der Wagen wird einmal von Pferden (Tafel 24 oben), dann wieder von den geläufigeren Leoparden gezogen. Ein weiteres Relief, das nach Auffassung des Verfassers noch nicht erklärt ist, zeigt wahrscheinlich den Gott auf dem Schoß einer Frau in einer felsigen Landschaft sitzend, während neben einem Baum eine männliche Gestalt mit einem Zweig in der Linken steht (Abb. 44).

Wiewohl die Cavea mehr als ein Halbrund umschreibt, handelt es sich um ein Theater römischen Typs, nicht um eine umgewandelte griechische Form; das ältere Theater lag wahrscheinlich weiter im Norden. Die Fragmente einer langen Inschrift verzeichnen die durch einen reichen Bürger erfolgte Stiftung des Bühnengebäudes oder eines Teils desselben an Apollon und die Kaiser, »aus den Mitteln des eigenen Landgutes«. Erbaut wurde das Theater offensichtlich in der zweiten Hälfte des 2. Jh.s n. Chr. Eine andere Inschrift auf einem in der Orchestra liegenden Block verzeichnet als Spende einer Frau 200 m von etwas Unbestimmtem. In der Mitte der Wand des Diazoma befindet sich eine Grußinschrift an Hierapolis als »dem ersten Land im weiten Asien, der Herrin der Nymphen, ausgestattet mit Wasserläufen und aller Schönheit«.

Irgendwo im südlichen Stadtgebiet muß die Agora angenommen werden, deren genaue Lage jedoch wegen der dicken Kalkablagerung nicht bestimmt werden kann.

Zu den eindrucksvollen Entdeckungen der italienischen Ausgräber gehört das Martyrium des heiligen Philipp **(J)**, der, wie oben erwähnt, in Hierapolis starb. Einen vereinfachten Plan des Bauwerks bietet Abb. 45. Von dem achteckigen Mittelraum aus öffnen sich acht Rechteckkammern, die ein Viereck mit zahlreichen von außen zugänglichen Zimmern umschließt. Den Zugang bildet im Südosten eine breite Treppe. Durch eine Mitteltür auf jeder Seite gelangt man in den Mittelraum, an dessen Rückwand sich der halbrunde *Synthronus* befindet (Gewöhnlich eine apsisartige Nische mit Sitzreihen für den Bischof und die Priester). Hier stand kein Altar; eine runde Vertiefung im Boden

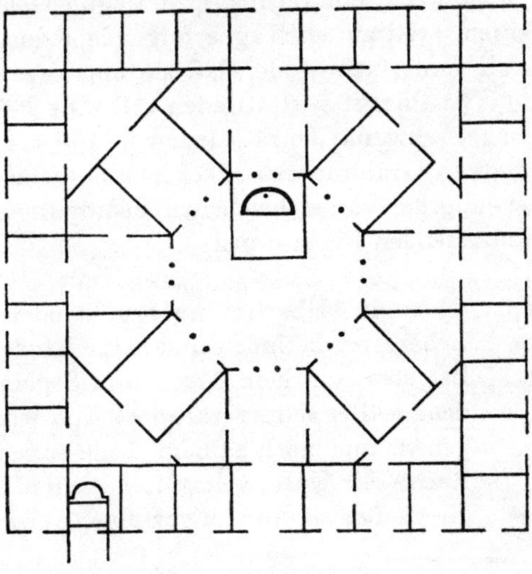

Abb. 45 Hierapolis. Plan des Martyriums des hl. Philipp

des Synthronos diente vermutlich für das Lesepult. Das Gebäude war keine Kirche, sondern Stätte für Gedächtnisfeiern und Lobgesänge am Festtag des Heiligen. Die kleinen Außenzimmer dienten zweifellos der Unterbringung von Pilgern, die sich bei festlichem Anlaß versammelten. Die Hoffnung, daß das Martyrium das Grab des Heiligen enthalten würde, hat sich nicht erfüllt. Das Gebäude wurde im frühen 5. Jh. n. Chr. errichtet, doch schon nach etwas mehr als hundert Jahren zerstört.

Die **Nekropole (M)** gehört zu den ausgedehntesten in Kleinasien. Man zählte nicht weniger als 1.200 Gräber; über 300 Grabinschriften wurden veröffentlicht. Die beiden Hauptgruppen liegen am Hang außerhalb der Mauer im Osten und säumen die Straße über das Stadttor im Norden hinaus. Besonders hier sind die Gräber sehr dicht nebeneinander angelegt und bieten ein verwirrendes Bild, das vor allem in einer Mondscheinnacht sehr eindrucksvoll ist. Die Inschriften erinnern an eine Zeit, in der es noch nicht diese Überfüllung gab; denn viele beziehen sich auf einen Garten oder einen Freibereich um das Grab; eine andere besteht darauf, daß das Grab nicht verdunkelt wird, eine weitere, daß der Zugang freigehalten wird, auch wenn der Nachbarbezirk besetzt ist. Eine Eigentümlichkeit von Hierapolis ist das sogenannte *stephanoticum*, ein amtlich hinterlegter Geldbetrag für jährliche, an einem bestimmten Tag erfolgende Kranzniederlegung. In einem Fall fordert ein Jude, daß sie am Tage der ungesäuerten Brote und zu Pfingsten stattfinden soll. Die Höhe des hinterlegten Betrages schwankt beträchtlich von 150 bis zu 2.500 Denaren. Die meisten Grabinschriften sehen eine hohe Geldstrafe für die Verletzung der vorgeschriebenen Bedingungen vor, und eine fügt als umfassenden Fluch hinzu:

›Wer eine Übertretung begeht oder dazu anregt, soll keine Lebensfreude finden und keine Kinder haben, kein Land zum Betreten und kein Meer zum Segeln. Kinderlos und notleidend soll er sein, verkrüppelt von jeder Pein soll er zugrunde gehen, und nach seinem Tode sollen ihn der Zorn und die Rache der Unterweltsgötter treffen. Dieselben Flüche sollen die treffen, die ihn zu verfolgen versäumen.‹

Viele Gräber bestehen aus einer festen Basis oder einem Unterbau, auf dem ein oder mehrere Sarkophage Platz fanden; andere sind größer und eindrucksvoller, doch am interessantesten sind die Tumulusgräber, die kürzlich von den Ausgräbern freigelegt und wiederhergestellt wurden. Sie gehören zu den ältesten Grabanlagen von Hierapolis und dürften hellenistisch sein. Wie die wesentlich größeren Tumuli von Sardes bestehen sie aus einer runden Umfassungsmauer mit einer kegelförmigen Erdaufschüttung, die von einem Phallos oder einem anderen abwehrenden Zeichen gekrönt wird. Im Innern befindet sich die gewölbte Grabkammer, die gewöhnlich mit Steinbänken für die Toten ausgestattet ist. Einige der Tumuli betritt man durch eine Tür in der Rundmauer, von der eine kurze Treppe hinab zur Tür der Grabkammer führt; andere Gräber wiederum haben keinen Eingang in der Umfassungsmauer, so daß entweder keine Wiederöffnung des Grabes nach der ersten Beisetzung vorgesehen war oder der Zugang zur Tür der Grabkammer durch den Erdhügel freigelegt werden mußte.

21. Laodikeia und Kolossae

LAODIKEIA

Im Vergleich mit Hierapolis sind die Ruinen des benachbarten Laodikeia wenig eindrucksvoll, so daß sich von hundert Besuchern Pamukkales nur einer dorthin begibt; die Stätte ist jedoch nicht uninteressant, auch wenn sie, abgesehen von einer kleinen Grabung am Nymphaeum, unberührt ist.

Wie Stratonikeia war auch Laodikeia die Gründung eines hellenistischen Königs, doch bestehen einige Zweifel, um welchen Herrscher es sich handelt. Nach einer Überlieferung sah *Antiochos I.*, König von Syrien, im Traum drei Frauen, seine Mutter, seine Gemahlin und seine Schwester, die von ihm eine Stadtgründung in Karien verlangten. Er gründete daher drei Städte; eine benannte er nach seiner Schwester Laodike, während die anderen Nysa und Antiocheia hießen. Nun ist uns eine Schwester dieses Namens anderweitig nicht bekannt, so daß sich die meisten Forscher dafür entschieden, daß die Gründung durch *Antiochos II.* zu Ehren seiner Gemahlin Laodike erfolgte. Veranlassung dazu soll eine durch ein Orakel des Apollon mitgeteilte Weisung des Zeus gewesen sein. In diesem Fall muß die Gründung zwischen 261 v. Chr., dem Beginn seiner Herrschaft, und 253 v. Chr., dem Jahr der Scheidung von Laodike, datiert werden. Nach einer recht zweifelhaften Überlieferung soll dort vorher ein Dorf gelegen haben, das zuerst Diospolis, dann Rhoas hieß. Der erste Name in der Bedeutung »Stadt des Zeus« könnte die Erinnerung an ein älteres Zeusheiligtum bewahren, da Zeus die Hauptgottheit von Laodikeia war.

Die Lage ist günstig gewählt: an der Vereinigung der großen, das

Mäandertal aufwärts führenden Verkehrsverbindung mit der Straße, die südöstlich nach Pisidien und der Küste verläuft; außerdem ist die Landschaft außergewöhnlich wasserreich, weil der Lykos, ein bedeutender Nebenfluß des Mäander, nur etwas über eine Meile entfernt fließt, und der Asopos sowie der Kapros, die beide seitlich der Stadt nahe vorbeifließen, während des ganzen Jahres Wasser führen. Nur unter so günstigen Bedingungen konnten sich drei so nahbenachbarte Städte wie Hierapolis, Laodikeia und Kolossae halten. Doch war die Lage in einem Erdbebengebiet auch eine ständige Bedrohung, die zu häufigen Katastrophen führte.

In den ersten zwei Jahrhunderten seiner Existenz hatte Laodikeia kaum eine eigene Geschichte, bis zum 1. Jh. v. Chr. war es ohne besondere Bedeutung. Durch den Vertrag von Apamea im Jahre 188 v. Chr. fiel das ganze Gebiet an das Königreich von Pergamon und wurde 129 v. Chr. der Provinz Asia einverleibt. Im ersten *Mithridatischen Krieg* (88–85 v. Chr.) gehörte Laodikeia zu den wenigen Städten, die sich dem König widersetzten und belagert wurden. Die Verteidigung führte der römische Feldherr *Quintus Oppius*, der sich hierher mit ausgewählten Kräften zurückgezogen hatte; die Stadt wurde später entsetzt, nicht ohne großen Schaden zu nehmen.

Im Jahre 50 v. Chr. weilte *Cicero* als Gouverneur von Asia für zehn Wochen in Laodikeia zur Abhaltung von Gerichtsverhandlungen; denn die Stadt war zu dieser Zeit Hauptsitz des *conventus* von Cibyra. Zehn Jahre später traf *Labienus* an der Spitze seiner parthischen Truppen ein. Während sich die meisten Städte still unterwarfen, überredete in Laodikeia ein einflußreicher Bürger namens *Zeno* die Bevölkerung zum Widerstand. Was sich ereignete, ist unbekannt, aber das mutige Vorgehen des Zeno wurde später von *Marcus Antonius* belohnt, der seinen Sohn *Polemo* zum König über ein ausgedehntes Gebiet im Süden und später auch über Pontus an der Schwarzmeerküste machte. Anderen Bürgern von Laodikeia übertrug Marcus Antonius das große Privileg des römischen Bürgerrechts; üblicherweise fügte der auf diese Weise Ausgezeichnete seinem Namen den des Gönners bei, was zu recht unbeholfener Vermischung von Griechisch, Kleinasiatisch und Römisch führte. In Laodikeia sind Namen wie Marcus Antonius Zeno häufig, weil das Privileg auch für die Nachkommen galt.

Zu dieser Zeit bestand in der Stadt eine blühende Judenkolonie, deren Kultfreiheit von den städtischen Behörden garantiert wurde; doch waren die Juden nicht völlig frei von Drangsalierungen. Sie pflegten alljährlich einen Goldbetrag zu sammeln und nach Jerusalem zu schicken; im Jahre 62 v. Chr. legte der römische Gouverneur ein Veto ein, so daß das Geld für den Staatsschatz beschlagnahmt wurde.

Im Jahre 26 n. Chr. bewarb sich Laodikeia mit anderen Städten um die Ehre, dem Kaiser *Tiberius* einen Tempel zu errichten; doch wurde der Antrag aus Mangel an Mitteln abgelehnt, und Smyrna erhielt das Privileg. Diese offenkundige Armut war jedoch nur relativ; denn als die Stadt im Jahre 60 n. Chr. von einem Erdbeben heimgesucht wurde, konnte sie ohne kaiserliche Hilfe den Wiederaufbau durchführen.

Ihre größte Blüte erlebte die Stadt gegen Ende des 2. Jh.s n. Chr., als sie unter dem Kaiser *Commodus* den begehrten Titel eines Neokoros (Tempelvorstehers) erhielt. Dieser wurde zweifellos mit Rücksicht auf einen Tempel des Commodus in Laodikeia verliehen. Bekanntlich wurde ein Kaiser nach seinem Tode durch Senatsdekret entweder vergöttlicht oder dem Vergessen überantwortet; im letzteren Fall mußte auf allen öffentlichen Denkmälern im ganzen Reich sein Name getilgt werden. So ging es auch mit Commodus nach seinem Tode im Jahre 192, und Laodikeia verlor den Titel ›Tempelvorsteher‹; auf einer kürzlich entdeckten Inschrift ist das Wort *neocorus* ausgekratzt und durch die belanglose Bezeichnung ›kaiserliebend‹ ersetzt. Der kostbare Titel wurde der Stadt jedoch einige Jahre später wieder von *Caracalla* zurückgegeben, und Laodikeia wurde ›Tempelvorsteher des Commodus und des Caracalla‹.

Münzen und Inschriften weisen auf zahlreiche griechische *Götterkulte* in Laodikeia, unter denen *Zeus* den ersten Platz einnimmt. Er wurde unter den Namen ›Zeus von Laodikeia‹ und ›Zeus Aseis‹ verehrt. Der zweite Beiname ist einmalig und in seiner Bedeutung ganz unsicher; man hat ihn mit dem arabischen *aziz* (›mächtig‹, später für die Übersetzung von ›heilig‹ gebraucht) verglichen und ein syrisches Element in der Bevölkerung vermutet, das bei der Stadtgründung durch einen König von Syrien eingeführt worden war. Eine andere ungriechische Gottheit war der kleinasiatische *Mondgott Men*, dessen Kult in Kleinasien weit verbreitet war. Kulte der vergöttlichten *Roma* und der Kaiser waren ganz geläufig; ungewöhnlich dagegen ist die Erwähnung eines Priesters der *Stadtgöttin*, der personifizierten Laodikeia. *Apollon* begegnet vorwiegend in Verbindung mit dem *Orakel von Klaros* in Jonien; die letzten Grabungen an jener Stätte erbrachten Hunderte von Zeugnissen für Gesandtschaften, die alljährlich von den verschiedensten Städten geschickt wurden, um den Rat des Gottes einzuholen und Hymnen zu seinen Ehren zu singen; dabei gehört Laodikeia zu den treuesten Anhängern. Die Gesandtschaft wurde regelmäßig von einem Propheten des Pythischen Apollon geführt, der überraschenderweise stets ein Knabe oder junger Mann war; ihn begleitete der Vater (Waisen waren nicht wählbar), der die Orakelbefragung vornahm, während sich der Sohn an den Hymnen beteiligte. Der Titel ›Prophet‹ schließt keinesfalls ein Orakel in Laodikeia selbst ein; er deutet lediglich die Aufgabe an, die Orakel des Apollon von Klaros zu verkünden.

Das Christentum wurde in diesem Gebiet zu Lebzeiten des Apostels *Paulus* durch seinen Begleiter *Epaphras* von Kolossae eingeführt; im Paulusbrief an die Kolosser wird ausdrücklich die Gemeinde von Laodikeia erwähnt, die sich trotz oder gerade wegen der jüdischen Kolonie gebildet hatte. In der Offenbarung des Johannes ist Laodikeia eine der Sieben Städte Asiens; aus dem Brief des Johannes an die Stadt (Offenbarung 3,14 ff.) scheint hervorzugehen, daß der Wohlstand der Bürger zu einer lauen Haltung gegenüber dem neuen Glauben geführt hat: ›Ich kenne Deine Werke, Du bist weder heiß noch kalt; daher will ich Dich ausspeien aus meinem Munde‹. Die Stadt war dennoch Bischofssitz und wurde im 4. Jh. n. Chr. Schauplatz eines wichtigen ökumenischen Konzils. Die Blüte reichte bis in das 5. Jh., wurde aber durch ein verwüstendes Erdbeben im Jahre 494 n. Chr. gebrochen; dennoch existierte die Stadt bis zur türkischen Eroberung im 15. Jh., von der sie sich nicht mehr erholte.

Unter den Erzeugnissen von Laodikeia ragt die *Wolle* besonders hervor, die man für weicher als die von Milet hielt und wegen ihrer rabenschwarzen Farbe schätzte; Vitruv führt die Färbung auf das Wasser zurück, das den Schafen zum Trinken gegeben wurde.

Die Ruinen stehen auf einer flachen Anhöhe und um sie herum zwischen den Dörfern Eskihisar und Goncali, sechs Meilen südlich von Hierapolis und zehn Meilen west-nord-westlich von Kolossae. Man erreicht die Stätte auf einer Straße, die die Straße nach Pamukkale gleich nach der Abzweigung von der Usak-Hauptstraße nahe bei der Ari Tuğla-Kiremit-Faktorei verläßt, oder vom anderen Ende derselben Straße bei dem Dorf Korucuk. Eine Ringmauer, von der sich Spuren an der Ostseite erhalten haben, verlief um den Rand des Plateaus und umschloß einen Bereich von über einem Quadratkilometer; der Hügel bildete nicht nur die **Akropolis,** sondern die ganze Stadt, die sich mit drei Toren in der Stadtmauer öffnete, im Nordwesten, im Norden und im Osten. Während vom *Nord-Tor* nur wenig übriggeblieben ist, ist das *Ost-Tor,* das man das *»Syrische Tor«* nannte, besser erhalten. Die aus der Stadt an dieser Stelle hinausführende Straße war wie gewöhnlich mit Gräbern umsäumt, unter denen sich auch das des Sophisten *Polemo* befand. Er soll auf seinen eigenen Wunsch hin bestattet worden sein, als er noch lebte. »Macht schnell, macht schnell«, rief der Sterbende, als die Tür des Grabes geschlossen wurde. »Laßt die Sonne nicht sehen, wie ich zum Schweigen erniedrigt werde!«. Es handelt sich aber nicht um den oben erwähnten Polemo, sondern um ein jüngeres Mitglied derselben Familie. Dieser Polemo war ein reicher, stolzer Mann, der gewöhnlich in einem Wagen mit silbernen Zügeln fuhr. Er soll mit Städten wie ein Vorgesetzter, mit Königen nicht wie ein Untertan und mit den Göttern wie ein Gleichberechtigter gesprochen haben. In Smyrna besaß er ein Haus, das sich einmal während seiner Abwesenheit *Antoninus*, der damalige Gouverneur von Asia und spätere Kaiser, als Residenz erwählte. Polemo kehrte ahnungslos eines Nachts zurück und war äußerst empört, aus seinem eigenen Haus ausgeschlossen zu sein. Im Handumdrehen quartierte er den Gouverneur aus, der sich anderswo eine Unterkunft suchen mußte. Antoninus erinnerte sich später daran, als er als Kaiser den Polemo in Rom empfing; er umarmte ihn und sagte: »Findet für Polemo ein Quartier und seht zu, daß ihn niemand hinauswirft«. Antoninus Pius war natürlich einer von den »Guten Kaisern«.

Auf der entgegengesetzten Seite der Stadt liegt das sog. Ephesos-

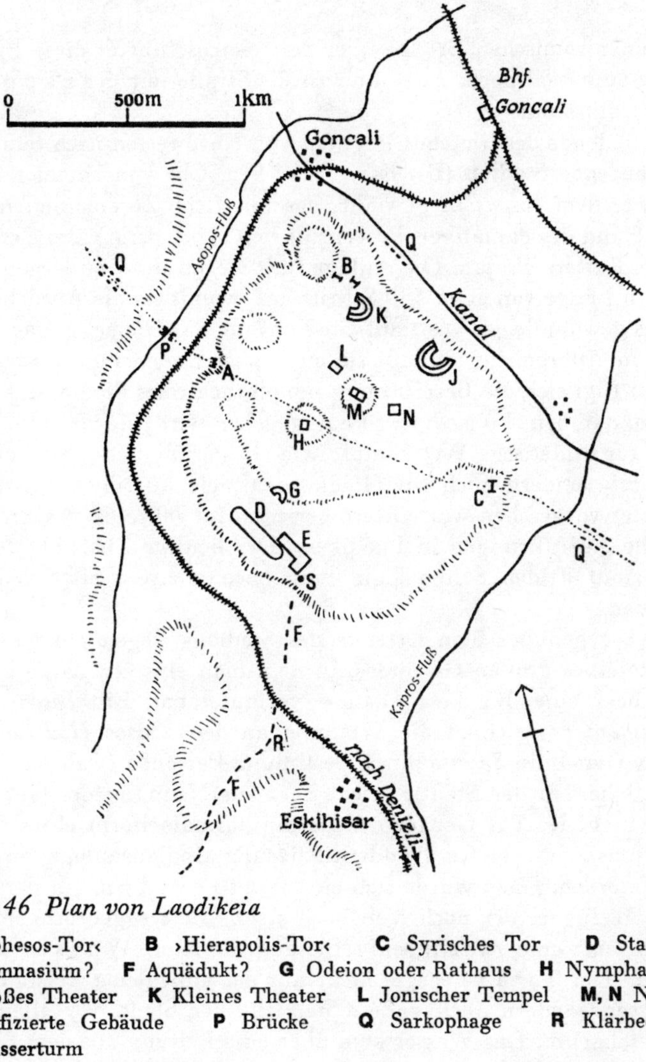

Abb. 46 Plan von Laodikeia

A ›Ephesos-Tor‹ **B** ›Hierapolis-Tor‹ **C** Syrisches Tor **D** Stadion **E** Gymnasium? **F** Aquädukt? **G** Odeion oder Rathaus **H** Nymphaeum **J** Großes Theater **K** Kleines Theater **L** Jonischer Tempel **M, N** Nicht identifizierte Gebäude **P** Brücke **Q** Sarkophage **R** Klärbecken **S** Wasserturm

T o r – Abb. 46 – **(A),** dessen Name nicht antik ist. Es hatte die übliche Form eines dreifachen, von Türmen flankierten Bogens, und war *Domitian* (81–96 n. Chr.) geweiht. Charles Fellows sah 1838 noch die Reste einer gepflasterten Straße, die vom Tor zu einer römischen Brücke über den Asopos führte; diese Brücke steht zum Teil noch. Auch hier ist die Straße mit Sarkophagen umsäumt.

Am Südende des Plateaus liegt das von Nordwesten nach Südosten verlaufende **Stadion (D).** Es wurde 79 n. Chr von einem reichen Bürger dem *Vespasian* geweiht; das feierliche Zeremoniell lag in der Hand des damaligen Proconsuls von Asia, dem Vater des späteren Kaisers Trajan. Die Anlage fällt wegen ihrer außergewöhnlichen Länge von etwa 380 Schritt auf, womit sie die Ausdehnung eines gewöhnlichen Wettlauf-Stadions um das Doppelte übertrifft; wie in Aphrodisias schließt sie an beiden Enden mit Kurven ab. Dazu fügt sich die Bezeichnung ›amphitheatrales Stadion‹, die der Anlage in den Inschriften gegeben wird; sie war also nicht nur für athletische Wettkämpfe wie ein gewöhnliches Stadion bestimmt, sondern auch für Gladiatorenspiele, für die ein Amphitheater vorgesehen war. Cicero berichtet im Jahre 50 v. Chr. über solche Aufführungen in Laodikeia. Der heutige Zustand ist leidlich; auf beiden Seiten kann man noch mehrere Sitzreihen erkennen.

Dicht gegenüber dem Ostende des Stadions liegen die massiven Reste eines großen Gebäudes, in dem man ein Gymnasium **(E)** oder eine Badeanlage vermutet hat. Ein *Inschriftenfragment* verzeichnet die Weihung an den Kaiser *Hadrian* und seine Gemahlin *Sabina* durch bestimmte Personen (wahrscheinlich die Behörden der Stadt), bricht aber vor Nennung des Gebäudes leider ab. Da das Gebäude nicht die normale Form eines Gymnasiums zeigt, dürfte die Identifizierung als Badeanlage vorgezogen werden. Dazu würde sich ein Wasserturm an der Südostecke fügen, der noch 5 m hoch steht; die weggebrochene Ostseite zeigt eine Anzahl senkrecht angeordneter Wasserröhren. Der Turm versorgte nicht nur das anliegende Gebäude mit Wasser, sondern auch andere Bereiche der Stadt, vor allem das Nymphaeum. Das Wasser kam über eine Leitung aus dem Süden, worauf noch eingegangen werden soll. An der Westseite des Turmes steht eine unkannelierte Säule als Rest eines Brunnenhauses, das zur selben Zeit wie das Stadion von einem gewissen *Hedychoros* erbaut wurde.

Etwa 100 Schritt nördlich liegt bei **(G)** ein kleiner theaterähnlicher Bau mit fünf oder sechs noch sichtbaren Sitzreihen. Mit einigem Zögern wurde er als Odeion bezeichnet, doch diente er wahrscheinlich als **Rathaus**[1]. Er ist nicht ausgegraben und wenig eindrucksvoll.

Die Stadt besaß **zwei Theater** auf dem nördlichen Hang des Plateaus, die beide überdurchschnittlich groß sind. Das größere **(J)** ist nach Nordosten ausgerichtet; die meisten Sitze sind erhalten, wenn auch etwas verschoben. Die Frontmauer der römischen Bühne mit einer großen flachen Nische in der Mitte ist noch zu sehen; das Bauwerk dürfte erst nach der Ausgrabung interessant werden. Das kleinere Theater **(K)** ist nach Nordwesten orientiert; der obere Teil der *Cavea* ist mit zahlreichen vollständigen Sitzreihen gut erhalten, während der untere arg mitgenommen ist und eintönig wirkt.

Fast in der Mitte des Plateaus liegt das 1961/63 von einem französischen Archaeologen-Team ausgegrabene **Nymphaeum (H),** das nicht vor dem frühen 3. Jh. n. Chr. erbaut und drei- oder viermal wiederhergestellt worden ist. Die ursprüngliche Anlage (Abb. 47, S. 266) ist besonders ungewöhnlich. Hauptmerkmal ist ein quadratisches Wasserbecken **(1)** mit einer Säulenstellung auf zwei benachbarten Seiten, an das im Osten und Süden zwei halbkreisförmige Brunnen **(2 u. 3)** anschließen, die von den Kammern **(4)** und **(5)** gespeist werden; diese wiederum werden vom Wasserturm am Stadion versorgt. Die ganze Anlage besaß eine reiche Ausstattung, darunter Statuen, von denen eine lebensgroße *Isis* gefunden wurde; während diese weggebracht wurde, blieb die Inschriftenbasis einer Statue des Wohltäters *Anicius Asper*, eines konsularischen Beamten, im Gebäude. Später wurde die ganze Anlage völlig verändert. Man beseitigte das Becken **(1)** und wandelte es in einen geschlossenen Raum mit erhöhtem Fußboden um, den man von der Straße im Norden des Gebäudes über vier Stufen erreichte; er diente christlichen Zwecken. Die kleineren Becken **(2)** und **(3)** blieben als Brunnen, doch wurden die halbrunden Nischen zugemauert und rechteckige Tröge

1 Oft ist die Unterscheidung von Odeion und Rathaus nach dem archäologischen Befund schwierig. Seiner ganzen Anlage nach ist der Bau für beide Zwecke gleich geeignet, und wahrscheinlich diente er auch in diesem Sinne wie das Theater.

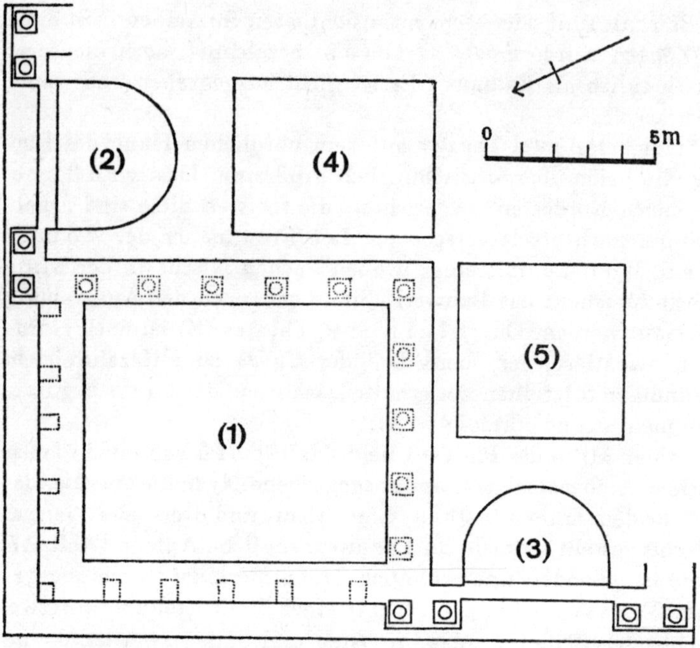

Abb. 47 Laodikeia. Plan des Nymphaeums

1 Wasserbecken **2** u. **3** Brunnen **4** u. **5** Wasserkammern

davorgesetzt. Die Kammer **(5)** verband man mit einem anschließenden Gebäude im Süden. Infolge dieser Umbauten wirkt das heutige Bild der Ruinen leicht verwirrend.

Die meisten öffentlichen Gebäude auf dem Plateau sind heute ganz verschwunden. Bei **(L)** – Abb. 46, S. 263 – konnte ein jonischer Tempel ausgemacht werden, während die Bestimmung der benachbarten Bauten **(M)** und **(N)** ungeklärt ist. Eine Inschrift erwähnt ein Strategium, also eine Feldherrnhalle, im 3. Jh. v. Chr. Die für den Bau verantwortlichen Bevollmächtigten werden dafür gelobt, daß Architekten und Künstler keinen hohen Preis erheben konnten. Die Arbeiten wurden offensichtlich in der üblichen Form mit einem Vertrag für den Gesamtauftrag ausgeführt.

Zu den interessantesten Anlagen von Laodikeia gehört sicherlich die Wasserleitung, die den Turm am Ostende des Stadions mit Wasser versorgte. Diese Zuleitung wurde von einer starken Quelle gespeist, die heute Başpinar heißt und zum Quellgebiet des Başh Çay, dem antiken Kapros, gehört; sie liegt oberhalb der heutigen Stadt Denizli. Sie führte von der Quelle hinab bis in die Umgebung der Eisenbahnstation, dann durch einen gedeckten, teilweise in den Felsen eingeschnittenen Kanal über das dazwischenliegende Hügelgelände zu einem Klärbecken **(R)** auf dem Hügel gegenüber der Stadt. Bis dahin floß das Wasser infolge seines Gefälles, um dann unter Druck in einer Röhrenleitung über die Senke zum Wasserturm gebracht zu werden.
Für Besucher, die über genügend Zeit verfügen, ist es interessant, den Verlauf der Wasserleitung auf einige Entfernung hin zu verfolgen. Wer vom Wasserturm nach Süden blickt, sieht eine Steinreihe, die sich zum gegenüberliegenden Hügel hinaufzieht. In der Senke unter dem Turm ist beiderseits der Eisenbahn der Verlauf der Röhrenleitung durch eine Reihe von Blöcken markiert; auf eine einzelne Reihe folgt eine doppelte. Die fast kubischen Blöcke mit 60 bis 90 cm Kantenlänge sind in der Mitte durchbohrt; viele von ihnen haben auch eine trichterförmige Öffnung an der Oberseite, die bis zur mittleren Röhrendurchbohrung reicht und bei normalem Durchfluß mit runden Steinen verstöpselt war. Das Wasser von Laodikeia ist wie das von Hierapolis überaus kalkhaltig; viele Blöcke sind sehr dick verkrustet, und in einigen Fällen ist die Leitung vollständig verstopft. War der Zufluß auf diese Weise unterbrochen, konnte man durch die trichterförmigen Öffnungen die Störungsstelle feststellen; man brauchte nur die Steinstöpsel herausziehen und prüfen, ob der Kanal an einer Stelle trokken war.
Etwa 200 Schritt südlich der Eisenbahnlinie liegt auf der Höhe der auffallenden Blockreihe bei **(R)** ein Klärbecken, wo die Wasserdruckanlage beginnt. Sie ist fast völlig zerstört, scheint aber aus einer großen und einer kleinen Kammer bestanden zu haben. Die Anlage liegt über 30 m höher als die Basis des Wasserturmes und 50 m über dem Boden der dazwischen liegenden Senke.
Zwischen **(R)** und dem nächsten Rücken liegt eine Senke, die von

einem gebauten Aquädukt von 150 m Länge überspannt wurde; davon stehen noch einige *Bogenreste* bis zu einer Höhe von 3 m und darüber. An der Südseite der nächsten Erhebung zeugen massenweise Blöcke von einem weiteren Aquädukt, der völlig zusammengestürzt ist. Um die nächste Ecke ist die Wasserleitung wieder sehr deutlich zu erkennen; an einer Stelle ist sie in den Felsen geschnitten, wobei noch mehrere Decksteine ihren ursprünglichen Platz haben. Über die ganze Strecke ist ein stetiges Gefälle von annähernd 1 : 170 zu verzeichnen. Der weitere Verlauf dieser Wasserleitung läßt sich leicht bis in die Ebene von Denizli verfolgen.

Die Datierung dieser interessanten Anlage ist nicht bestimmt. Man machte geltend, daß die Leitung gemessen am Wasserbedarf von Laodikeia fast so alt wie die Stadt selbst sein müßte; da aber reichlich Flußwasser zur Verfügung stand, verliert diese Überlegung sehr an Gewicht[2]. Nach der Art des Mauerwerks können die kleinen gebauten Aquädukte kaum vor dem 2. Jh. n. Chr. errichtet worden sein; der Rest der Leitung ist undatierbar. Insgesamt scheint die Anlage so, wie sie sich heute bietet, ein Werk der römischen Kaiserzeit zu sein.

KOLOSSAE

Kolossae, die dritte Stadt im Tale des Lykos-Flusses, hat eine von Hierapolis und Laodikeia sehr verschiedene Geschichte. Zum erstenmal erfahren wir von ihr im Jahre 480 v. Chr., als *Xerxes* auf seinem Zug durch Kleinasien hier durchmarschierte; Herodot nennt Kolossae ›eine große phrygische Stadt‹. Ein ähnliches Urteil fällt Xenophon in seinem Bericht über den Feldzug des *Kyros* im Jahre 401, wonach Kolossae eine große und blühende Bevölkerung besaß. Die Gründung von Laodikeia im 3. Jh. v. Chr. wirkte sich verhängnisvoll auf den Wohlstand der Nachbarstadt aus. So bezeichnet zur Zeit des *Augustus* Strabo Kolossae als eine kleine Stadt *(›polisma‹);* in der römischen Kaiserzeit hören wir außer vom Wollehandel der Stadt nur noch wenig oder gar nichts von ihr. Die Beschreibung des Plinius, der sie ›unter die berühmte-

[2] Strabo vermerkt, daß das Flußwasser trotz seines Kalkreichtums durchaus trinkbar sei, was der Verfasser bestätigen kann.

sten Städte Phrygiens‹ rechnet, bezieht sich offenkundig auf eine viel ältere Zeit. Die spärliche Münzprägung gehört fast ausschließlich in die römische Kaiserzeit. Wie es um die Stadt im 5. Jh. v. Chr. stand und wie sie regiert wurde, wissen wir nicht; ein König oder ein Tyrann ist nicht unwahrscheinlich. Nach den späteren Inschriften, die alle aus der römischen Zeit stammen, scheint Kolossae eine normale griechische Verfassung gehabt zu haben.

Früh wurde das Christentum durch *Epaphras* eingeführt, den Begleiter des Apostels *Paulus*, der in der Stadt geboren war. Der Brief des Paulus an die Kolosser bekundet das große Interesse des Apostels an der neugegründeten christlichen Gemeinde. Doch um 800 n. Chr. war die Stadt völlig verfallen und wurde durch die neue Stadt Chonae, das heutige Honaz, wenige Meilen weiter südlich ersetzt. Der alte Name war so vollkommen vergessen, daß die Meinung aufkam, daß es sich bei den Kolossern des Paulusbriefes um die Rhodier gehandelt habe, die wegen ihres berühmten Kolosses so bezeichnet seien. In den byzantinischen Verzeichnissen wird der Bischof als der von Chonae, nicht von Kolossae aufgeführt.

Der Name Kolossae, der mit dem vorgriechischen, von den Griechen übernommenen Wort ›kolossos‹ im Sinne einer überlebensgroßen Statue verwandt ist, ist zweifellos kleinasiatisch. Gleichzeitig erscheint der Name in späteren Quellen in der Form ›Kolassae‹, die vermutlich der ursprünglich phrygischen Bezeichnung näherkommt.

Die Lage ist auf dem linken (südlichen) Ufer des Lykos-Flusses etwa drei Meilen nördlich von Honaz gesichert. Herodot schreibt, daß der Fluß in Kolossae unter der Erde verschwindet und nach fünf Stadien (etwas über eine halbe Meile) unterhalb wieder auftaucht, bevor er in den Mäander mündet. In Wirklichkeit lag die Stadt über einer zwei Meilen langen schmalen Schlucht, doch spricht nichts dafür, daß der Fluß jemals an dieser Stelle unterirdisch verlief. Nach Strabo nahm der Lykos einen großen Teil seines Laufes unter der Erde, was tatsächlich der Fall ist, jedoch oberhalb von Kolossae und nicht unterhalb. Herodots Feststellung ist ein charakteristisches Beispiel für das Mißverstehen einer mündlichen Mitteilung über die Schlucht und den unterirdischen Verlauf des Lykos, woraus er das Verschwinden des Flusses in der Schlucht machte[3].

Die Stätte selbst erreicht man von Honaz aus auf einer gerade noch für einen Wagen geeigneten Straße. Die **Akropolis** liegt auf einer Erhebung, die im Norden und Westen 50 oder 70 m hoch und auf den anderen Seiten niedriger ist. Der Lykos fließt nicht weit nördlich davon. Der Blick über das Tal ist sehr schön. Gegen das Westende der flachen Höhe befindet sich eine mit Mauerwerk aus kleinen Steinen verkleidete viereckige Grube, die sehr tief sein soll. Der Begleiter des Verfassers berief sich darauf, daß er sich an einem langen Seil herabgelassen und keinen Grund gefunden habe, als ihm der Atem vergangen sei.

Am Osthang lag das **Theater,** dessen Sitzreihen und Bühne verschwunden sind; doch ist die Mulde unmißverständlich. Von der *Cavea* ist nur ein geringer Rest an der Nordwestecke geblieben; außerdem liegen noch Blöcke herum. Die ganze Anlage war einstmals sehr klein und bot nur Platz für zwölf oder fünfzehn Sitzreihen.

Auf der anderen Seite des Flusses nach Norden lag die **Nekropole.** Die Gräber waren so dicht in den Boden getieft, daß Hamilton die Deckplatten zuerst als Pflaster mißverstand. Hier lagen die Ruinen eines großen Gebäudes, vielleicht der Kirche zum heiligen Michael, die zu den berühmtesten in Kleinasien gehörte. Die übrigen Bauten von Kolossae sind nach Whelers Worten ›infolge der wechselvollen mächtigen Wirkungen von Zeit und Schicksal heute nicht mehr zu sehen‹.

[3] In derselben Weise mißverstand Herodot, was ihm über das hethitische Relief von Karabel nahe Izmir mitgeteilt wurde. Vgl. Bean, Kleinasien I, S. 56/57. Der Geschichtsschreiber kannte nur wenig oder garnichts vom Inneren Kleinasiens aus persönlicher Beobachtung. Fünf Stadien ist eine leidliche Schätzung der Schluchtlänge an ihrem engsten Teil. Hamilton, der Kolossae 1836 besuchte, hatte den Einfall, daß der unterirdische Lauf, von dem Herodet schreibt, auf ständige Verkrustung der Schluchtseiten durch den kalkhaltigen Fluß zurückgeführt werden könnte; auf diese Weise entstand eine Art Tunnel, der von späteren Erdbeben wieder zerstört worden sei. Diese Annahme wurde jedoch durch spätere Untersuchungen nicht bestätigt.

Anhang

ERKLÄRUNG DER FACHAUSDRÜCKE

Akroter	Giebelverzierung von Tempeln und Grabreliefs
Analemma	Grundmauerabschluß der → Cavea eines Theaters
Anten	Kurze Mauervorsprünge, zwischen denen Säulen stehen können (in antis)
Basilica	›Königshalle‹ hieß ursprünglich das Amtsgebäude des Archon Basileus auf dem Markt von Athen. In Rom Bezeichnung für eine langgestreckte Halle mit begleitenden Säulenhallen und zuweilen halbrundem Abschluß, die ausschließlich profanen Zwecken diente. In christlicher Zeit Bezeichnung für eine Kirche mit langgestrecktem Mittelschiff und zwei oder vier Seitenschiffen, wobei das Mittelschiff in einer halbrunden Apsis endet.
Cavea	Zuschauerraum eines Theaters
Cella	Hauptraum eines Tempels, in dem die Kultstatue stand
Conventus	Bezeichnung für einen Gerichtshof der römischen Provinzialverwaltung ebenso wie für den Gerichtsplatz
Deme	ursprünglich Bezeichnung von dörflichen Landgemeinden, später für Teilbezirke der aus Landgemeinden zusammengewachsenen Städte
Diazoma	Horizontaler Umgang im Zuschauerraum eines Theaters
Epistyl	Bezeichnung für den auf den Säulen aufliegenden Hauptbalken
Exedra	mit Sitzen versehene halbrunde Erweiterung (am Säulengang) einer Bauanlage

Hellenistische Periode	Die Zeit von Philipp II., dem Vater Alexanders des Großen, bis Augustus
Hypokaust	Warmluftheizanlage unter Wohn- und Baderäumen
isodomisch	gleichhohe Quaderführung
Karyatiden	Weibliche Gewandstatuen als Gebälkträgerinnen
Neokoros (neocorus)	(griech. ›Tempelwächter, Tempelaufseher‹), Ehrentitel von Städten, die die Erlaubnis für einen Tempel des Kaiserkultes hatten
Odeion	Kleiner theaterähnlicher Bau, ursprünglich vornehmlich für musikalische Vorführungen bestimmt
Opisthodomos	Hinterraum des Tempels, in dem oft älteres Tempelgerät und Weihegeschenke aufbewahrt wurden
Orchestra	Ursprünglich der Tanzplatz in einem Theater zwischen dem Bühnengebäude und dem Zuschauerraum. Die Orchestra wurde in klassischer Zeit vom Chor benutzt und später mit Sitzplätzen für vornehme Besucher ausgestattet
Palaistra	von Säulenhallen umgebene Hofanlage für Leichtathletik
Parodoi	Seiteneingänge zur → Orchestra zwischen Zuschauerraum und Bühne
Peribolos	umschlossener Bezirk um einen Tempel
Pfeiler	senkrechte Vierkantstüze
Pronaos	Vorhalle eines Tempels
Propylon, Propylaia	Eingangstore mit Monumentalcharakter
Stele	Aufrechtstehende schmale Steinplatte, die ein Relief, ein Ornament oder eine Inschrift tragen konnte
Stylobat	oberste Stufe des Tempelunterbaus (Krepis), auf der die Säulen stehen

LITERATURHINWEISE UND QUELLENNACHWEIS

(Fremdsprachige Titel in kursiv)

Werke allgemeinen Charakters

Akurgal, E. *Ancient Civilisations and Ruins of Turkey* (1970).

Akurgal, E. Die Kunst Anatoliens von Homer bis Alexander (1961).

Baedekers Autoreiseführer. Türkei (1965/70).

Bean, G. E. Kleinasien I. Die ägäische Türkei von Pergamon bis Didyma (1968).

Bean, G. E. Kleinasien II. Die türkische Südküste von Antalya bis Alanya (1970).

Benndorf, O., Niemann, G. Reisen im südwestlichen Kleinasien – I. Reisen in Lykien und Karien (1884).

Boulanger, R. Türkei (Die Blauen Führer, 1968).

Chandler, R. *Travels in Asia Minor* (1817).

Fellows, Ch. *Asia Minor* (1839).

Judeich, W. Kleinasiatische Studien. Untersuchungen zur griechisch-persischen Geschichte des 4. Jahrhunderts v. Chr. (1892).

Magie, D. *Roman Rule in Asia Minor* (1950).

Newton, C. T. *A History of Discoveries at Halicarnassus, Cnidus and Branchidae* (1863).

Petersen, E., v. Luschan, F. Reisen im Südwestlichen Kleinasien – II. Reisen in Lykien, Milyas und Kibyratis (1889).

Robert, L. *La Carie* (1954).

Stark, F. *The Lycian Shore* (1956).

Stark, F. Auf den Spuren Alexanders. Reise durch die unbekannte Türkei (1962).

Mylasa

Akarca, A. und T.	Milas (1954).
Cook, J. M.	*Annual of the British School at Athens* 56, 1961, 90 ff.
Robert, L., Devambez, P., Haspels, E.	*Le sanctuaire de Sinuri près de Mylasa I. II.* (1945/1959).
Ruge, W., Pauly-Wissowa	Realencyclopädie der klassischen Altertumswissenschaft 16, 1933, 1046–1064.

Labraynda

Labranda, The Swedish Excavations and Researches. I, 1: Jeppersen, K., *The Propylaea* (1955). I, 2: *The architecture of the Hieron* (1963).

Iasos

Grabungsberichte im Annuario della Scuola Archeologica di Atene seit 1961.

Hicks, E. L.	*Journal of Hellenic Studies* 8, 1887, 83 ff.
Judeich, W.	Athenische Mitteilungen 15, 1890, 137.
Radt, W.	Istanbuler Mitteilungen. Beiheft 3 (1970) 208 ff.

Kindya und Bargylia

Bean, G. E., Cook, J. M.	*Annual of the British School at Athens* 52, 1957, 96 ff.

Halikarnassos

Bean, G. E., Cook, J. M.	*Annual of the British School at Athens* 50, 1955, 85 ff.
Buschor, E.	Maussollos und Alexander (1950).
Jeppersen, K.	*Excavations at the Site of the Mausoleum* (1968).

Myndos-Halbinsel

Bean, G. E., Cook, J. M.	*Annual of the British School at Athens* 50, 1955, 108 ff.
Paton, W. R., Myres, J. L.	*Journal of Hellenic Studies* 14, 1894, 373 ff.; 16, 1896, 242 ff.
Radt, W.	Siedlungen und Bauten auf der Halbinsel von Halikarnassos. Istanbuler Mitteilungen. Beiheft 3 (1970).

Syangela

Bean, G. E., Cook, J. M.	*Annual of the British School at Athens* 50, 1955, 112 ff., 145 ff.; 52, 1957, 89 ff.
Robert, L.	*Collection Froehner* I, 65 ff.
Radt, W.	Istanbuler Mitteilungen. Beiheft 3 (1970) 17 ff. 224.

Knidos

Ashmole, B.	*Demeter of Cnidus. Journal of Hellenic Studies* 71, 1951, 13 ff.
Bean, G. E., Cook, J. M.	*Annual of the British School at Athens* 47, 1952, 171 ff.
	Grabungsberichte im American Journal of Archaeology seit 1968.

Rhodische Peraia

Cook, J. M., Plommer, W. H.	*The Sanctuary of Hemithea at Kastabos* (1966).
Fraser, P. M., Bean, G. E.	*The Rhodian Peraea* (1954).

Kaunos

Bean, G. E.	*Journal of Hellenic Studies* 73, 1953, 10 ff.; 74, 1954, 85 ff.
Collignon, M.	*Bulletin de la Correspondence Hellénique* 1, 1877, 338 ff.

Maiuri, A. *Annuario della Scuola Archeologica di Atene* 3, 1916/20, 263 ff.

Roos, P. *Opuscula Atheniensia* 8, 1968, 149 ff.; 9, 1969, 60 ff.

Alabanda

Etem Bey *Comptes Rendeus de l'Académie des Inscriptions* 1905/1906.

Alinda und Amyzon

Fabricius, E. Altertümer von Aegae (1889), 27 ff.

Paton, W. R., Myres, J. L. *Journal of Hellenic Studies* 16, 1896, 237 ff.

Robert, L. *Comptes Rendeus de l'Académie des Inscriptions* 1948, 431 f.; 1949, 304 ff.; 1953, 403 ff.

Gerga

Bean, G. E. *Anatolian Studies* 1969, 179 ff.

Cousin, G. *Bulletin de la Correspondence Hellénique* 58, 1934, 304 ff.; 60, 1936, 286 ff.

Tralleis und Nysa

v. Diest, W. *Nysa ad Maeandrum* (1913).

Humann, K., Dörpfeld, W. Athenische Mitteilungen 18, 1893, 395 ff.

Sichtermann, H. Der Knabe von Tralles. Antike Plastik IV (1965).

Aphrodisias

Becatti, G. *Enciclopedia della Arte Antica* 1, 1958, 109 ff.

Crema, L. *Monumenti Antichi* 38, 1939, 233 ff.

Jacopi, G. *Monumenti Antichi* 38, 1939, 74 ff.

Squrciapino, M. *La scuola di Aphrodisias.* Studi e Materiale 3, 1943.

Will, E. — *Revue archéologique* 1938, 228 ff.

Grabungsberichte im American Journal of Archaeology seit 1963.

Hierapolis

Carettoni, G. — *Annuario della Scuola di Archeologia di Atene* 41/42, 1963/64, 411 ff.

Humann, C., Cichorius, C., Judeich, W., Winter, F. — Altertümer von Hierapolis. Archäologisches Jahrbuch, Ergänzungsheft 4, 1898.

Laodikeia und Kolossae

Ramsay, W. M. — *Cities and bishoprics of Phrygia* 1 (1895) 208.

ANHANG

Gölbasi – Trysa

Eichler, F. — Die Reliefs des Heroon von Gölbaşi-Trysa (1950).

Noll, P. — Antike Welt 2, 1971, 40 ff.

Limyra

Borchhardt, J. — Archäologischer Anzeiger 1970, 357 ff.

Borchhardt, J., Mader, G. — Der triumphierende Perseus in Lykien. Antike Welt 3. Jahrg., 1972, Heft 1, S. 3 ff.

Borchhardt, J. — Die Bauskulptur von Limyra, 1974.

Borchhardt, J. und Mitarbeiter — Limyra. Bericht der III. Grabungs-Kampagne 1971. Türk. Arkeoloji Dergisi 1973, 37 ff.

Xanthos

Fouilles de Xanthos. I: Demargne, P.: *Les piliers funéraires* (1958). II: Metzger, H.: *L'acropole lycienne* (1963). III: Coupel, P., Demargne, P.: *Le Monument des Néréides* (1969).

VERZEICHNIS DER TEXTABBILDUNGEN UND PLÄNE

Die Vorlagen stammen vom Verfasser (mit Ausnahme der Abb. 6 und 21, die Lic. phil Christa Wiesner-Casals zeichnete). Die Bearbeitung der Karten für die deutsche Ausgabe besorgte Hans Joachim. Grundrisse und Gebietskarten sind mit einem Punkt (•) gekennzeichnet.

• Große Übersichtskarte von Karien 12/13

• Abb. 1 Das Gebiet von Asia Minor / Die Landschaften Kleinasiens 16

• Abb. 2 Plan von Mylasa (nach A. und T. Akarca) . 40

Abb. 3 Keramos. Reliefbasis 56

Abb. 4 Keramos. Inschrift mit Lorbeerkranz-Relief auf der Tempelmauer von Kurşunlu Yapi . 57

• Abb. 5 Plan von Labraynda (nach der schwedischen Veröffentlichung 62

Abb. 6 Labraynda. Griechisch-karisches Fabelwesen (nach persischem Vorbild) 70

• Abb. 7 Plan von Iasos 78

Abb. 8 Bargylia. Damm und Akropolis . . . 87

• Abb. 9 Plan von Bargylia 89

• Abb. 10 Plan von Stratonikeia (nach P. Trémaux) . 95

• Abb. 11 Lagina. Plan des Tempelbezirks . . . 100

• Abb. 12 Plan von Halikarnassos 117

Abb. 13 Bodrum. Steinanker im Museum . . . 119

• Abb. 14 Karte der Halbinsel Myndos 122

Abb. 15 Myndos. Hafen und Halbinsel vom Akropolis-Hügel aus gesehen 123

• Abb. 16 Plan von Myndos 125

• Abb. 17 Plan von Pedasa (Gökçeler) 128

• Abb. 18 Lelegischer ›Compound-Bautypus‹ . . . 136

• Abb. 19 Theangela. Plan der Befestigung bei D (in der Abb. 20) – Tetrapyrgon 138

• Abb. 20 Plan von Theangela 139
Abb. 21 Die Knidische Aphrodite 148
• Abb. 22 Plan von Neu-Knidos 159
• Abb. 23 Loryma. Grundriß der Festung 170
Abb. 24 Loryma. Stufenpyramide 171
• Abb. 25 Plan von Kaunos 185
• Abb. 26 Plan von Alabanda 194
Abb. 27 Alabanda. Theater 195
• Abb. 28 Alabanda. Rathaus 196
• Abb. 29 Plan von Alinda 203
• Abb. 30 Alinda. Die zweite Akropolis 207
• Abb. 31 Gerga. Plan des Siedlungszentrums . . . 212
• Abb. 32 Gerga. Grundriß des Tempels 213
Abb. 33 Gerga. Statue 214
Abb. 34 Gerga. Basis 215
• Abb. 35 Plan von Nysa 225
• Abb. 36 Nysa. Plan des ersten Stockwerks der Bibliothek 226
Abb. 37 Nysa. Plastik eines Jungen auf einem Delphin. Antikensammlung in der Dorfschule von Sultanhisar 228
• Abb. 38 Acharaka. Plan des Tempels (mutmaßlich) . 229
• Abb. 39 Plan von Aphrodisias 234
Abb. 40 Aphrodisias. Unterer Teil der Inschrift über dem Nordtor 236
• Abb. 41 Aphrodisias. Plan der Hadrians-Thermen (nur mutmaßlich 241
• Abb. 42 Karte der Umgebung von Denizli . . . 244
• Abb. 43 Plan von Hierapolis 251
Abb. 44 Hierapolis. Relief vom Bühnengebäude des Theaters 254

• Abb. 45 Hierapolis. Plan des Martyriums des hl. Philipp 255
• Abb. 46 Plan von Laodikeia 263
• Abb. 47 Laodikeia. Plan des Nymphaeums . . . 266

TAFELÜBERSICHT UND QUELLENANGABE

Die Tafeln 22 oben und unten und 23 sind Aufnahmen von Hans Eberhard Günther, Stuttgart, alle anderen Fotos wurden uns vom Verlag Ernest Benn, London zur Verfügung gestellt.

Zwischen den Textseiten 64 und 65

Tafel 1 Mylasa. Baltali Kapi

Tafel 2 oben: Mylasa. Zeustempel (Karios?)
unten: Mylasa. Berber Ini

Tafel 3 oben: Mylasa. Gümüşkesen, Römisches Grab
unten: Euromos. Der Tempel

Tafel 4 oben: Labraynda. Andron des Idrieus
unten: Labraynda. Brunnenhaus

Zwischen den Textseiten 80 und 81

Tafel 5 oben: Labraynda. Tempel des Zeus Labrayndos
unten: Iasos. Straße und Häuser

Tafel 6 oben: Iasos. Das Theater
unten: Iasos. Das kürzlich ausgegrabene Mausoleum

Tafel 7 oben: Stratonikeia. Stadttor
unten: Stratonikeia. Grabstein im Museum

Tafel 8 Bodrum. Friesblock vom Mausoleum

Zwischen den Textseiten 128 und 129

Tafel 9 oben: Bodrum. Kastell und Hafen
unten: Bodrum. Rampe des Kastells

Tafel 10 oben: Syangela (Alâzeytin). Lelegische Häuser
unten: Theangela. Grab (des Dynasten Pigres?)

Tafel 11 oben: Knidos. Rundtempel, wahrscheinlich der Aphrodite (ausgegraben 1969)
unten: Amos. Blick von der Akropolis

Tafel 12 oben: Kaunos. Felsgräber
unten: Idyma. Felsengrab

Zwischen den Textseiten 144 und 145

Tafel 13 oben: Kaunos. Kürzlich ausgegrabenes Gebäude
unten: Alabanda. Rathaus

Tafel 14 oben: Alabanda. Aquädukt
unten: Alinda. Markthalle und Agora

Tafel 15 oben: Alinda. Das Theater
unten: Alinda. Aquädukt

Tafel 16 oben: Alinda. Grab – jetzt als Haus bewohnt
unten: Alinda. Turm in der Stadtmauer

Zwischen den Textseiten 192 und 193

Tafel 17 oben links: Gerga. Fels mit Inschrift / rechts: Gerga. Rednertribüne (?)
unten links: Gerga. Pyramidenförmige Stele mit Inschrift / rechts: Gerga. Tempel

Tafel 18 oben: Incekemer. Brücke
unten: Nysa. Das Theater

Tafel 19 oben: Nysa. Die Bücherei
unten: Aphrodisias. Das Stadion

Tafel 20 Aphrodisias. Tempel der Aphrodite

Zwischen den Textseiten 208 und 209

Tafel 21	oben: Aphrodisias. Säulen der Agora unten: Aphrodisias. Die Hadrians-Thermen
Tafel 22	oben: Aphrodisias. Stierkopf unten: Hierapolis. Bogen im römischen Bad
Tafel 23	Hierapolis. Versteinerte Kaskaden
Tafel 24	oben: Hierapolis. Skulptur im Theater unten: Hierapolis. Das Plutonium

STICHWORTVERZEICHNIS

Die Hauptsehenswürdigkeiten sind durch ein Sternchen (*) gekennzeichnet. *Schräggesetzte Zahlen* = Hauptabschnitt, *schräggesetzte Wörter* = Oberbegriff, Abb. = Textabbildungen oder Pläne, Taf. = Fotos im Tafelteil.

Orts-, Personen- und Stammesnamen

A * Acharaka 227 ff., Abb. 38
Actium (Seeschlacht bei) 26
Ada 20 f., 113, 180, 200
Aemilius 76
Äoler 15
Agasikles 151
Agesilaos 18, 148
* Alabanda *189–199*, Abb. 26
  * Aquaedukt Taf. 14 ob.
  * Rathaus Abb. 28, Taf. 13 unt.
  * Theater Abb. 27
* Alâzeytin (Syangela) 136, Taf. 10 ob.
Alexander der Große 21, 27, 32, 71, 74 f., 112 ff., 147, 167, 180, 190, 200, 218
Alexander Severus 246
* Alinda *200–207*, Abb. 29
  * Agora 205, Taf. 14 unt.
  * Akropolis (zweite) Abb. 30
  * Aquaedukt 208, Taf. 15 unt.
  * »Grabhaus« 208, Taf. 16 ob.
  * Theater 205 f., Taf. 15 ob.
Altes 11
Alt-Knidos 155 ff.
Amnistos 167
Amorges 73, 127
* Amos 168, Taf. 11 unt.
* Amyzon *208–210*
Andromeda 275
Amicius Asper 265
Anthes 105 f.
Antigonos 21
— I. Monophthalmos 218
— Doson 32, 61
Antiochos I. 91, 222, 258
— II. 32, 60, 258
— III. 23, 33, 76, 114, 123, 190, 209
Antipater 249
Antoninus 262
Anton(ius), Marc(us) 24 ff., 124, 223, 259
Apamea, Frieden von 191
* Aphrodisias *231–242*, Abb. 39
  * Aphrodite-Tempel 234 f.
  * Hadrians-Thermen 240 ff., Abb. 41
  * Stadion Taf. 19 unt.
  Stierkopf Taf. 22 ob.
Apollo(n) 48, 50, 77, 152, 168, 209, 247
—, Triopischer 15, 106, 143
— Isotimos 198 f.

Apollonis 245
Apollonius 232
Archimedes 220
Argiver 218
Aridolis 190
Aristodemos 223
Aristonikos 23, 86, 92, 98, 123, 219
Arrian 129
Artaxerxes I. 276
— II. 19, 147, 155
Artemis 48, 50, 95, 105, 209, 247
— Astias 77, 82
— Kindyas 85 ff.
Artemisia II. 20, 107 f., 117 f.
Asklepiodotos 247
Asklepios, Heiligtum (Syrna) 169
Athenaeus 38
Athymbros 222
Attalos I. (von Pergamon) 21, 219
— III. (von Pergamon) 23, 86, 181
— Adrastos (Priester) 233
Augustus (siehe auch Octavian) 35, 42, 87, 99 ff., 114, 193, 219, 232, 268
Aurel(ius), Marc(us) 252

B Baltali Kapi 39, Taf. 1
* Bargylia *85–90*, Abb. 8 u. 9
Bellerophontes 86
Bengtson, H. 19
Berber Ini (Yatağı) 43, Taf. 2 unt.
* Bodrum, Friesblock vom Mausoleum Taf. 8
—, Kastell Taf. 9 ob. u. unt.
—, Steinanker im Museum Abb. 13
Bozburun 171
Brutus 24 f., 114
Bybassos 172 f.

C Caesar, Gaius 84
—, Julius 24, 123, 193, 219, 233
Caracalla 246, 249
Cassius 24 f., 114, 123, 247
Chaeremon 222
Chalketor 49 f.
Chandler 200
Chrysostomos, Dio 182
Cicero 26, 133, 189, 259
—, Quintus 114
Claudius 246
Cluvius 34, 192
Commodus 260
Constantius 236
Cook, J. M. 51, 53, 80, 145, 172 f.
Cousin, G. 215
Crassus 176

D Dalyan 183
Damasos 220
Danae 275
Datça 142 ff.
Daurises 59, 127
Decius 27
Demetrios 171, 180
Denizli 239 f., Abb. 42
Dio Chrysostomos 182
Diodor 112, 133, 174
Diokletian 233
Dionysios 115
Dionysos 82, 233
Domitia (Kaiserin) 165
Domitian 250, 263
Dorer 9, 15, 162

E Epaphras 261
Ephoros 14
Erechtheus (mythischer König) 202
Eskihisar (Lage von Stratonikeia) 93
Eudoxos 147, 149, 155
Eumenes II. (von Pergamon) 23, 219, 245
Eupolemos 140
* Euromos 45 ff.
Eusebius 10
Euthena 167
Euthydemos 34

F Faustina 226
Fellows, Charles 200, 263
Flavius Zeuxis 250

G Gaius Caesar 84
Galen 175 f.
* Gerga *211–217*, Abb. 31–34, Taf. 17
Geta 249
Gökçeler (Pedasa) 127 f., Abb. 17
Gordian III. 232
Griechen 9 f.
Gümüşkesen (röm. Grab) 42, Taf. 30
Gümüşlük 122
Gyges 30

H Hadrian 93, 153, 233, 235, 240 f., 246, 264

* Halikarnassos (siehe auch Bodrum) 20, *105–120*, Abb. 12 u. 13
Harpagos 17, 126, 179
Hedychoros 264
Hekate 92, 97 ff.
Hekatomniden 52, 65, 130, 150, 163
Hekatomnos 19, 31, 97, 110, 180
Herakles 130, 233
Heraklit 115
Herodot 9, 11, 15, 59, 64, 92, 105 ff., 115, 126, 145, 178 f., 190, 245, 268
Hiera (Hiero) 245
* Hierapolis *243–257*, Abb. 43
* Bad (röm.) Taf. 22 unt.
Martyrium des hl. Philipp 255, Abb. 45
* Plutonium 248, 252, Taf. 24 unt.
* Theater 253 f. (Skulpturrelief) Abb. 44, Taf. 24 ob.
* Versteinerte Kaskaden (Sinterterrassen/Pamukkale) 224, Taf. 23
Hippokrates 176
Homer (Ilias) 10 f., 175
Hoskyn 175
Hybreas 34
Hyda (Hyla) 172
Hydai 50
Hyssaldomos 19, 31, 77

I * Iasos *71–84*, Abb. 7
* Häuser Taf. 5 unt.
* Mausoleum Taf. 6 unt.
* Theater Taf. 6 ob.
Idrieus 20, 59 f., 64 ff.
* Idyma 163 f., Taf. 12 unt. (Felsengrab)
Imbros 177
* Incekemer 211, Taf. 18 ob.

J Jonier 9, 15
Julia 277
Julius Caesar (siehe Caesar)
Justinian 246

K Kallipolis 164 f.
Karakuyu (Lage von Chalketor) 49
Karer (im ganzen Band)
Karyanda 134
Kastabos 173 f.
* Kaunos *175–188*, Abb. 25, Taf. 12 ob. u. 13 ob.
* Kedreae 165
* Keramos 53 ff., Abb. 3 u. 4
* Kindya *85–90*
Kleopatra 24 ff.
* Knidos *142–161*, Taf. 11 ob.
* Kolossae *268–270*
Konon 74, 171
Konstantin der Große 28
Kozlukuyu (Lage von Idyma) 164
Kreta 9 f., 14
Kroisos 17
Ktesias 155
Kuren (Dorf) 71
Kurşunlu Yapi 57
Kynoskephalai (Schlacht bei) 23
Kyros 218, 268

L Labienus 25, 35, 92, 98, 103, 192 f., 233, 259
* Labranda/Labraynda *59–70*, Abb. 5
* Lagina *97–102*, Abb. 11
Laodike 258
Laodikeia *258–268*, Abb. 46
* Nymphaeum 265 ff., Abb. 47
Laumonier, A. 67, 216
Leleger (lelegisch) 9, 11, 14, 30, 108, 121, 124 ff., 129, 131 ff., 135 ff., 231
Lepidus 24, 92
Leto 247
* Limyra 84, Abb. 48
* Heroon des Königs Perikles 273 ff., Abb. 49
Livius 91, 192
Loryma 169 f., Abb. 23 u. 24
Love, Iris 161
Lucian 153
Lucius 84
Lullies, R. 221
Lyder 10
Lygdamis 107 f.
Lykier 14, 23, 972, 178 f., 271 ff.
Lysander 18, 73, 166
Lysimachos 21, 181, 218

M Madnasa 131
Marathon (Schlacht bei) 17
Marmaris 167
Maussollos (Mausollos, Mausolos) 19 f., 27, 31, 52 ff., 59 f., 64 f.,
Maussollos
74, 86, 110 ff., 122, 125, 129, 140, 180, 186, 200

Memnon 112 f.
Men (Mondgott) 247, 261
Menippos 94
Michael, Kirche z. hl. (Kolossae) 270
Minos 9, 11, 14, 162
Mithridates VI. (von Pontos) 24, 92, 98, 103, 182, 192, 219, 222, 259
Mobolla 163
Mopsos 252,
Muğla (Vilâyet) 163
Mykene 10, 162
* Mylasa *29–44*, Abb. 2, (Umgebung) *45–58*
Mylasos 29
* Myndos *122–126*, Abb. 15 u. 16
— -Halbinsel *121–135*, Abb. 14
Myser 10

N Nektanebos 148 (im Text irrtümlich Nektabenos)
Neu-Knidos 158 ff., Abb. 22
Newton, Charles 105, 149, 161
Nikagoras 164
* Nysa *221–227*, Abb. 35
Bibliothek Abb. 36, Taf. 19 ob.
Theater 224, Taf. 18 unt.

O Octavian (s. auch Augustus) 24, 26
Olymos 48
Olympichos 22, 60 f., 75, 201
Orodes II. (Partherkönig) 25
Orontobates 20, 112 f., 123, 150, 163

P Paktyes 164
Pamukkale 243 f.
Panamara *102–104*
Pasanda 188
Paulus 261, 269
Pausanias 11
Pazarlik 173 f.
Peçin Kale 51 f.
Pedasa 126 ff., Abb. 17
Pegasos 87
Peisandros 18
Pelasger 11, 231
Peraia (rhodische) *162–174*
Perikles (lykischer König) 84
Pharsalos (Schlacht bei) 219
Philipp V. (von Makedonien) 22 f., 33, 61, 76, 86, 91, 103, 191
Philipp von Theangela 14
Philipp, Martyrium des hl. 255, Abb. 45
Philokles 181
Phormio 115
Phryger 10
Physkos 167
Pigres 135, (Grab des) Taf. 10 unt.
Pisye 163
Pixodaros 20, 112, 200
Platää (Schlacht bei) 17
Platon 147
Plinius 67, 111, 113 f., 121, 131, 149, 154, 157, 219, 268
Polemo 259, 262
Polyaen 277
Pompejus 219, 222
Praxiteles 149 f., 153 f., 202, 208
Psammetich II. 145
Ptolemaios II. Philadelphos 32, 60, 114, 152
— IV. 153
— V. Epiphanes 163, 181
Pulcher 76
Pythodoros 220, 222

Q Quintus Cicero 114
Quintus Oppius 259

R Radt, Wolfgang 137, 141
Rhodische Peraia *162–174*
Römer 24 ff., 92, 114, 219
Roma 42, 192 f.

S Sabina 264
Salamis (Schlacht bei) 17, 107
Salmakiter 108
Seleukos 21 f., 180
— I. Nikator 91
— II. Kallinikos 22, 32, 60
Septimius Severus 249
Side 131 ff.
Skylax 118, 178
Sostratos 155
Süleyman Kavaği 43 f.
Sulla 232
Sultanhisar 227 f., Abb. 37
* Syangela 136 f., Taf. 10 ob.
Syme (Bucht von) 171
Syrna 169

Sch Scheworoschkin, W. W. 15

St Stephanos von Byzanz 131, 201, 221 f., 231, 245

Strabo 9 ff., 29, 34, 39, 71, 91, 105 f., 134, 167, 177, 189, 194, 209, 220, 222, 228 ff., 247, 268
* Stratonikeia *91–96*, Abb. 10
Grabstein im Museum Taf. 7 unt.
* Stadttor Taf. 7 ob.
Stratonikos 32, 175

T Tekir (Lage von Neu-Knidos) 158 ff.
Telephos 245
Telmissos (Telmessos) 129
Termera 130 f.
Termilen 14
* Theangela *137–141*, Abb. 19 u. 20, Taf. 10 unt.
Thera 163
Thibron 18
Thukydides 9 f., 73, 146, 149 f., 156
Thyssanos 171
Tiberius 105, 111, 193, 219, 236, 260
Tiribazos 19
Tissaphernes 18, 73, 145
Torrhebos 252
Tralleis 219 ff.
Traller 219
Trémaux, P. 95
Triopion 150 ff.
Triopischer Apollon 15, 106, 143
Tymnos 171

U Umgebung von Mylasa *45–58*
Uranion 133

V Verres 114
Vespasian 187, 264
Vitruv 109, 115, 261

W Weidemann, U. 26

X Xanthos 271 ff.
Xenophon 19, 166, 218, 268
Xerxes 17, 107, 179, 190, 222, 268, 275 f.

Z Zeno 259
Zephyrion 116
Zeus 77
Zeus Aseis 260
— Atabyrios 170
— Bozius (Troius) 247
— Chrysaoreos 55 f., 191
— Karios 36, 41, 52 f.
— La(m)brayndos 36, 52, 59, 64 f., 67, (Tempel) Tafel 5 ob.
— Larasios 220
— Nineudius 231, 233
— Osogos (Osogoa) 37, 41, 52
— Panamaros 102 f.
— Serapis (Helios) 94
— Stratios 36 f., 41, 59
— Zenoposeidon 41

Sachregister

A Achämenidenreich 20
Agora
* Alinda 205, Taf. 14 unt.
* Aphrodisias 240, Taf. 21 ob.
* Halikarnassos 115 f.
Kedreae 166
Mylasa 48
Nysa 226
Stratonikeia 95
Akropolis
* Alinda 206. Abb. 30
* Alt-Knidos 155 f.
* Aphrodisias 239
Chalketor 49
Hydai 50
Idyma 164
* Kaunos 178, 185 f.
* Kolossae 270
* Labraynda 63
* Laodikeia 262
Loryma 170
* Neu-Knidos 158
* Stratonikeia 93 ff.
Andron des Idrieus (Labraynda) 64, Taf. 4 ob.
Anker 120, Abb. 13
Antikensammlung (Sultanhisar) 227, Abb. 37
Aphrodite, Knidische des Praxiteles 148 ff., 153, Abb. 21
Aquaedukt
Alabanda 197, Taf. 14 ob.
Alinda 208, Taf. 15 unt.
Keramos 58
Kindya (Bargylia) 90
Asylrecht 209, 232
Aufstand, Jonischer 15, 179
—, Karischer 23

B *Badeanlagen* (auch Brunnenhäuser)
Alabanda 198
* Aphrodisias 240 ff., Abb. 41, Taf. 21 unt.
Gerga 216
* Hierapolis 253, Taf. 22 unt.
Kaunos 187 f.
Labraynda 61, 66 f., Taf. 4 unt.
* Laodikeia 264
Mylasa 48
Nysa 224 ff.
* Bibliothek (Nysa) 227, Taf. 19 ob.
Bildhauerwerkstatt (Aphrodisias) 239
Bildkunst (Alinda) 208
Bronzefigur eines Negerjungen 120
* Brücke bei Incekemer 211, Taf. 18 ob.
Bürgerkriege in Rom 24
Bürgerrecht, römisches 259

C Chalkolithische Funde 231
Christentum (Ausbreitung in Karien) 28, 261
»Compound-Bautypus« 136 f, 141, Abb. 18
conventus 34, 193, 219, 259

D Delischer Bund (Seebund, Liga) 17, 30, 45, 49 f., 54, 73, 85, 92, 108, 122, 127, 132 f., 135, 145, 164, 179, 188
Delphin 75, (Plastik mit einem Jungen/Sultanhisar) 227, Abb. 37
Doppelaxt (labrys) 37, 64

E Eunuchen 99

F Fabelwesen, griech.-karisch (Labraynda) 70, Abb. 6
* Felsgräber (Idyma) 164, Taf. 12 unt. (Kaunos) 184, Taf. 12 ob.
Fischerei 72 f., 177, 183
Fischorakel 67
Frieden von Apamea 191
* Fries vom Heroon des Königs Perikles (Limyra) 273 ff. Abb. 49

G Geschichte *9–28*
Gewerbezweige, antike 249
Goteneinfälle 27, 94
Gräber (Nekropolen)
Alabanda 199
Alinda 208, Taf. 16 ob.
Alt-Knidos 157
Aphrodisias 239, 242
Chalketor 49 f.
Halikarnassos 118
Hierapolis 256 f.
Iasos 80 ff., Taf. 6 unt.
Idyma 164, Taf. 12 unt.
Kaunos 184, Taf. 12 ob.
Keramos 56
* Kindya (Bargylia) 90
Kolossae 270
* Labraynda 68 f.
* Limyra 277
Mylasa 42 f., 48, Taf. 30
* Neu-Knidos 160
Pedasa 128
* Theangela 139, Taf. 10 unt.

H Halbinsel Myndos *121–134*, Abb. 14
Harmosten (Statthalter) 18
Haus, lelegisches 138, Taf. 10 ob.
* *Heiligtum* des Apollo und der Artemis (Amyzon) 209 f.
— des Asklepios (Syrna) 169
— der Athena (Theangela) 140
— der Ischtar-Aphrodite 232
— des Pluto (Nysa) 223
Helmbüsche, karische 14
Heroon eines angesehenen Bürgers (Aphrodisias) 239
* — des Königs Perikles von Lykien (Limyra) 271 ff., Abb. 49
Hexapolis (Sechsstadt) 162
Hundeopfer 97

I *Inschriften* 14, 48, 50, 58, 60, 74, 82, 94 f., 99, 101, 133, 161, 168 ff., 177 f., 183 f., 187 f., 199, 201, 208 f., 217, 222, 232, 235 ff., 245, 252, 254 ff., 260
* Aphrodisias Abb. 40
* Gerga Taf. 17
* Keramos Abb. 4

J Judengemeinden 246, 260

K Kaiserkult 27
Karyatiden 272, 279
* Kaskaden, versteinerte (Sinterterrassen/Pamukkale, Hierapolis) 244, Taf. 23
Kirche, byzantinische 58
— zum hl. Michael (Kolossae) 270
Knidische Aphrodite (Praxiteles) 148 ff., 153, Abb. 21

Königsfrieden 147, 180
* Kolossalstatue (Gerga) 212 ff.
* Kreuzritter-Kastell (Bodrum) 11, 118 f., Taf. 9 ob. u. unt.
Krieg, Mithridatischer 219, 222, 259
—, Peloponnesischer 18, 171, 180
—, Trojanischer 106, 252

L Landmauer, große (Iasos) 78 f.
Liga, »Chrysaorische« 22, 60, 92 f., 202
—, Delische (siehe dort)
—, Karische 31
Löwenkopf-Wasserspeier (Mylasa) 47
luwisch 14

M Männermahlzeit 14
Malaria 176
* Markthalle (Alinda) 202 ff.
Martyrium des hl. Philipp (Hierapolis) 255, Abb. 45
* *Mausoleum* (Maussolleion)
Bodrum (Friesblock) Taf. 8
Halikarnassos 111 (siehe auch Bodrum)
Iasos 83, Taf. 6 unt.
Mondgöttin 97, 235
Mosaikfußboden 138
Moschee (mit archaischem Kapitell, bei Alt-Knidos) 157
Münzen, Münzprägung 14, 36 f., 55, 72, 76, 86 f., 123 f., 130, 135, 149 f., 152, 166, 192 f., 197, 202, 219, 232 f., 247, 252, 260, 269
* *Museum*
* Aphrodisias 242
* Bodrum (Steinanker) Abb. 13
* Halikarnassos 119
* Stratonikeia 96, (Grabstein) Taf. 7 unt.
Mysterien von Lagina 100

N Nereidenmonument (Xanthos) 271 ff.
Nymphaeum (Hierapolis) 253
— (Laodikeia) 265 ff., Abb. 47

O Obsidiankern (Fund) 52
Oligarchie 147
Omphalos (-Stein) 37, 68
Orakel 37, 67 f., 129, 232, 252, 261

P Pachtverträge, antike 49
Peloponnesischer Krieg 18, 171, 180
* Plutonium (Hierapolis) 248, 252, Taf. 24 unt.
Porträtstatuen (Aphrodisias) 242
Prinzipat (des Augustus) 26

Q Quellen (siehe Badeanlagen)

R * *Rathaus* (Alabanda) 196, Abb. 28, Taf. 13 unt.
* — (Laodikeia) 265
— (Nysa) 226
Römisches Bürgerrecht 259

S Salzgewinnung 88, 180, 183
Satrapien (persische) 19
* Sinterterrassen (Versteinerte Kaskaden/Pamukkale) 244, Taf. 23
Skorbut 176
Spiele (siehe auch Wettkämpfe)
Aphrodisias 237 f., Taf. 19 unt. (Stadion)
Hierapolis 249
Tralleis 220
Sprache 10, 15, 179
Sprachengruppe (hethitisch-luwische) 15
Springbrunnen (Eski Çesme) 116

Sch Schilde, Schildbügel (karische) 14
Schnellwaage, antike 120
Schrift 15, 179, 217
Schule der bildenden Kunst 233

St Steinanker (Bodrum) 120, Abb. 13
Steinkistengrab (Kallipolis) 165
stephanoticum 256
Steuern, antike 76, 193

T * *Tempel*
Acharaka 229, Abb. 38
Alabanda 197 f.
Alinda 206
Aphrodisias 234 f., Taf. 20
Chalketor 50
Euromos 47, Taf. 3 unt.
Hierapolis 250 f., 253 f.
Iasos 82
Kastabos 173
Kaunos 187
Kindya (Bargylia) 88
Knidos 154, 158 f., Taf. 11 ob.

Labraynda 63 f., Taf. 5 ob.
Lagina 100 ff.
Mylasa 39 ff., 47. Taf. 2 ob.
Panamara 103
Side 133
Stratonikeia 94 ff.
Tempelgrab-Typus 164
Thalassokratie 10
* *Theater*
* Alabanda 195 f., Abb. 27
* Alinda 205 f., Taf. 15 ob.
Amos 168
Aphrodisias 239
Halikarnassos 118
Hierapolis 253, Abb. 44, Taf. 24 ob.
* Iasos 81 f., Taf. 6 ob.
Kastabos 173
Kaunos 186
Kedreae 165 f.
Kindya (Bargylia) 89
Kolossae 270
Laodikeia 265
Mylasa 42, 48
Neu-Knidos 158 ff.
* Nysa 223 f., Taf. 18 unt.
Stratonikeia 96
Tralleis 221
Theogonie 97
Thermen (siehe Badeanlagen)
Tontafelfragmente (Labraynda) 14
Trinktrog 80
Trojanischer Krieg 106, 252
* Tumulusgräber (Hierapolis) 257

U * Unterwasser-Mauer (Halikarnassos) 117

V * Versteinerte Kaskaden (Sinterterrassen/Pamukkale/Hierapolis) 244, Taf. 23

W Waffen 9
Wandmalereien 58
Wasserversorgung (s. Aquaedukt)
Weltwunder, Die Sieben 105
Wettbewerb in plastischer Kunst (Aphrodisias) 233
Wettkämpfe, antike (siehe auch Spiele) 151, 237 f.

Z Zauberei 98